정치학 방법론 핸드북

정치학 방법론 핸드북

2020년 11월 11일 초판 1쇄 인쇄
2020년 11월 19일 초판 1쇄 발행

엮은이 박종희
지은이 김남규·박종희·손윤규·안두환·우병원·이병재·차태서·하상응
기획 국제정치학회 방법론분과

펴낸이 윤철호·고하영
펴낸곳 (주)사회평론아카데미
편집 김천희
디자인 김진운
마케팅 최민규
등록번호 2013-000247(2013년 8월 23일)
전화 02-326-0333
팩스 02-326-1626
주소 03993 서울특별시 마포구 월드컵북로6길 56
ISBN 979-11-89946-86-9 93340

정치학 방법론
핸드북

박종희 엮음

김남규·박종희·손윤규·안두환·우병원·이병재·차태서·하상응 지음
국제정치학회 방법론분과 기획

사회평론아카데미

서문

정치 현상에 대한 학문적 연구인 정치학은 선거와 정치과정, 사회운동, 민주화, 전쟁, 무역, 이민과 같은 다양한 주제에 대한 경험적 연구를 진행하고 있다. 경험적 연구라 함은 실제 정치공간에서 발생하였거나 발생할 가능성이 있는 사건을 이해하고 설명하는 것을 목적으로 한다는 것과 함께, 관측 가능한 자료를 재료로 삼아 연구를 진행한다는 점을 함의한다. 정치학은 고대 그리스와 고대 중국으로부터 이어져 내려오는 장구한 철학적·사상적 토대를 바탕으로 20세기와 21세기에 사회과학의 핵심적인 경험과학(empirical science)으로 확고하게 자리 잡았다.

경험과학으로서 정치학의 위상을 가장 명확하게 보여주는 것은 바로 방법론(methodology)에 대한 관심이다. 현대 정치학은 물리학, 통계학, 철학, 경제학, 심리학, 사회학 등으로부터 정치 현상 분석에 긴요한 많은 방법론적 도구를 받아들여 정치학 고유의 방법론으로 재탄생시켰으며 또 정치학에서 개발된 방법론이 인접 학문으로 확산되어 해당 분야의 방법론적 쇄신에 이바지했다. 뿐만 아니라 정치학 연구의 결과는 현실정치에도 중요한 기여를 해 왔다. 이와 같은 경험 과학으로서 정치학의 기여가 가능했던 가장 중요한 이유는 정치 현상에 대한 명확한 이론적 설명과 이를 뒷받침하는 엄격한 경험연구가 있었기 때문이다.

이 책은 "엄격한 경험연구"에 대한 안내서이다. 영어 핸드북 (handbook)은 한국어로 "편람"(便覽) 또는 "안내서"로 번역되는데, 양자 모두 특정 주제에 대한 개괄적이고 실용적 해설서의 의미를 담기에 부족하여 제목에서 원어를 그대로 사용하였다. 해외 출판사는 특정 주제에 대한 권위 있는 저자들의 글을 모은 핸드북을 대량으로 출판하고 있다. 대표적으로 옥스퍼드 출판사는 정치학 단일 분야에서만 수십 권이 넘는 핸드북을 출판한 바 있다(https://www.oxford-handbooks.com/page/political-science). 핸드북은 해당 분야에 신규 진입하는 학자들과 학생들에게 매우 귀중한 안내서임과 동시에 해당 분야에 대한 학문적 관심, 그리고 해당 분야의 학문적 발전 정도를 보여주는 척도이기도 하다. 이와 같은 문제의식을 바탕으로 이 책은 한국을 대표하는 정치학 방법론의 신성(新星)들을 모셔서 정치학 방법론의 현재와 미래를 보여주자는 취지로 기획되었다.

이 책의 탄생에 대한 보다 직접적인 계기는 2019년 초 새로 취임하신 국제정치학회 손열 회장님과 김상배 총무이사께서 연말에 열리는 국제정치학회의 연례학술대회에서 방법론 분과가 발표할 수 있는 자리를 마련해 주신 것이었다. 그 기회를 일회성의 학회발표로 끝낼 것이 아니라 후학들과 동료 학자들에게 실질적인 도움을 줄 수 있는 핸드북으로 남기자는 취지로 국제정치학회의 방법론 분과위원이신 이 책의 저자들이 의기투합했다. 원대한 포부를 가지고 많은 분야의 전문가들을 접촉한 결과 여덟 분의 훌륭한 소장학자들이 참여를 흔쾌히 동의해 주셨는데, 다행스럽게도 엮은이를 제외하고 참여에 동의해 주신 분들이 모두 정치학의 다양한 방법에 일가를 이루고 있는 실력자들이어서 좋은 기획이 될 수 있었다. 저자들이 일 년이 넘는 기간 동안 고군분투해 주신 결과, 실험, 인과적 추론, 시계열-횡단면 분석, 사건사 분석, 베이지안 분석, 네트워크 분석, 담론 분석, 과정 추적 연구와 같은 중요한 방법론 주제에 대해 귀중한 안내의 글을 모을 수 있었다.

엮은이의 욕심은 끝이 없어서 핸드북 편집을 마감하는 현재의 시점에 돌아보니, 사례연구, 설문조사, 민속지연구, 텍스트분석, 인터뷰와 구술사, 게임이론 등과 같은 중요한 주제들이 누락된 것이 아쉬움으로 남는다. 새로운 주제를 모은 두 번째 핸드북이 또 다른 누군가의 노력으로 등장할 수 있다면 이 책의 훌륭한 후속판이 될 수 있을 것이다.

이 책을 기획하면서 저자들에게 엮은이가 부탁한 점은 딱 한 가지였다. 해외 출판사에서 출판되는 핸드북과 같이 주제에 대한 포괄적인 설명을 제시하되 독자들에게 실질적인 도움이 될 수 있도록 작성해 달라는 것이었다. 주제에 따라 "실질적인 도움"을 주는 것이 어렵기도 하고 용이하기도 하겠지만, 저자들 모두 이러한 요청에 부응하여 최선의 노력을 다해 주신 결과, 매우 만족스러운 결과물이 탄생했다고 자부한다. 물론 최종적인 판단은 독자의 몫이겠지만 각 장의 내용은 최근 10년 동안 해당 방법론을 이용해서 세계적인 연구 성과를 내고 있는 소장학자들에 의해 작성되었다는 점을 독자들이 명심해 주었으면 한다. 방법론에 대한 소모적인 논쟁이나 사변적인 해설을 지양하고 예제와 구체적인 설명으로 해당 방법론의 장점과 사용법을 독자들이 쉽게 이해할 수 있도록 저자들이 최선을 다했다는 점을 독자들에게 엮은이로서 꼭 전하고 싶다.

이 책은 핸드북의 구성을 따르기 때문에 장의 순서는 임의로 배치되었지만 유사한 주제는 묶어서 배치하였다. 예를 들어 실험은 인과적 추론과 불가분의 관계이므로 함께 앞뒤로 배치되었고 시계열-횡단면 분석과 사건사 분석은 시계열 자료에 대한 분석이라는 점에서 함께 배치하였다. 담론 분석과 과정 추적은 이야기(narrative)에 기반한 접근이라는 점에서 함께 묶었고 베이지안 분석과 네트워크 분석은 정량적 연구의 최근 흐름과 유관하다는 점에서 나란히 배치하였다.

이 책은 국제정치학과 비교정치학을 주로 연구하는 학자들에 의해 작성되었지만 이 책에서 소개하는 방법론은 정치학 일반과 사회과학 일반으로 확장될 수 있다. 사회과학이나 정치학을 처음 접하는 독자들도 방법론이라는 문을 통해 정치학과 사회과학의 매력을 한껏 느낄 수 있을 것이다. 이 책이 경험과학으로서 정치학의 발전에 작은 보탬이 되기를 바란다.

끝으로 2019년 국제정치학회 연례학술회의에서 토론을 해주신 안재홍, 표광민, 권혁용, 이나경, 최동현 선생님께 깊은 감사의 말씀을 드리며 학술회의 발표에 참여해 주신 모든 분들께도 깊은 감사의 말을 전한다. 방법론에 대한 학술사업을 제안해 주신 손열 교수님과 김상배 교수님께도 감사의 말을 전한다. 마지막으로 이 책의 출판에 흔쾌히 응해주시고 지원을 아끼지 않으신 사회평론아카데미 윤철호, 고하영 대표님과 편집에 고생해 주신 김성인 학생 그리고 세세한 수정사항을 꼼꼼히 챙겨주신 사회평론아카데미의 김천희 님에게도 깊은 감사의 말을 전한다.

2020년 서울에서
박종희

차례

## 제1장

인과적 추론

이병재 연세대학교

인과추론은 사회과학의 가장 중요한 목표이다. 지난 30여 년간 통계학, 사회과학 및 의학 등의 분야에서 인과추론의 방법론에 많은 개념적, 방법론적 진전이 이루어졌다. 이 장은 인과추론 방법론의 기본적인 내용을 소개하며, 반사실적 인과 개념, 잠재적 산출 프레임워크 및 사회과학/의학에서 널리 사용되는 방법들에 대한 소개를 포함한다. 또한, 매개분석 및 구조방정식 모형에 대한 인과모델 관점에서의 논의도 제시된다.

인과관계(causality)란 무엇인가? 원인(cause)과 결과(effect)란 무엇인가? 원인의 결과(effect of cause)와 결과의 원인(cause of effect)은 또 어떻게 다른가? 흄(David Hume)을 비롯한 많은 철학자들이 이 질문에 답하기 위해 노력을 해왔지만 철학자의 수만큼이나 많은 의견이 존재한다. 현대 철학자 루이스(David Lewis)는 반사실적 인과 개념을 제시하였는데, 이러한 방식의 설명은 일상적인 논의에서도 종종 발견된다. 예를 들어, 히틀러가 없었다면 홀로코스트나 2차 세계대전이 발생하지 않았을까? 대륙 횡단 열차가 없었다면 미국이 19세기에 비약적인 경제성장을 할 수 있었을까? 혹은 특정 시점에 다른 방역 정책을 도입하였다면 바이러스가 덜(혹은 더) 확산되지 않았을까? 이러한 질문의 바탕에는 사실 히틀러가 2차 세계대전이라는 결과의 원인이며, 19세기 미국의 경제성장의 원인이 대륙 횡단 기차이며, 도입한 방역 정책이 바이러스 확산(혹은 감소)의 원인이라는 주장이 깔려 있다. 이 주장을 검증하기 위해서 우리는 보통 가능세계

(possible worlds)의 비교라는 상상력을 발휘한다. 하나의 세계에는 이러한 원인이 존재하고, 다른 세계에는 그 원인이 존재하지 않는 것이다. 이 두 세계에서 결과의 차이가 발생한다면 원인이 효과가 있다고 할 수 있다. 잠재적 결과틀(potential outcomes framework)은 인과관계에 대한 이러한 생각을 통계적으로 정교화한 것으로서 비교방법론에서 사용되는 최대유사체계(most similar systems) 디자인과 기본적으로 유사하다(Mill 1888; Sekhon 2008).

사회과학의 목적이 인과관계(causality)의 규명이라는 데는 대부분 이견이 없다. 선형회귀분석을 포함하여 통계 모델이 변수들 간의 관계를 입증하는 데 많은 노력을 경주하고 있지만, 그 추정치가 과연 인과효과를 나타내는 것인가에 대해서는 불명확하다. 불명확한 이유는 무엇보다도 교란(confounding) 혹은 변수 누락(omitted variables)에 있다. 관찰되지 않은 요인들을 포함하여 모든 교란 요인들이 확인되고 통제되지 않는다면 변수들 간의 관계를 인과관계라고 보는 데는 무리가 있는 것이다.

인과추론을 위해서 현재 널리 사용되는 방법은 주요 변수들에 대한 통제 혹은 가중치 부여이다(Morgan and Winship 2014). 이상적인 상황에서는 관심 있는 변수들을 모두 통제한다면, 처리(treatment)[1]를 받은 집단과 그렇지 않은 집단 간의 결과의 차이를 계산하여 인과효과라고 추정할 수 있을 것이다. 하지만, 수집된 데이터의 질은 물론 변수들 간의 관계에 대한 우리의 이해가 제한적이기 때문에, 아무리 많은 노력을 기울인다 해도 중요한 교란변수를 포함시키지 않는 경우가 발생하기 때문에 불가피하게 오류가 발생하기 마련

─────────

[1]　분야에 따라 treatment(사회과학) 혹은 action(임상의학 분야)을 선호하는 경향이 있다. 이 용어들은 처리, 처치, 개입 등으로 다르게 번역되는데, 이 장에서는 이 용어들을 일괄적으로 "처리"로 지칭한다.

이다. 이러한 오류가 추정치에 어떤 영향을 미치는지에 대한 평가 및 보정 없이는 통제나 가중치에 기반한 방법들을 사용하여 추정한 값에 대한 정확한 평가를 내리는 것은 사실 쉽지 않다.

일반적으로 무작위 통제 실험(Randomized Controlled Trials)이 인과추론의 황금률을 제시한다고 알려져 있다. 실험 연구에 비해서 관찰 연구가 선택편향에 빠질 가능성이 더 많은 것이 사실이기는 하지만, 무작위 통제 실험 역시 교란 문제에서 완전히 자유로운 것은 아니다. 관찰 연구에서와 달리 무작위 통제 실험에서 교란이 발생하는 이유는 대개는 처리에 대한 비순응(non-compliance)이나 표본의 소멸(attrition)인 경우가 많다. 물론 종적 데이터의 경우 소멸의 문제를 효과적으로 다룰 수 있지만, 실제로 받은 처리보다는 배정된 처리에 초점을 맞추는 방법인 처리의향분석(intention to treat, ITT) 방법은 비순응의 효과를 다루는 데는 적합하지 않다(Hollis and Campbell 1999).

실험과 관찰 연구에 공히 중요한 또다른 문제는 처리 효과의 인과적 메커니즘에 관한 것이다. 처리의향분석법이나 다른 방법들이 처리의 효과 측정에 대한 유용한 도구들을 제공하는 것은 틀림없지만 그 자체로 인과 메커니즘에 대해서는 아무것도 말해주지 않는다. 인과관계에 있어서 특히 흥미로운 것이 매개(mediation)효과인데, 이는 인과적 처리에서 최종 산출물로 연결되는 경로에 관련된다. 특히 인과적 매개분석(causal mediation analysis)은 우리가 이러한 경로를 따라서 다양한 이론적 가능성을 모색할 수 있도록 한다는 점에서 매우 유용한 방법이다.

이 글의 목적은 잠재적 결과 개념(potential outcomes framework)에 기반하여 인과적 추론의 개요를 설명하고 인과추론에 있어서 중요한 몇 가지 문제를 논의하는 것이다. 이 분야의 방대한 기존 연구를 담아내는 것은 사실 불가능하며 불가피하게 선택적일 수밖에 없다.

반사실적 인과 개념과 잠재적 결과물

인과관계는 개념적으로는 명확하지만 엄밀하게 정의하는 것은 쉬운 일이 아니다(Brady 2008; Sekhon 2008). 그 어려움의 이유는 어느 정도는 인과관계를 논의하기 위해 사용되는 무작위화(randomization)라는 기제에 있다. 무작위라는 기제를 사용하지 않고 인과관계를 정의하는 것이 과연 가능할까? 무작위화 기제는 교란(confounding)을 통제하는 방법이기 때문에, 이 기제를 인과효과의 정의에 사용할 수는 없다. 인과관계를 정의하기 위하여 왜 무작위화라는 기제가 필요한가를 이해하기 위해서 좀 더 근원적인 개념적 장치가 필요한데, 이때 잠재적 결과(potential outcomes) 개념이 유용하게 사용될 수 있다.

잠재적 결과와 무작위화 통제 실험

잠재적 결과라는 개념적 장치는 특정한 종류의 인과 개념, 즉 "인과에 대한 반사실적 개념"에 기반하고 있다(Lewis 1974; Rubin 2006; Brady 2008; Sekhon 2008). 인과추론에 관한 논의는 대개 잠재적 결과 개념에 의존하고 있는데, 이는 해당 행위자가 실제로 받았던 처리와는 다른 처리를 받았을 때 발생했을 가상의 결과를 지칭한다. 실험 상황에서는 처리의 개인수준 효과는 일반적으로 한 피험자가 특정 처리를 받았을 때의 결과값과 해당 피험자가 플라시보라든가

표준적인 다른 처리를 받았을 경우의 결과값의 차이를 나타낸다. 예를 들어, 어떤 실험에서 피험자들이 처리 a 또는 a'를 받는다고 가정해보자. 또한 피험자들이 무작위로 처리를 받는다고 가정하자. 이 경우 한 사람의 피험자는 하나의 결과만을 가지게 된다. 처리 a를 받은 피험자의 경우 결과물인 $Y(a)$와 관찰되지 않은 잠재적 결과물인 $Y(a')$를 가진다. 한 사람의 피험자가 a와 a'를 동시에 받을 수는 없는 것이다. 이러한 문제를 "인과추론의 근본문제"(fundamental problem of causal inference)라고 한다(Holland 1986). a' 대신 처리 a를 받았을 때, 인과효과는 이 피험자가 a'를 받았을 때의 결과값에서 a를 받았을 때의 결과값을 뺀 값, 즉 $Y(a')-Y(a)$이 된다. 만약 한 피험자의 모든 잠재적 결과값이 동일하다면(즉 Y가 a에 의존하지 않는다면), 이 피험자에게 이 처리는 아무런 효과가 없다고 볼 수 있을 것이다. 하지만, 이런 방식으로 개인수준의 인과효과를 추정하는 것은 실제로는 불가능하다. 기억 등에 의한 잔여효과가 커다란 영향을 미치지 않는 반복실험(cross-over design)과 같은 특별한 경우를 제외하고 a와 a' 모두에서 발생하는 개인수준의 결과물을 알 수는 없기 때문이다(Piantadosi 2005, 515).

무작위화 통제 실험에서 관찰된 처리의 차이가 왜 인과효과를 나타내는지를 잠재적 결과틀을 통해서 이해해보자. 이항 처리 z_i(1은 처리, 0은 통제)인 경우, $y_{i1}(y_{i0})$는 $z_i=1(0)$인 경우의 결과를 나타낸다(이 글에서 괄호 밖은 실제 처리를, 괄호 안은 잠재적 처리를 지칭). 각 개별 피험자의 인과효과는 $\Delta_i=y_{i1}-y_{i0}$로 표시되는데 실제로 받은 처리의 결과만이 관찰되기 때문에 이는 실제로는 관찰 불가능하다. 따라서, 전체 모집단 수준의 인과효과인 $\Delta=E(\Delta_i)$는 단순히 개별 피험자의 결과값을 평균해서 구할 수는 없지만, 무작위화 통제 실험의 경우에는 두 가지 처리 조건의 표본 평균을 사용해서 구할 수 있다.

$n_1(n_0)$를 처리(통제), 즉 특정 처리집단의 특정 처리집단에 무작위 배정된 피험자의 수를 n_1, 통제집단에 무작위로 배정된 피험자의 수를 n_0라고 하자 $(n=n_0+n_1)$.

y_{ik}를 i번째 피험자가 k번째 처리를 받았을 때의 잠재적 결과라고 하면, 그 피험자가 k번째 처리 조건에 배정되었을 때 y_{ik}값이 실제로 관찰된다$(k=0,\ 1)$. $y_{i_11}=y_{j_00}$이 처리(통제)집단의 $n_1(n_0)$ 피험자 중에서 $i_{1번째}(j_{0번째})$피실험자의 관찰된 결과값을 나타낸다면 전체 (n)의 값을 다음과 같이 표시할 수 있다.

$$y_{i1}=y_{i_11},\ i=i_1,\ 1\le i_1 \le n_1$$
$$y_{i0}=y_{j_01},\ i=j_0+n_1,\ 1\le j_0 \le n_0.$$

이 경우 두 집단 간의 표본 평균의 차이는 다음과 같다.

$$\hat{\Delta}=\bar{y}_{\cdot 1}-\bar{y}_{\cdot 0},\ k\equiv\frac{1}{n_k}\sum_{i_k=1}^{n_k}y_{i_k k},\ k=0,\ 1.\quad (Eq.\,1)$$

무작위화 통제 실험에서 처리 배정(treatment assignment)은 잠재적 결과와 독립적이다. 이 가정을 일반적으로 $y_{ik}\perp z_i$로 표시하는데, 여기서 $\perp$는 추계적 독립(stochastic independence)을 나타낸다. 반복 조건부 기대공식(iterated conditional expectation)을 적용하면, 독립적인 처리 배정으로부터 다음의 식이 도출된다.

$$E(y_{ik})=E(y_{ik}\,|\,z_i=k)=E(y_{ik}),\ k=0,\ 1.\quad (Eq.\,2)$$

$(Eq.\,1)$과 $(Eq.\,2)$를 활용하여 다음을 도출할 수 있다.

$$E(\hat{\Delta}) = \frac{1}{n_1} \sum_{i_1=1}^{n_1} E(y_{i_1,1}) - \frac{1}{n_0} \sum_{j_0=1}^{n_0} E(y_{j_0,0})$$
$$= E(y_{i_1,1}) - E(y_{j_0,0})$$
$$= E(y_{i1} \mid z_i = 1) - E(y_{i0} \mid z_i = 0)$$
$$= E(y_{i1}) - E(y_{i0})$$
$$= \Delta. \qquad\qquad (Eq.\,3)$$

이 결과가 보여주는 것은 무작위화 통제 실험에서 두 집단의 표본 평균 간의 차이가 인과효과를 나타낸다는 점이다. 즉, 무작위화 통제 실험에서는 t-검정이나 회귀분석 등의 방법이 인과효과 추정을 위해 사용될 수 있는 것이다. 여기서 무작위화 기제는 개인수준의 차이인 $y_{i1} - y_{i0}$로부터 평균 처리 효과를 추정하는 데 있어서 $(Eq.\,1)$의 표본 평균으로 이행하는 데 핵심적인 조건이다. 하지만, 무작위화 되지 않은 실험의 경우에는 처리 배정 자체가 결과물의 값에 의존하는 경우가 많은데, 이 경우 $(Eq.\,1)$의 표본 평균의 차이는 일반적으로 평균 인과효과를 나타내지 않는 것이다. 이러한 이유 때문에 무작위 실험이 아닌 관찰 연구에서 발견된 연관관계는 인과관계라고 보기 어렵다.

관찰 연구에 있어서 선택편향(selection bias)

관찰 연구에 있어서 가장 심각한 문제는 선택편향 또는 사전교란(pre-treatment confounding)이다. 사전교란은 처리 배정이 되기 전에 주요 공변량(covariates) 간의 심각한 불균형 때문에 발생하는 경우가 많다(King et al. 1994; Glynn and Quinn 2010). 선택편향의 효과를 잠재적 결과틀의 관점에서 생각해 보자. 편의상 z_i를 이항변수

(0,1)인 처리로 가정해 보자. 처리 배정이 무작위가 아니라면, z_i는 잠재적 결과와 독립적이 아닐 수 있다. 이 경우 $y_{ik} \perp z_i$라는 조건부 독립은 지켜지지 않고 ($Eq. 3$)의 $E(\hat{\Delta})=\Delta$은 성립하지 않게 되며, 이 경우 $\hat{\Delta}$는 더 이상 인과효과인 Δ를 추정하지 못한다.

잠재적 결과의 관점에서 처리 효과의 차이를 고려할 때 얻게 되는 장점은 선택편향에 대한 모델과 더불어 인과관계의 신뢰도를 제공할 방법을 얻게 된다는 점이다. 하지만, 그렇다고 해서 이 방법을 통해 이론적인 정당화가 이루어지는 것은 아니다. 왜냐하면 잠재적 결과를 없이 선택편향을 정의하는 것이 불가능하기 때문이다. 이러한 접근방식의 또 다른 맹점은 모델 의존성인데, 이는 교란을 통제하기 위해 특정한 형태의 회귀 모델에 의존하는 것을 말한다(Ho et al. 2007). 예를 들어, 선택편향을 발생시키는 하나의 변수가 단순히 잘못된 모델 때문에 통계적으로 유의미하지 않게 나올 수도 있는 것이다. 조정 과정을 거친 후에도, 수집한 데이터의 부족 때문에 또는 우리의 이해 부족 때문에 발생하는 약간의 잔차 편향은 여전히 남아 있을 수 있다. 이러한 숨어 있는 편향을 평가하지 않고서 진정한 인과효과를 측정하는 것은 불가능하다.

무작위화 통제 실험에서 처리 이후 교란(post-treatment confounding) 문제

무작위화 통제 실험에서 처리 배정은 잠재적 결과와 독립적이기 때문에 회귀분석과 같은 통계적인 모델을 사용할 수는 있지만, 이런 연구가 선택편향으로부터 자유롭다는 것을 의미하지는 않는다. 비순응(non-compliance) 또는 무작위화 이후에 발생하는 탈락의 문제는 무작위 통제 실험에서 흔히 발생하는 문제이다. 예컨대, 무작위 임상실험에서 특정 처리가 너무 많은 부작용을 발생시켜서 많은 피험자들이 해당 처리의 효과를 볼 수 있을 만큼 버티지 못한다면, 실제로 계속해서 처리를 받은 사람이 혜택을 본다고 하더라도 처리의향분석에서는 처리 효과가 없는 것으로 나타날 수 있다. 따라서, 부작용의 영향을 받지 않거나 그 과정을 버텨내는 피험자들에게 미치는 처리의 효과를 추정하고자 한다면 처리의향분석 추정치의 하향 편향성역시 고려해야 한다.

매개효과(mediation effect)

매개효과의 측정은 사실 매우 단순하며, 일련의 선형 회귀 모델을 통해 쉽게 측정될 수 있는 것으로 여겨져 온 것이 사실이다. 하지만, 최근의 연구들은 매개효과가 존재할 경우 인과효과의 추정이 간단한 문제가 아니라는 것을 보여준다(Bullock et al. 2010; Bullock and Ha 2012; Pearl 2014; Imai et al. 2014). 과학적 연구에서 매개를 통하여 처리가 결과에 미치는 영향을 연구함으로써 근저에 흐르는 메커니즘에 대한 이해를 심화할 수 있고, 대안을 개발하기도 하고 더 나은 처리 방법을 고안할 수도 있다. 하지만, 근저의 메커니즘의 발견이 쉬운 것은 아니다.

매개효과의 추정에는 전통적으로 구조방정식 모델(SEM)이 주로 사용되어 왔다(Baron and Kenny 1986; Bollen 1987; Judd and Kenny 1981; McKinnon and Dwyer 1993). z_i를 처리, m_i를 매개, y_i를 결과물로 표시하는 간단한 매개 모델을 생각해 보자. 매개 모델은 우선 매개변수인 m_i의 값의 변화가 어떻게 y_i에 효과를 미치는가를 보여준다. m_i와 y_i가 연속변수일 경우 매개효과는 다음의 간단한 구조방정식으로 표현될 수 있다.

$$m_i = \beta_0 + \beta_{zm}z_i + \varepsilon_{mi},$$
$$y_i = \beta_1 + \beta_{zy}z_i + \beta_{my}m_i + \varepsilon_{yi}, \varepsilon_{mi} \perp \varepsilon_{yi}. \quad (Eq.\,4)$$

여기서, β_{zy}를 처리가 y_i에 미치는 직접효과로 해석할 수 있고, $\beta_{zm}z_i$를 처리인 z_i가 매개변수인 m_i을 통하여 결과인 y_i에 영향을 미치는 간접효과, 또는 매개효과로 해석할 수 있다. 따라서 해당 처리의 전체효과는 직접효과와 간접효과의 합인 $\beta_{zy} + \beta_{zm}\beta_{my}$로 표시할 수 있다.

구조방정식은 m_i의 경우처럼 종속변수와 독립변수로 동시에 작동하는 변수를 다룰 때 발생하는 한계를 극복할 수 있다. 하지만, 문제는 이 방법으로 추정된 값을 인과효과로 볼 수 있는가이다. 이 접근법은 여전히 고전적인 모델에 바탕하고 있기 때문에 인과효과의 추정에는 이르지 못한다. 매개효과가 있는 경우의 인과추론은 잠재적 결과틀 내에서 가능한데, 순차적인 무시가능성(sequential ignorability) 조건은 인과적인 해석뿐만이 아니라 구조방정식의 식별(identification)에서도 매우 중요한 조건이다(Pearl 2014; Imai et al. 2014). 이제, 이러한 어려운 인과추론의 문제들을 잠재적 결과틀 내에서 다루기 위한 구체적인 방법들을 살펴보자.

인과추론을 위한 방법들 개관

선택편향이 있는 경우에는 선형회귀분석과 같은 횡적분석뿐만 아니라, 혼합효과 모델(mixed effect model)이나 구조방정식 모델을 비롯한 종적 모델도 인과추론에는 적합하지 않다. 널리 사용되는 방법 중 하나는 관찰되지 않은 잠재적 결과값을 결측 데이터(missing data)로 간주하는 것이다(Holland 1986; King et al. 1994; Rubin 2006). 다양한 모수, 비모수 접근법이 존재하는데, 모두 기본적으로 잠재적 결과물을 결측데이터의 문제로 파악하여 결측치 대체방법(imputation methods)을 사용한다. 무작위 처리 배정이 아닌 경우에는 추정치는 관찰된 값, 결측된 잠재적 결과값, 또는 양자 모두에 의존하고 있을 수 있다. 만약 처리 배정이 완벽히 여타 변수들, $\mathbf{x}_i$에 의해 결정된다면, 관찰되지 않은 잠재적 결과값은 $\mathbf{x}_i$를 통제하면 처리 배정과 독립적이다. 이러한 무작위 결측값 가정(missing at random, MAR)에 힘입어 평균인과효과, $\Delta = E(y_{i1} - y_{i0})$를 추정할 수는 있다. 즉, 관찰되지 않은 잠재적 결과물을 결측 데이터의 문제로 파악함으로써 결측 데이터 추정에 사용되는 방법들을 사용할 수 있다.

관찰 연구에 있어서 인과효과 추정

관찰데이터를 활용하여 인과효과를 추정하는 데는 여러 가지 방법이 있다. 여기서는 대표적인 방법인 대조군 연구, 매칭(성향점수 매칭), 그리고 주변구조 모델을 소개한다.

대조군 연구

대조군 연구(case-control design)는 무작위 통제가 이루어지지 않는 연구에서 인과관계를 입증하기 위해 널리 사용되는 방법이다. 예를 들어, 보건 분야에서 널리 연구되는 주제인 흡연과 폐암의 인과

관계와 같은 노출(exposure)과 특정 질병 간의 인과관계에 대한 대조 연구를 보자. 연구자들은 우선적으로 보통 그 질병(폐암)에 감염된 모집단으로부터 표본을 추출한다. 이 경우 감염자의 모집단은 대부분 환자의 진료기록 등을 통해 역으로 식별된다. 다음으로 그 질병에 감염되지 않은 모집단에서 통제집단을 선택한다. 물론 이 두 집단 간의 사회인구학적, 건강 관련 공변량들이 유사해야 한다. 이 경우 환자와 통제집단 간에 질병과 관련 있을 법한 모든 공변량이 유사하고, 노출(흡연) 여부만 차이가 있기 때문에 이 두 집단 간의 결과의 차이는 노출 혹은 처리에 원인이 있다고 볼 수 있다.

이 접근방법을 잠재적 결과틀 내에서 다시 살펴보자. 예컨대, 만약 y_{i11}을 환자 집단의 결과값이라고 하면, 이 환자-통제 디자인의 관건은 각각의 환자에 상응하는 통제를 찾는 것, 그래서 통제집단의 결과값인 y_{j00}가 사례집단의 관찰되지 않은 결과물인 y_{i10}를 대체하게 하는 것이다. 이 경우 양자의 차이값인 $y_{i11} - y_{j00}$를 개인수준의 인과효과의 추정치로 볼 수 있는 것이다. 즉,

$$y_{i_11} - y_{j_00} \approx y_{i_11} - y_{i_10}$$

이제, 계산 가능하게 된 표본 평균인 $\bar{\Delta}_{cc} = \frac{1}{n_1}\sum_{i_1=1}^{n_1} y_{i_11} - \frac{1}{n_0}\sum_{j_0=1}^{n_0} y_{j_0}1$는 계산 불가능했던 평균인 $\bar{\Delta} = \frac{1}{n_1}\sum_{i_1=1}^{n_1}(y_{i_11} - y_{i_10})$의 근사치가 되고, 이 값이 평균 인과효과인 Δ인 것이다.

매칭과 성향점수 매칭

대조군 연구 방법은 처리와 통제에 있는 피험자들을 매치시킴으로써 선택편향을 감소시킨다. 하지만, 이 대조군 연구 디자인이 제대

로 작동하기 위해서는 각각의 처리에 적합한 통제를 찾는 것이 관건이다. 이 모든 공변량 $\mathbf{x}_i$에 있어서 각각의 처리와 통제가 일치 또는 매우 유사하여야 한다. 하지만, $\mathbf{x}_i$의 차원이 증가할수록 모든 공변량을 일치시키는 것은 매우 어려운 일이다. 이 경우 널리 사용되는 방법이 성향점수 매칭(Propensity Score (PS) matching)이다(Rubin and Rosenbaum 1986). 이 방법은 $\mathbf{x}_i$에 의해 영향을 받는 처리의 결정이 주어진 공변량 $\mathbf{x}_i$를 고려할 때의 처리 확률에 의해 결정된다는 전제에 바탕을 둔다. 즉,

$$\pi_i = \pi(\mathbf{x}_i) = \Pr(z_i = 1 \mid \mathbf{x}_i). \quad (Eq.\,5)$$

만약 $\mathbf{x}_i$가 공변량의 벡터값이고, $(y_{i1},\, y_{i0}) \perp z_i \mid \mathbf{x}_i$라면, 다음을 알 수 있다.

$$\Pr(\mathbf{x}_i \mid z_i = 1,\, \pi_i) = \Pr(\mathbf{x}_i \mid z_i = 0,\, \pi_i).$$

이 식은 사실 π_i조건 하에서 $\mathbf{x}_i$가 처리집단 ($z_i = 1$)과 통제집단 ($z_i = 0$) 간에 분포가 동일하다는 것을 보여준다. 따라서, 다차원의 복잡한 $\mathbf{x}_i$ 대신에 일차원의 성향점수($Eq.\,5$)를 사용할 수 있다는 것이다. 예컨대, 로짓 모델 등을 사용하여 성향점수 π_i를 추출할 수 있다. 이렇게 추정된 π_i를 사용하여 유사한 성향점수를 가진 집단으로 층위(strata)를 구별하여 분할한 후, 각 층위 내의 집단 간 차이를 비교할 수 있다. 또한 모든 층위에 걸쳐 이 차이에 가중치를 부여하고 평균하여 전체 표본에 대한 인과효과를 추정할 수도 있다. 성향점수 매칭은 사용하기 편리하며 모수, 비모수법 모두에 적용 가능하기는 하지만 추정치가 통계적(점근적)으로 바람직한 특성을 가지지는 않는

다(King and Nielson 2019).[2]

또 다른 문제점은 성향점수 매칭을 한 후 $\mathbf{x}_i$가 처리집단과 통제집단 간에 균형이 대략적으로만 맞춰진다는 점이다. 이러한 문제점은 관찰된 변수들 $\mathbf{x}_i$가 처리집단과 통제집단 간에 동질적이지 않고 변수들이 연속변수일 때 더욱 심각하게 나타난다. 로젠바움과 루빈이 시뮬레이션을 통해서 많은 보정방법을 보여주기는 했지만, 이 방법을 사용하여 선택편향을 완벽히 제거하는 것은 매우 어려운 것이 사실이다(Rosenbaum and Rubin 1985).[3] 또한, 하위 층위법(sub-stratification)에 있어서 층위를 만들기 위해서 설정하는 분할선(threshold or cutoff)의 선택이 자의적이어서, 연구자마다 표본을 다르게 분할할 수 있고, 따라서 다른 추정치와 다른 결론을 내리는 경우도 비일비재하다. 이러한 현상은 인과효과 여부가 경계선에 있을 때 더욱 심각하다. 대안으로 생각해 볼 수 있는 것은 성향점수를 추출하여 회귀분석에서 독립변수로 사용하는 것인데, 이러한 방법은 많은 변수를 하나로 줄여주기 때문에, 특히 표본의 수가 적을 때 널리 사용될 수 있다.

주변구조 모형

성향점수 매칭에 대한 다른 대안은 주변구조 모형(marginal structural model, MSM)인데, 이 방법은 로빈스(James Robins) 등에 의해 개척되었다(Hernán et al. 2002; Robins 1999; Hernán and Robins 2020(forthcoming)). 성향점수와 마찬가지로 주변구조 모형은 선택편향의 문제를 다루기 위해 처리 배정 가능성을 활용한다. 하지만, 성향

....

2   King and Nielson은 성향점수 매칭 대신 CEM(Coarsened Exact Matching)을 사용할 것을 권장한다.

3   Rosenbaum and Rubin에 따르면 5개의 하위 층위를 만들면 편향의 대략 90%를 제거할 수 있다(1985).

점수 매칭의 경우와 달리, 주변구조 모형은 성향점수를 계층화 변수가 아니라 가중치로 사용한다(Horvitz and Thompson 1952; Blackwell 2012). 이렇게 함으로써 주변구조 모형은 선택편향을 완벽히 제거할 뿐만 아니라 바람직한 통계적 특성(점근적인 특성)을 가지는 추정치를 얻을 수 있다. 이 방법의 또 다른 장점은 결측값을 용이하게 다룰 수 있다는 점인데, 이는 종적 데이터에서 흔히 발생하는 문제이기 때문에 종적 데이터 분석에서 매우 중요하다(Hernán et al. 2002). 주변구조 모형 하에서하에서 잠재적 결과는 다음과 같이 정의된다.

$$E(Y_{ik}) = \mu_k = \beta_0 + \beta_1 k, \ 1 \leq i \leq n, \ k = 0, 1 \quad (Eq.\,6)$$

이항처리의 경우 잠재적 결과물 (y_{i1}, y_{i0}) 중에서 하나만 관찰되기 때문에, 위 모델은 일반적인 통계모델을 통하여 추정될 수는 없다. 만약 처리 배정이 무작위라면, 즉 $y_{ik} \perp z_i$, $E(y_{ik}) = E(y_{ik}k)$이다. 그리고,

$$E(y_{i,k}) = \beta_0 + \beta_1 k, \ 1 \leq i_k \leq n_k, \ k = 0, 1. \quad (Eq.7)$$

무작위 통제 실험에서는 $(Eq.\,6)$의 잠재적 결과 모델에 대한 $\boldsymbol{\beta} = (\beta_0, \beta_1)^T$를 평균 인과효과인 $\Delta = \beta_1$를 포함하여, $(Eq.\,7)$의 두 처리집단에서 관찰된 값을 대체함으로써 구할 수 있다. 하지만, 관찰 연구에 있어서 z_i는 일반적으로 y_{ik}와 독립적이지 않다. 만약 $\mathbf{x}_i$ 가 공변량 벡터이고, $(y_{i1}, y_{i0}) \perp z_i | \mathbf{x}_i$라면, 비록 일반적인 방법을 사용하여 $\boldsymbol{\beta}$를 추정할 수 없고, 다른 방법을 찾아야 하기는 하지만, $(Eq.\,7)$의 관찰된 결과인 $y_{i,k}$를 통해 $\boldsymbol{\beta}$를 추정할 수는 있다. 이 목적을 달성하기 위해서는 가중치 추정방정식(weighted estimating equation)을

사용할 수 있다.

$$\sum_{i=1}^{n}\begin{pmatrix} \dfrac{z_i}{\pi_1}(y_{i1}-\mu_1) \\[2ex] \dfrac{1-z_i}{1-\pi_i}(y_{i0}-\mu_0) \end{pmatrix}=0. \quad (Eq.\,8)$$

만약 i번째 피험자가 첫 번째(또는 두 번째) 조건에 배정된다면 $i=i_1(i=j_0+n_1)$와 $y_{i1}=y_{i_{1}1}(y_{i0}=y_{j_{0}0})$, $1\le i_1\le n_1(1\le j_0\le n_0)$. 여기서,

$$\begin{pmatrix} \dfrac{z_i}{\pi_1}(y_{i1}-\mu_1) \\[2ex] \dfrac{1-z_i}{1-\pi_i}(y_{i0}-\mu_0) \end{pmatrix}=\begin{cases} \begin{pmatrix} \dfrac{1}{\pi_1}(y_{i_{1}1}-\mu_1) \\[2ex] 0 \end{pmatrix} & z_i=1\text{인 경우} \\[5ex] \begin{pmatrix} 0 \\[2ex] \dfrac{1}{1-\pi_i}(y_{i_{0}0}-\mu_0) \end{pmatrix} & z_i=0\text{인 경우} \end{cases}.$$

그래서, $(Eq.\,8)$의 추정방정식은 관찰된 데이터로 계산이 가능하다. 또한 추정방정식들은 편향되지 않았는데, 그 이유는 다음과 같다.

$$\begin{aligned} E\left(\frac{z_i}{\pi_i}y_{ik}\right) &= E\left[E\left(\frac{z_i}{\pi_i}y_{ik}\mid \boldsymbol{x}_i\right)\right] \\ &= E\left[\frac{1}{\pi_i}E\left(\frac{z_i}{\pi_i}y_{ik}\mid \boldsymbol{x}_i\right)\right] \\ &= E\left[\frac{1}{\pi_i}E(z_i\mid x_i)E(y_{ik}\mid \boldsymbol{x}_i)\right] \\ &= E[E(y_{ik}\mid \boldsymbol{x}_i)] \\ &= \mu_k. \end{aligned}$$

추정방정식의 이론에 의해서, $(Eq.\ 8)$의 방정식의 해로 나온 β 의 추정치는 일치성(consistency)을 갖게 된다.

무작위화 통제 실험에서 사후 교란 문제

일반적으로 처리의향분석(ITT)은 무작위 배정된 결과를 분석하기 때문에 연구 프로토콜 순응 여부를 비롯한 다양한 종류의 위반행위를 고려하지 않는다. 결과적으로 처리의향분석 결과는 이러한 위반에서 발생하는 선택편향에 의해서 교란되는 경우가 많다. 무작위화를 통해 처리 전 선택편향으로부터는 보호될 수는 있지만, 처리의향분석은 처리 비순응(non-compliance)이나 결측데이터 등의 처리 사후의 문제 때문에 추정치를 축소하는 방향으로 편향이 발생하는 경향이 있다.

도구변수의 활용

비순응 문제를 다루는 방법 중 하나는 연구대상을 인과 처리 효과에 미치는 영향에 따라 분할하고 각각의 처리 비순응의 종류에 따라 특성을 파악하는 것이다(Angrist et al. 1993; Imbens and Rubin 1997; 2015). 기존 문헌에서 널리 논의된 방법은 연구대상을 다음의 네 가지 유형으로 분류하는 것이다.

1. 순응(Complier, CP): 처리 배정에 순응하는 피험자들(처리 또는 통제 집단 모두 포함)
2. 절대불참(Never-taker, NT): 배정과 상관없이 통제를 택하는 피험자들

3. 항상수용(Always-taker, AT): 배정과 상관없이 처리를 택하는 피험자들

4. 반항(definer, DF): 자신이 배정된 처리와 반대되는 선택을 하는 피험자들

실제로, 반항 집단은 일반적으로 비순응자 집단 중 가장 적은 비율을 차지한다. 항상수용과 절대불참 집단에게 있어서 $\Delta_i = y_{i1} - y_{i0} = 0$. 이 두 집단은 인과효과에 기여하는 바가 없다. 반항집단에게 Δ_i는 인과효과의 반대방향이다. 그래서, 순응 집단만이 인과효과를 위한 정보를 제공하는 것이다. i번째 피험자가 순응(기타) 집단에 있다고 가정해 보자. 이 경우 순응 집단의 인과효과는

$$\Delta_{CP} = E(y_{i1} - y_{i10} | C_1 = 1) \quad (Eq.\,9)$$

이는 순응평균인과효과(Complier Average Causal Effect, CACE)로 지칭할 수 있다. 처리의향효과(ITT)는 $\Delta_{ITT} = E(y_{i1} - y_{i0})$에 의해서 주어진다.

일반화하면,

$$\Delta_C = E(y_{i1} | C_1 = 1,\, z_i = 1) - E(y_{i0} | C_i = 1,\, z_i = 0)$$
$$= E(y_{i_1} | C_{i1} = 1) - E(y_{i_0} | C_{i_0} = 1). \quad (Eq.\,10)$$

여기서 C_{i_k}는 k번째 처리집단에서 i_k번째 피험자의 순응($k = 0,\,1$) 여부를 나타낸다. 여기서 k번째 처리 조건 내의 순응 집단의 하위 표본을 이용하여 표본 평균 등의 일반적인 방법을 이용하여

$E(y_{i_k k}|C_{i_k}=1)$를 측정할 수 있다. 실제로는, 배정된 처리 조건에 순응 여부를 나타내는 D_{i_k}만이 관찰된다. 비슷하기는 하지만, D_{i_k}는 일반적으로 C_{i_k}와 다르다. 예컨대, $D_{i_1}=1$는 처리 집단 내에서 순응과 항상수용 집단을 모두 포함하며, $D_{i_0}=1$는 통제 조건 내의 순응+절대 불참 하위 표본을 포함한다. D_{i_k}에 조건화하여 다음과 같이 추정할 수 있다.

$$\Delta_D = E(y_{i_1}|D_{i_1}=1) - E(y_{i_0}|D_{i_0}=1)$$

그러나, 앞서 말한 바와 같이, 연구 모집단에 항상수용이나 절대 불참이 없는 것이 아니라면, $\Delta_C \neq \Delta_D$이다.

$p_1 = E(D_{i_1}=1)$와 $p_0 = E(D_{i_0}=0)$로 하면 p_1는 처리집단에서 순응+항상수용의 비율을 나타내고, p_0는 통제집단에서 항상수용+반항의 비율을 나타낸다. 반항집단이 없다고 가정하면, p_0는 항상수용 집단의 비율이 되고 p_1-p_0는 순응 집단의 비율을 나타내게 된다. 따라서, $(Eq. 9)$를 다음과 같이 나타낼 수 있다.

$$\Delta_{CP} = \frac{E(y_{i1}-y_{i0})}{p_1-p_0} = \frac{\Delta_{ITT}}{p_1-p_0}. \quad (Eq. 11)$$

환언하면, 순응평균인과효과를 처리의향효과를 변형시켜서 다음과 같이 측정할 수 있다.

$$\hat{\Delta}_{CP} = \frac{\hat{\Delta}_{ITT}}{\hat{p}_1-\hat{p}_0} = \frac{\bar{y}_{\cdot 1}-\bar{y}_{\cdot 0}}{\hat{p}_1-\hat{p}_0}, \ \hat{p}_k = \frac{1}{n_k}\sum_{i_k=1}^{n_k} D_{i_k}, \ k=0, 1.$$

(*Eq.* 11)의 식은 무작위의 가정에 의존하고 있는데, 왜냐하면, p_k를 이와 같은 방식으로 해석하기 위해서는 다음의 조건이 충족되어야 하기 때문이다.

$$p_k = E(d_{ik}) = \Pr(D_{ik} = 1, z_i = k).$$

이는 무작위 처리 배정의 경우에만 해당된다. 항상수용과 절대불참 집단에 의해 교란이 발생하는 경우 순응 집단을 식별하기 위해 z_i가 하는 역할로 인해, z_i은 도구변수(instrumental variable, IV)로 불리며, $\hat{\Delta}_{CP}$는 순응평균인과효과의 도구변수에 의한 추정이다.

주층위화를 활용한 방법

앞서 말한 도구변수 방법은 일반적으로 이항 순응 변수의 경우에만 적용가능하다. 도구변수법의 가장 큰 한계는 추정된 처리효과가 연구 모집단의 순응 집단에게만 적용된다는 점이다. 처리 순응이 다층위일 때 널리 사용되는 방법 중 하나는 주층위법(Principal Stratification, PST)(Frangakis and Rubin 2002)이다. 이 방법은 처리 순응도의 유사도에 따라 주층위를 만들고, 각각의 층위 내에서 인과효과를 추정하는 것이다. 주층위법은 네 집단 각각에 대해 처리의 효과를 제공한다(물론 주요 관심사는 순응 집단의 효과이다). 순응 집단을 세분화함으로써, 노출과 처리 간의 관계에 대해 좀 더 정밀하게 파악할 수 있다.

s_{ik}를 k번째 처리에 대한 순응 수준을 지칭하는 범주형 변수로 가정해 보자($\mathbf{s}_i = (s_{i1}, s_{i0})^T$). 기본 주층위인 P_0는 중복되지 않는 $\mathbf{s}_i$의 집합이다. 즉, $p_0 = \{p_l; 1 \leq l \leq L\}$인데, 여기서 L은 주층위의 전체수를 나타내며, p_l은 $\mathbf{s}_i$의 합($\mathbf{s}_i, \mathbf{s}_j \neq p_l$일 때 $\mathbf{s}_i = \mathbf{s}_j$, 그러나 $\mathbf{s}_i \neq p_l$,

$\mathbf{s}_j \in p_m (l \neq m)$일 경우 $\mathbf{s}_i \neq \mathbf{s}_j$)을 나타낸다. 주층위화 P는 주층위화 P_0 집합의 총합이다. 따라서, P는 상호 구별되는 $\mathbf{s}_i$의 집합이기는 하지만 성기게 분포한다고 볼 수 있다.

예컨대,

$$s_{ik} = \begin{cases} 1, \text{ 순응} \\ 0, \text{ 비순응} \end{cases}$$

각각의 피험자에게 비순응 상태 $\mathbf{s}_i = (s_{i1}, s_{i0})^T$는 네 개의 패턴을 가지는데, 이 패턴이 곧 기본 주층위인 $P_0 = \{(1, 1), (0, 1), (1, 0), (1, 1)\}$를 구성한다. 이 각각의 패턴은 비순응에 대한 도구변수를 이용한 분류에서 각각 순응(1, 1), 반항(0, 0), 항상수용(1, 0), 절대불참 (0, 1) 집단을 나타낸다. P_0의 패턴을 조합하여 순응 관련 패턴을 주요 층위인 P를 이용하여 나타낼 수 있다. 예컨대, $P = \{(1, 1), (1, 0)\}, (0, 1), (0, 0)\}$의 경우 순응과 항상수용을 구별하지 않는다.

일단 주요 층위인 P의 구성을 선택하면, 각각의 P내에서 잠재적 결과인 y_{i1}과 y_{i0}를 추정할 수 있으며, 이를 인과효과로 볼 수 있다.

$$\Delta_l = E(y_{i1} - y_{i0} \mid \mathbf{s}_i), \ 1 \leq l \leq L.$$

여기서 목표는 각각의 l번째 층위에 있어서 Δ_l를 추정하는 것이다. 또한 관심사인 처리의 효과를 추정하기 위해 가중치 평균을 만들 수도 있다. $\theta = \{\Delta_l: 1 \leq l \leq L\}$에 대한 추정에는 MLE나 베이지안 방법을 사용할 수 있다. 도구변수를 사용한 범주화의 경우 주요층위 분석은 도구변수의 경우보다 비순응과 처리효과 간의 관계에 대해 더 많은 정보를 제공한다. 주요층위법을 사용하면 순응 집단 이외에도 항상수용, 절대불참은 물론 반항 집단의 처리 효과 추정이 가능하다.

구조평균 모델을 활용한 추정

사실 순응과 달리 비순응은 다양한 방식으로 출현한다(Goetghe- beur and Lapp 1997; Lui 2011). 예를 들어, 특정 약품 대 위약(place- bo) 실험에서, 만약 해당 약품을 2주 동안 매일 복용하도록 처방되었다면, 이 약품에 대한 노출은 0에서 14까지에 이를 것이다. 이 경우 약품복용량을 층위화된 범주형 변수로 만들어서 주층위법을 적용하여 투여량별 효과를 분석할 수도 있다. 하지만, 이 경우 투여량은 주관적일 수 있기 때문에, 투여한 날짜를 사용하여 투여량별 결과를 분석할 수도 있다. 문제는 만약 각각의 층위에 해당하는 충분한 수의 사람이 존재한다면 주요 층위의 수는 급격히 증가하여 분석이 불가능하게 될 것이다. 이때 타당한 방법은 순응 조치를 연속변수로 간주하는 것이다.

많은 경우 사실 적극적인 처리(active treatment)는 연구 참가자들에게만 주어진다. 이 경우 적극적 처리는 반항과 항상수용 집단에게는 선택지가 아닌 경우가 많은데, 이 경우 인과처리 효과는 처리집단 내의 항상수용+순응 집단을 통해서만 추정되는 것이다. 이를 통해 인과효과를 연속적인 투여변수의 함수로 모델화하는 것이 가능해진다.

s_{ik}를 k번째 처리에서 i번째 피험자(적극적(통제) 조건에서 $k=1(0)$)에게 주어지는 연속적인 순응 관련 변수라고 하자. 또한 $s_{ik} \geq 0$를 가정하자(0은 투여량=0인 경우). 적극적 처리는 통제조건 하의 피험자에게는 가용하지 않기 때문에, s_{i0}는 s_{i1}의 함수로서 인과효과는 다음의 조건하에서만 추정된다.

$$E(y_{i1} - y_{i0} \mid s_{i1}) = g(s_{i1}, \beta). \quad (Eq.\,12)$$

여기서, $g(s_{i1}, \beta)$는 s_{i1}와 β의 연속함수이다. 무작위화 실험 연구에 있어서 $(y_{i1}, y_{i0}) \perp z_i$이므로,

$$\begin{aligned}
\Delta_i(s_{i1}) &= E(y_{i1} \mid s_{i1}) - E(y_{i0} \mid s_{i1}) \\
&= E(y_{i1} \mid s_{i1}, z_1 = 1) - E(y_{i0} \mid s_{i1}, z_i = 0) \\
&= E(y_{i_1} \mid s_{i1}) - E(y_{i0} \mid s_{i1}, z_i = 0). \quad (Eq.\,13)
\end{aligned}$$

여기서 i_1는 처리집단에 배정된 피험자의 인덱스이고, y_{i_1}는 처리집단 내의 피험자의 결과값이다. ($Eq.\,12$)의 모델은 구조평균 모델(Structural Mean Model, SMM)이다. $\Delta_i(s_{i1})$를 추정하기 위해서는 $E(y_{i0} \mid s_{i1}, z_i = 0)$를 구해야 한다. 그렇지 않으면 실제 관찰 데이터를 통한 추정은 불가능하다. 만약 s_{i1}이 y_{i0}와 독립적이라면,

$$\begin{aligned}
E(y_{i0} \mid s_{i0}, z_i = 0) &= E(y_{i0} \mid z_i = 0) \\
&= E(y_{i_0}) = \beta_0. \quad (Eq.\,14)
\end{aligned}$$

이 약물실험의 경우 순응 비선택(compliance non-selective) 가정은 예컨대 s_{i1}이 해당 질병의 심각성과 상관관계가 낮을 때 타당한데, 이 경우 ($Eq.\,13$)는 다음과 같이 축소될 수 있다.

$$\begin{aligned}
\Delta_{i(s_{i0})} = E(y_{i1} - y_{i0} \mid s_{i1}) &= E(y_{i1} \mid s_{i_1}) - E(y_{i0}) \\
&= E(y_{i_1} \mid s_{i_1}) - \beta_0. \quad (Eq.\,15)
\end{aligned}$$

($Eq.\,12$), ($Eq.\,13$), ($Eq.\,14$)로부터 다음이 도출된다.

$$E(y_{i_0}) = \beta_0,\ E(y_{i_1}\,|\,s_{i_1}) = g(s_{i_1},\,\beta) + \beta_0,\ 1 \le i_k \le n_k,\ k = 0,\ 1,\ n$$
$$= n_0 + n_1. \quad (Eq.\,16)$$

$g(s_{i1},\,\beta)$와 $(Eq.\,16)$의 구조평균 모형을 통해 이제 연속투여량 변수의 처리효과를 추정하는 모델을 도출할 수 있다. 예컨대 $g(s_{i1},\,\beta) = s_{i1}\beta_1$라면, 구조평균 모델은 다음의 형태를 취한다.

$$E(y_{i_0}) = \beta_0,\ E(y_{i_1}\,|\,s_{i_1}) = \beta_0 + s_{i_1}\beta_1,\ 1 \le i_k \le n_k,\ k = 0,\ 1.$$

또는,

$$E(y_{i_1}\,|\,s_{i_1}) = \beta_0 + s_{i_1}z_{i_k}\beta_1,\ z_{i_k} = k,\ 1 \le i_k \le n_k,\ k = 0,\ 1.$$

여기서 주목할 것은 s_{i1}이 통제집단에서는 빠져 있지만, 모든 $1 \le i_0 \le n_0$에 있어서 $s_{i1}z_{i0} \equiv 0$이기 때문에 위의 식은 여전히 잘 정의되어 있다는 점이다. 실제 연구에서 대부분 연구자들은 순응 행위 s_{i1}을 설명할 충분한 정보, $\mathbf{x}_i$를 가지고 있다. 이 경우,

$$E(y_{i0}\,|\,s_{i_1},\,\boldsymbol{x}_i,\,z_i = 0) = E(y_{i0}\,|\,\boldsymbol{x}_i,\,z_i = 0)$$
$$= E(y_{i_0}\,|\,\mathbf{x}_{i_0},\,z_{i_0} = 0). \quad (Eq.\,17)$$

순응 조건하에서 이는 다음과 같이 표현된다.

$$E(y_{i_1}\,|\,s_{i_1},\,x_i,\,z_i = 0) = g(s_{i_1},\,x_i,\,\beta) + (E(y_{i_0}\,|\,x_{i_0},\,z_{i_0} = 0),\,z_{i_k}$$
$$= k,\ 1 \le i_k \le n_k,\ k = 0,\ 1.$$

예컨대, 위에서 말한 약품 대 위약 실험의 경우 만약 위약 투여 집단의 순응도를 추적한다면, 위약 투여량 d_{i0}이 그 피험자가 투약 집단에 배정되었을 경우의 처리순응도를 설명하는 것이다. 왜냐하면 무작위 배정에서 피험자는 투약집단과 위약투여 집단을 구별할 수 없기 때문이다. 따라서, $x_{i0} = d_{i0}$라고 정의하면, 다음의 결과가 도출된다.

$$E(y_{i_00}|\boldsymbol{x}_{i_0}, z_{i_0}=0) = E(y_{i_00}|d_{i_0}, z_{i_0}=0)$$

이 식의 오른쪽 항은 쉽게 모델화할 수 있다. 예컨대, $E(y_{i_00}|d_{i_0}, z_{i_0})=0$와 $g(s_{i_11}, d_{i_1}, \boldsymbol{\beta})$를 선형함수로 모델화한다면,

$$E(y_{i_00}|d_{i_0}, z_{i_0}=0) = \beta_0 + d_{i_0}\beta_1$$

$$E(y_{i_11}|s_{i_11}, d_{i_1}, z_{i_1}=1) = s_{i_11}\beta_2, \ 1 \le i_k \le n_k, \ n_1+n_0=n.$$

축약된 형태로는 다음과 같이 표현될 수 있다.

$$E(y_{i_11}|s_{i_11}, x_{i_k}, z_{i_k}=1) = \beta_0 + d_{i_0}\beta_1 + z_{i_k}s_{i_11}\beta_2, \ 1 \le i_k \le n_k, \ n_1+n_0=n.$$

여기서 s_{i1}이 통제집단에서는 빠져 있지만, 여전히 잘 정의되어 있다. 많은 연구에서 통제 조건은 사실 아무 정보도 제공하지 않거나 개입과 관련 없는 정보를 제공하는 경우가 많다. 많은 경우 순응은 추적 가능하기는 하지만, 투여량 변수인 d_{i0}가 일반적으로 처리에 대한 순응을 설명하는 것은 아니다. 왜냐하면 통제 조건을 통해 전파된 정보가 개입 조건에 의해 제공된 정보와 전혀 관련이 없을 수도 있기

때문이다. 처리 조건에서 높은 순응도를 보인 피험자가 통제집단의 동일 조건인 피험자와 전혀 다를 수 있는 것이다. 따라서, 실제 연구에서 $\mathbf{x}_i$에는 처리에 대한 순응을 설명할 수 있는 변수를 포함시켜야 한다.

처리효과 메커니즘

인과적 매개

최근 들어, 잠재적 결과의 틀 내에서 인과적 매개(causal mediation)분석을 위한 모델을 마련하기 위한 많은 노력이 경주되어 왔다 (예컨대, Imai et al. 2010a; 2010b; Pearl 2001; Robins 2002; Robins and Greenland 1992).

m_{ik}가 k번째 처리를 받는 i번째 피험자에 있어서 매개를 통한 잠재적 효과를 지칭하는 경우, 이 변수에 대한 직접, 간접적인 인과효과를 모델화하는 것은 매우 복잡하다. $y_i(k, m_{ik})$는 k번째 처리조건과 매개변수 $m_{ik'}(k, k'=0, 1)$인 경우에 해당하는 y_i의 잠재적 결과이다. 이 경우 i번째 피험자가 k번째(k'번째) 처리($k, k'=0, 1$)에 배정된다면 우리가 실제 관찰하는 것은 m_{ik}, $y_i(k, m_{ik})(m_{ik})$ 그리고 $y_i(k', m_{ik'})$이다. 하지만, 직접 및 매개효과를 추출하기 위해서 $y_i(k, m_{ik'})$를 고려해야 하는데, 이는 $k \neq k'$인 경우 관찰되지 않는다 (Hafeman and Schwartz 2009; Pearl 2001). 처리의 직접효과가 처리의 효과이다. 즉,

$$\zeta_{i(k)} = y_i(1, m_{ik}) - y_1(0, m_{ik}), \quad \text{for } k=0, 1.$$

$\zeta_i(k)$는 또한 $k=0(1)$에 부합하는 자연 직접효과 또는 순수(전체)효과로 불리기도 한다. 또한, 통제된 직접효과인 $y_1(1, m)-y_i(0, m)$는 만약 매개변수인 m_{ik}이 m 수준에서 획일적으로 통제된다면 실현되었을 처리효과로 볼 수 있다(Pearl 2001; Robins 2003; Robins and Greenland 1992). 일반적으로 $\zeta_i(1)$와 $\zeta_i(0)$는 동일하지 않으며, 이 차이는 처리 배정과 매개변수 간의 상호작용을 나타낸다.

인과매개, 간접, 또는 자연 간접효과는 두 개의 처리조건($k=1$와 $k=0$)에 상응하는 두 개의 매개(m_{i1}와 m_{i0})에서 결과되는 두 개의 잠재적 결과, $y_i(k, m_{i1})$와 $y_i(k, m_{i0})$라고 볼 수 있다.

$$\delta(k)=y_i(k, m_{i1})-y_i(k, m_{i0}), \, k=0, \, 1. \quad (Eq.\,18)$$

만약 처리가 매개에 효과가 없다면, 즉, $m_{i1}-m_{i0}=m$, 매개 인과효과는 0이다. $\delta_i(0)\,(\delta_i(1))$는 순수 간접효과(전체 간접효과)로 지칭할 수 있다(Robins 1993). 직접효과의 경우 $\delta_i(1)$와 $\delta_i(0)$는 일반적으로 다르다.

전체 처리효과는 직접효과와 매개효과의 합이다.

$$\tau_i=y_i(1, m_{i1})-y_i(0, m_{10})=\delta_i+\zeta_i(0)$$
$$=\frac{1}{2}\left[\delta_i(1)+\zeta_i+\delta_i(0)+\zeta_1(0)\right].$$

만약 처리 배정과 매개변수 사이에 상호작용이 없다고 가정하면, $\delta_i(1)=\delta_i(0)=\delta_i$ 그리고 $\zeta_i(1)=\zeta_i=\zeta_i$이다. 이 경우 처리의 전체 효과는 매개와 직접 효과의 합, 즉 $\tau_i=\delta_i+\zeta_i$이다.

매개분석에서 주요 관심사는 평균 인과매개효과(Average Causal Mediation Effect(ACME), $E(\delta_i(k))$, 평균 직접효과(the average direct effect, $E(\zeta_i(k))$, 그리고 평균 전체효과(average total effect, $E(\tau_i)=\frac{1}{2}\sum_{k=0,1}[E(\delta_i(k))+E(\zeta_i(k))]$)이다. 매개와 처리 배정 상호작용이 없을 때, 평균 전체효과는 $E(\tau_i)=E(\delta_i)+E(\zeta_i)$으로 축소된다.

순차적 무관성과 모델 식별(model identification)

구조방정식에서 에러항 간의 독립성은 매개 모델의 인과적 해석에 있어서 결정적인 역할을 한다. 상호간의 독립이 구조방정식의 모수들 간의 식별 가능성에서 중요한 역할을 하는 것이다. 식별 가능성은 잠재적 결과에 기반한 추론 패러다임 하에서 논의될 수 있다. 예컨대, 이마이(Kosuke Imai) 등은 $\mathbf{x}_i$가 i번째 피험자의 처리 사전 변수들이라면 다음의 조건이 만족된다는 점을 보여준다

$$z_i \perp \{y_i(k', m), m_{ik}\} | \mathbf{x}_i = \mathbf{x}, k, k' = 0, 1, \quad (Eq.19)$$
$$y_i(k', m) \perp m_{ik} | z_i = k, \mathbf{x}_i = \mathbf{x}, \qquad k, k' = 0, 1.$$

이것은 순차적 무관성(sequential ignorability, SI)인데, 첫 번째 조건은 처리 사전변수 $\mathbf{x}_i$하에서 z_i이 무관하다는 점을 보여주고, 두 번째 조건은 $\mathbf{x}_i$와 z_i하에서 m_{ik}는 무관하다는 것을 보여준다. 물론 첫 번째 조건은 모든 무작위 실험에서 만족되지만, 두 번째 조건은 그렇지 않다. 사실, 순차적 무관성의 두 번째 조건은 관찰된 데이터에서 직접적으로 검증될 수 있는 것이 아니다. 따라서 두 번째 조건이 위반되었을 경우의 분석 결과의 견고성 입증을 위해 일반적으로 민감도 분석(sensitivity analysis)이 이루어진다(Imai et al. 2010a).

이 밖에 다른 가정들도 제시되었는데, 예컨대 Robins(2003)는 통제된 직접효과(controlled direct effect)의 식별을 위해서 다음의 조건을 제시했다.

$$z_i \perp \{y_i(k', m),\ m_{ik}\} \mid \mathbf{x}_i = \mathbf{x}, \quad (Eq.\,20)$$
$$y_i(k,\ m) \perp m_{ik} \mid z_i = k,\ \mathbf{x}_i = \mathbf{x},\ \mathbf{w}_i = \mathbf{w},$$

여기서 $\mathbf{w}_i$는 매개와 결과 사이의 관계를 교란시키는 다른 종류의 처리사후 변수들이다. 좀 더 엄밀한 가정을 전제하는 경우, 평균인과매개효과(ACME)의 식별을 위해 다음의 필요조건이 제시된다(Robins 2003).

$$y_i(1,\ m) - y_i(0,\ m) = B_i,$$

여기서 B_i는 m과 독립적인 무작위 변수이다. 소위 비상호작용 가정인데, 이는 처리 투여량의 통제된 직접효과는 매개의 값에 의존하지 않는다는 것이다.

인과매개효과 모델들

($Eq.\,19$)에서 본 추계학적 독립성의 가정하에서, ACME가 비모수적으로 식별된다는 것이 입증된다($k = 0,\ 1$). 추계학적 독립성의 조건이 $y_i(k',\ m) \perp z_i \mid m_{ik} = m',\ \mathbf{x}_i = \mathbf{x}_i$를 함축하므로, 모든 k와 k'에 다음이 적용된다.

$$E[y_i(k,\ m_{ik'}) \mid \mathbf{x}_i] = \int E(y_i \mid z_i = k,\ m,\ \mathbf{x}_i)\, dF_{m_i \mid z_i = k',\ \mathbf{x}_i}(m), \quad (Eq.\,21)$$

여기서 $F_T(\cdot)\,(F_{T\mid W}(\cdot))$는 랜덤 변수 $T(T\mid W)$의(조건부) 누적분포함수를 나타낸다. 또한 $\mathbf{x}_i$를 적분하여 무조건적인 평균값을 구할 수 있다.

$$E[y_i(k, m_{ik'})] = \int E(y_i(k, m'_{ik}) \mid \mathbf{x}_i) \, dF_{\mathbf{x}_i}(\mathbf{x})$$

$(Eq.\ 21)$을 이용하여, 구조방정식의 직접, 간접, 전체 효과를 일반화 선형구조방정식 모델(Generalized Linear Structural Equation Models, GLSEM)을 이용하여 구할 수 있는데, 여기서 m_i, y_i, 또는 양자 모두 연속변수가 아닐 수 있다(Vansttelandt and Goetghebeur 2003). 예컨대, $(Eq.\ 3)$의 선형구조방정식을 잠재적 결과틀로 표현함으로써,

$$m_i(z_i) = \alpha_1 + \beta_1 z_1 + \varepsilon_{i1}(z_i), \quad (Eq.\ 22)$$
$$y_i(z_i, m_i(z_i)) = \alpha_2 + \beta_2 m_i(z_i) + \gamma z_i + \epsilon_{i2}(z_i, m_i(z_i)).$$

여기서 매개변수인 m_i의 처리 배정에 대한 의존성을 나타내기 위하여 $(Eq.\ 22)$의 구조방정식에서 m_{ik}대신 $m_i(z_i)$를 사용한다. $(Eq.\ 19)$의 첫 번째 조건은 다음을 함축하며,

$$E(\epsilon_{i1}(z_i) \mid z_i = k] = E[\epsilon_{i1}(z_i)] = 0,$$

두 번째 조건은 다음을 함축한다.

$$E[\epsilon_{i2}(z_i m_i(z_i)) \mid m_i = m,\ z_i = k] = E[\epsilon_{i2}(k,\ m)] = 0.$$

또한,

$$
\begin{aligned}
E[(y_i(k, m_{ik'})] &= E_{m_i \mid z_i = k'}[E_{y1} \mid m_i = m,\ z_i = k]] \\
&= E_{m_i \mid z_i = k'}[\alpha_2 + \beta_2 m_i + \gamma E(z_i = k)] \\
&= \alpha_2 + \beta_2 E[(\alpha_2 + \beta_1 z_1) \mid z_i = k'] + \gamma E(z_i = k).
\end{aligned}
$$

$(Eq. 22)$의 평균인과매개효과는

$$E(\delta(k)) = E[y_{i(k, m_{i(1)})}] - E[y_{i(k, m_i(0))}]$$
$$= [\alpha_2 + \beta_2(\alpha_1 + \beta_1 E(z_i|z_i=1)) + \gamma E(z_i=k)]$$
$$\quad - [\alpha_2 + \beta_2(\alpha_1 + \beta_1 E(z_i|z_i=0) + \gamma E(z_i=k)]$$
$$= \beta_2\beta_1.$$

그래서, 처리 배정 상호작용의 매개효과가 없는 경우, 매개효과는 $E(\delta_1(1)) = E(\delta_1(0)) = \beta_2\beta_1$인데, 이는 $(Eq. 4)$의 전형적인 선형구조방정식에서 도출된 간접효과와 동일하다. 처리 배정 상호작용의 매개변수가 없는 경우의 다른 인과효과를 얻을 수도 있다. 예컨대, $z_i m_i$라는 상호작용을 가정해보자. 즉,

$$m_i z_i = \alpha_1 + \beta_1 z_i + \epsilon_{i1}(z_i), \quad (Eq. 23)$$
$$y_i(z_i, m_i(z_i)) = \alpha_2 + \beta_2 m_i + \gamma z_i + \eta z_i m_i + \epsilon_{i2}(z_i, m_i(z_i)),$$

그러면 위의 상호작용이 없는 경우와 유사한 주장을 사용하여, 간접(매개효과), 직접, 전체 인과효과를 얻을 수 있다.

$$E(\zeta_i(k)) = \gamma + \eta(\alpha_1 + \beta_1 k), \quad (Eq. 24)$$
$$E(\delta_i(k)) = \beta_1(\beta_2 + k\eta),$$
$$E(\tau_1) = \beta_2\beta_1 + \gamma + \eta(\alpha_1 + \beta_1), \quad k, k' = 0, 1.$$

이러한 효과는 선형구조방정식모델에서 도출된 결과와 일치한다. 평균구조방정식에서 식별(identification)은 일반화선형구조방정식모델(GLSEM)로 확장될 수 있다. 예컨대 매개변수인 m_i이 이항변

수이며, 결과인 y_i가 연속변수일 경우, m_i은 $E(m_i(z_i)) = \text{logit}^{-1}$ $(\alpha_1 + \beta_i z_i)$로 모델화할 수 있다. 여기서 logit^{-1}는 로짓연결 함수의 역을 나타내며, 처리 배정에 의한 매개가 없는 경우 (Eq. 21)로부터 평균인과매개효과는 다음과 같이 표현될 수 있다.

$$E(\delta_1(k)) = E[y_i(k, m_{i1}) - y_i(k, m_{i0})]$$
$$= \beta_2[\log \text{it}^{-1}(\alpha_1 + \beta_1) - \log \text{it}^{-1}(\alpha_1)].$$

구조방정식 패러다임을 사용하지 않고 매개분석을 하는 것도 가능하다. 예컨대, Rubin(Rubin 2004; 2005)과 Jo 등(Jo et al. 2011)은 주층위화 방법을 사용하여 중간 교란 변수가 있는 경우의 인과효과를 측정하는 방법을 제시하였다. 하지만, 이러한 방법은 매개변수와 결과변수가 연속변수인 경우에는 적용에 한계가 있으며 구조방정식에 기반한 방법보다 널리 사용되지는 않는다.

잠재적 결과틀의 한계 및 토론

인과효과에 대한 잠재적 결과/반사실적 접근방법이 사회과학과 의학 등의 분야에서 널리 사용되기는 하지만, 활용에 있어서 몇 가지 실제적인 한계가 있다. 첫 번째 문제는 처리와 결과물이 연속적이고 연속시간에서 변화하는 경우에 연속적인 거의 무제한에 가까운 잠재적 처리를 가정해야 할 수도 있다는 것이다. 또 다른 문제는 좀 더 근본적이며 잠재적 결과의 무작위성과 관련된다. 잠재적 결과는 모집단에서는 변화하는데 특정 피험자에게는 고정되어 있는 것으로 보인다. 이러한 문제는 이러한 가정을 일종의 "숙명론적 철학"(fatalistic philosophy)이라고 비판한 Dawid(2000)에 의해 지적된 바 있다. 그에 의하면 이러한 가정은 처리를 받은 후 피험자의 결과를 미리 정해진 것으로 간주하는 것이며 비현실적이라고 주장한다. 문제는 반사실적 기제 없이 어떻게 잠재적 결과를 정의할 수 있을 것인가이다. 이에 대한 가능한 답변 중 하나는 다른 종류의 레짐(regime)이 처리 특성의 확률에 부합하여 미래의 피험자 또는 처리 대상에게 적용될 것이라고 간주하는 것이다. 이러한 접근법은 Arjas and Parner(2004), Geneletti and Dawid(2011), Commenges and Gégout-Petit(2015) 등이 취하고 있다. 결과 y를 여러 개의 잠재적인 결과로 나눌 것이 아니라 다양한 레짐을 고려해야 하는데, 이는 y를 향한 다른 종류의 확률법칙을 발생시킬 수도 있다. 이 방법은 잠재적 결정에 의존하는 것이 아닌데 왜냐하면 예컨대 미래에는 다른 종류의 개인들에게 처리가 적용될 것이기 때문이다. 문제는 다른 종류의 처리(레짐) 하에서 y를 향한 확률법칙이 어떻게 나타날 것인가이다.

인과추론은 사회과학에서 노출이나 개입의 인과 메커니즘을 밝히기 위해서 널리 사용되어 왔다. 이 연구는 오랜 역사를 가질 뿐만 아니라 연구도 광범위하다. 이 글에서는 잠재적 결과틀 내에서 개발된 인과추론의 방법에 대한 개관을 제시하였다. 이 방법은 본 장에서 구체적으로 논의되지 않은 SUTVA(stable unit treatment value as-sumption)라든가, 무관성(ignorance)의 가정 등 사회과학에서 엄밀히 지켜지기 어려운 많은 한계를 가지고 있는 것이 사실이다. 하지만 이틀을 사용하여, 많은 유용한 방법들(성향점수 매칭, 주층위법, 주변구조 평균모델, 최적동태적처리레짐법 등)이 개발되고 적용되어 온 것이 사실이다(Murphy 2003; Robins 2004). 향후 극복할 철학적, 방법론적 문제가 무수히 있지만 무한한 가능성이 열려 있는 방법인 것은 틀림없다.

핵심 용어

인과관계(causality relationship) (14쪽)

잠재적 결과틀(potential outcomes framework) (14쪽)

무작위 통제 실험(Randomized Controlled Trials) (15쪽)

처리의향분석(intention to treat, ITT) (15쪽)

매개(mediation) (15쪽)

인과적 매개분석(causal mediation analysis) (15쪽)

인과추론의 근본문제(fundamental problem of causal inference) (17쪽)

선택편향(selection bias) (19쪽)

사전교란(pre-treatment confounders) (19쪽)

매개효과(mediation effect) (21쪽)

대조군 연구(case-control design) (23쪽)

성향점수 매칭(Propensity Score(PS) matching) (25쪽)

주변구조 모형(Marginal Structural Model, MSM) (26쪽)

주층위법(Principal Stratification, PST) (32쪽)

구조평균 모델(Structural Mean Model, SMM) (35쪽)

인과적 매개(causal mediation) (38쪽)

순차적 무관성(sequential ignorability, SI) (40쪽)

일반화 선형구조방정식 모델(Generalized Linear Structural Equation Models, GLSEM) (42쪽)

참고문헌

Arjas, Elja and Jan Parner. 2004. "Causal Reasoning from Longitudinal Data." *Scandinavian Journal of Statistics* 31: 171-187.

Angrist, Joshua D., Guido W. Imbens, and Donald B. Rubin. 1996. "Identification of Causal Effects using Instrumental Variables (with Discussion)." *Journal of the American Statistical Association* 91: 444-472.

Baron, Reuben M. and David A. Kenny. 1986. "The Moderator-Mediator Variable Distinction in Social Psychological Research: Conceptual, Strategic, and Statistical Considerations." *Journal of Personality and Social Psychology* 51: 1173-1182.

Blackwell, Matthew. 2012. "A Framework for Dynamic Causal Inference in Political Science." *American Journal of Political Science* 57(2): 504-520.

Bollen, Kenneth. 1987. "Total, Direct and Indirect Effects in Structural Equation Models." *Sociological Methods* 17: 37-69.

Brady, Henry E. 2008. "Causation and Explanation in Social Science." In *The Oxford Handbook of Political Methodology*, eds. Janet M. Box-Steffensmeier, Henry E. Brady and David Collier. New York: Oxford University Press.

Bullock, John and Shang E. Ha. 2012. "Mediation is Harder than It Looks." In *Cambridge Handbook of Experimental Political Science*, eds. James N. Druckman, Donald P. Green, James H. Kuklinski and Arthur Lupia. New York:

Cambridge University Press.

Bullock, John G., Donald P. Green, and Shang E. Ha. 2010. "Yes, but What's the Mechanism?" *Journal of Personality and Social Psychology* 98(4): 550-558.

Commenges, Daniel and Anne Gégout-Petit. 2005. "Likelihood Inference for Incompletely Observed Stochastic Processes: Ignorability Conditions." arXiv preprint math/0507151.

Dawid, Aexander P. 2000. "Causal Inference without Counterfactuals." *Journal of the American Statistical Association* 95: 407-424.

Frangakis, Constantine E. and Donald Rubin. 2002. "Principal Stratification in Causal Inference." *Biometrics* 58: 21-29.

King, Gary and Richard Nielsen. 2019. "Why Propensity Scores Should Not Be Used for Matching." Political Analysis 27(4): 435-454.

Geneletti, Sara and Alexander P. Dawid. 2011. "Defining and identifying the effect of treatment on the treated." In *Causality in the Sciences*, eds. P.M. Illari, F. Russo, and J. Williamson,. New York: Oxford University Press.

Glynn, Adam N. and Kevin M. Quinn. 2010. "An Introduction to the Augmented Inverse Propensity Weighted Estimator." *Political Analysis* 18(1): 36-56.

Goetghebeur, Els and Krista Lapp. 1997. "The Effect of Treatment Compliance in a Placebo-Controlled Trial: Regression with Unpaired Data." *Journal of Royal Statistical Society Series C* 46: 351-364.

Hafeman, Danella M. and Sharon Schawrtz. 2009. "Opening the Black Box: a Motivation for the Assessment of Mediation." *International Journal of Epidemiology* 38: 838-845.

Hernán, Miguel and James M. Robins. 2020 (forthcoming). *Causal Inference.* Boca Raton, FL: Chapman & Hall/CRC.

Hernán, Miguel, Babette A. Brumback, and James M. Robins. 2002. "Estimating the Causal Effect of Zidovudine on CD4 Count with a Marginal Structural Model for Repeated Measures." *Statistics in Medicine* 21: 1689-1709.

Ho, Daniel, Kosuke Imai, Gary King and Elizabeth Stuart. 2007. "Matching as Non-parametric Preprocessing for Reducing Model Dependence in Parametric Causal Inference." *Political Analysis* 15(3): 199-236.

Holland, Paul. 1986. "Statistics and Causal Inference." *Journal of American Statistical Association* 81: 945-970.

Hollis, Sally and Fiona Campbell. 1999. "What is Meant by Intention-to-Treat Analysis? Survey of Published Randomized Controlled Trials." *BMJ* 319 (7211): 670-674.

Horvitz, Daniel G. and Donovan J. Thompson. 1952. "A Generalization of Sampling without Replacement from a Finite Universe." *Journal of the American Statistical Association* 47: 663-685.

Imai, Kosuke, Luke Keele, and Dustin Tingley. 2010a. "A General Approach to Causal Mediation analysis." *Psychological Methods* 15(4): 309-344.

Imai, Kosuke, Luke Keele, and Teppei Yamamoto. 2010b. "Identification, Inference, and Sensitivity Analysis for Causal Mediation Effects." *Statistical Science* 25: 51-71.

Imai, Kosuke, Luke Keele, Dustin Tingley, and Teppei Yamamoto. 2014. "Comment on Pearl: Practical Implications of Theoretical Results for Causal Mediation Analysis." *Psychological Methods* 19(4): 482-487.

Imbens, Guido W. and Donald B. Rubin. 1997. "Bayesian Inference for Causal Effects in Randomized Experiments with Noncompliance." *The Annals of Statistics* 25: 305-327.

_____. 2015. *Causal Inference for Statistics, Social and Biomedical Sciences: An Introduction.* New York: Cambridge University Press.

Jo, Booil, Elizabeth A. Stuart, David P. MacKinnon, and Amiram D. Vinokur. 2011. "The Use of Propensity Scores in Mediation Analysis." *Multivariate Behavioral Research* 46(3): 425-452.

Judd, Charles M. and David Kenny. 1981. "Process Analysis: Estimating Mediation in Treatment Evaluations." *Evaluation Review* 5: 602-619.

King, Gary, Robert O. Keohane and Sidney Verba. 1994. *Designing Social Inquiry: Scientific Inference in Qualitative Research.* Princeton, NJ: Princeton University Press.

Lewis, David. 1973. *Counterfactuals.* Cambridge, MA: Harvard University Press.

Lui, Kung-Jong. 2011. *Binary Data Analysis of Randomized Clinical Trials with Noncompliance.* Hoboken, NJ: Wiley.

Lindberg, Steffan L., ed. 2009. *Democratization by Elections.* Baltimore, MD: The Johns Hopkins University Press.

MacKinnon, David and James H. Dwyer. 1993. "Estimating Mediating Effects in Prevention Studies." *Evaluation Review* 17: 144-158.

Mill, John Stuart. 1884. *A System of Logic: Ratiocinative and Inductive, Being a Connected View of the Principles of Evidence and the Methods of Scientific Investigation.* London: Longmans, Green, and Co.

Morton, Rebecca B. and Kenneth C. Williams. 2010. *Experimental Political Science and the Study of Causality: From Nature to the Lab.* New York: Cambridge University Press.

Murphy, Susan. 2003. "Optimal Dynamic Treatment Regimes." *Journal of Royal Statistical Society: Series B* 65 (2): 331－366.

Pearl, Judea. 2001. "Direct and Indirect Effects." In *Proceedings of the Seventeenth Conference on Uncertainty in Artificial Intelligence.* San Francisco, CA: Morgan Kaufmann: 411-420.

_____. 2009. *Causality: Models, Reasoning, and Inference.* 2nd ed. New York: Cambridge University Press.

_____. 2014. "Interpretation and Identification of Causal Mediation." *Psychological Methods* 19(4): 459-481.

Persson, Torsten and Guido Tabellini. 2005. *The Economic Effects of Constitutions.* Cambridge, MA: The MIT Press.

Piantadosi, Steven. 2005. *Clinical Trials: A Methodological Perspective.* 2nd ed. Hoboken, NJ: Wiley.

Robins, James M. 1994. "Correcting for Non-Compliance in Randomized Trials Using Structural Nested Mean Models." *Communications in Statistics: Theory and Method* 23: 2379-2412.

_____. 1999. "Marginal Structural Models versus Structural Nested Models as Tools for Causal Inference." In Statistical Models in Epidemiology: The Environment and Clinical Trials. eds. M.E. Halloran and D. Berry. New York: Springer: 95-134.

_____. 2003. "Semantics of Causal DAG Models and the Identification of Direct and

Indirect Effects." In *Highly Structured Stochastic Systems*, eds. P.J. Green, N.L. Hjort, and S. Richardson. New York: Oxford University Press: 70-81.

_____. 2004. "Optimal Structural Nested Models for Optimal Sequential Decisions." In *Proceedings of the Second Seattle Symposium on Biostatistics*, eds. Danyu Lin and Patrik J. Heagerty. New York: Springer.

Robins, James M. and Sander Greenland. 1992. "Identifiability and Exchangeability for Direct and Indirect effects." *Epidemiology* 3(2): 143-155.

Rosenbaum, Paul R. 1984. "The Consequences of Adjustment for a Concomitant Variable that Has Been Affected by the Treatment." *Journal of Royal Statistical Society Series A* 147: 656-666.

Rosenbaum, Paul R. and Donald B. Rubin. 1983. "The Central Role of the Propensity Score in Observational Studies for Causal Effects." *Biometrika* 70: 41-55.

_____. 1985. "Constructing a Control Group Using Multivariate Matched Sampling Methods that Incorporate the Propensity Score." *The American Statistician* 39: 33-38.

Rubin, Donald B. 1974. "Estimating Causal Effects of Treatments in Randomized and Nonrandomized Studies." *Journal of Educational Psychology* 66: 688-701.

_____. 1976. "Inference and Missing data (with Discussion)." *Biometrika* 63: 581-592.

_____. 2004. "Direct and Indirect Causal Effects via Potential Outcomes." *Scandinavian Journal of Statistics* 31: 161-170.

_____. 2005. "Causal Inference Using Potential Outcomes: Design, Modeling, Decisions." *Journal of the American Statistical Association* 100: 322-331.

_____. 2006. *Matched Sampling for Causal Effects*. New York: Cambridge University Press.

Sekhon, Jasjeet S. 2008. The Neyman-Rubin Model of Causal Inference and Estimation via Matching Methods. In *The Oxford Handbook of Political Methodology*, eds. Janet M. Box-Steffensmeier, Henry E. Brady and David Collier. Oxford University Press.

Vansteelandt, Stijn and Els Goetghebeur. 2003. "Causal Inference with Generalized Structural Mean Models." *Journal of Royal Statistical Society Series B* 65: 817-835.

## 제2장

실험 연구 방법론

하상응 서강대학교

이 장에서는 지난 20여 년 동안 정치학 경험연구 분야에서 급속도로 성장한 실험 연구 방법론의 기본 논리를 설명하고 있다. 연구자들이 실험을 하는 이유가 무엇인지, 실험을 수행하여 어떻게 독립변수와 종속변수 간의 인과관계(causal relationship)를 규명할 수 있는지를 검토하고, 연구 수행 도중 빈번히 겪는 문제점과 분석 결과를 활용하는 방법에 대해서도 논한다. 구체적으로 균형점검(balance check), 조작점검(manipulation check), 비동조(non-compliance)의 문제를 다루고, 하위집단 분석(sub-group analysis)과 매개 분석(mediation analysis)을 통해 이미 발견된 인과효과가 작동하는 조건과 메커니즘을 이해하는 방법도 설명한다. 마지막으로 실험 연구의 약점인 외적 타당성(external validity) 문제, 이론적 근거의 빈약성 문제, 그리고 윤리적 고려의 필요성 문제 등을 다루면서 실험 연구의 오용과 남용의 위험성을 지적한다.

  사람들은 일상생활에서 원인(cause)과 결과(consequence) 간 관계를 따지는 질문을 자주 한다. 탄수화물 섭취를 줄이면 몸무게를 현저하게 줄일 수 있을까? 갓 태어난 아이에게 모차르트 음악을 자주 들려주면 지적 능력이 향상되지 않을까? 자기 전 한 잔의 따뜻한 우유를 마시면 숙면에 도움이 될까? 일반 사람들과 마찬가지로 사회 조직들도 인과관계(causal relationship)를 따지면서 일을 한다. 대기업 마케팅 부서에서는 판매고를 높이기 위한 방법들을 모색하고, 정부는 문제 해결에 가장 효과적인 정책을 만드는 데에 힘을 기울이고, 종교단체는 교인의 수를 늘릴 방법을 고민하고, 정당은 선거에서 이길 전략을 짜는 일에 심혈을 기울인다. 이 조직들의 일차적인 목표(판매고, 효과적인 정책, 교인의 수, 득표율)를 달성하는 데에 도움을 주는 방법을 제대로 파악하지 못하면, 조직들은 존폐의 위기를 맞게 된다.

  사회과학에서 던지는 질문들 중에서도 원인과 결과 간의 관계를 따지는 것들이 많다. 최저임금을 올리면 경제성장률에 어떤 영향을 미칠까(혹은 자살률에 어떤 영향을 미칠까)? 대학 신입생 선발 과정에서 정시의 비율을 높이면 입시 공정성 향상에 도움이 될까? 그러면 혹시 사회계층화를 더 촉진시키는 것은 아닐까? 대통령 선거일 바로 전날까지 여론조사 결과를 발표하는 것이 법적으로 가능하다면 과연 선거 결과가 달라질까? 기본소득제로 기존 사회복지제도를 대체하면 국민들의 삶에는 어떤 영향을 미칠까? 국가의 경제성장이 지속될수록 그 나라의 민주주의는 공고화될 것인가? 이렇듯 인과관계를 따지는 질문들은 도처에서 찾아볼 수 있다. 문제는 이러한 질문들에 대한 답변을 어떻게 하면 설득력 있게 제시할 수 있느냐는 것이다. 답변을 제시하는 방법들은 다양하지만, "설득력 있는" 답변을 제공해 주는 방법은 많지 않다.

인과관계를 따지는 질문에 답을 제공하기 위해 사람들은 보통 직관(intuitions)과 예시(anecdotes)에 의존하곤 한다. 앞서 언급한 예 중에서 대학 신입생 선발 과정에서 정시의 비율을 높였을 때의 결과에 대해서 한번 생각해 보자. 어떤 사람들은 정시의 비율을 높이면, 모든 대학 지원자들이 동일한 조건에서 치른 하나의 시험(수학능력평가시험)에서 얻은 점수를 근거로 선발되는 신입생들의 수가 늘기 때문에 공정성이 향상된다고 주장할 것이다. 이러한 주장을 펴는 사람들은 과거 학력고사로 대학 신입생을 선발하던 시절, 저소득층 및 지방 출신 대학생의 비율이 높았던 사실을 근거로 활용하곤 한다. 하지만 직관과 예시에 근거해서 인과관계를 규명하는 작업은 보통 완전히 상반되는 직관과 예시와 충돌하게 된다. 정시의 비율이 늘게 되면, 수학능력평가시험의 중요성이 커진다. 그런데 이 시험의 내용과 구성이 과거 학력고사와는 달리, 상당히 복잡하기 때문에 능력 있는 강사가 학원에서 알려주는 문제 풀이 요령을 터득하느냐 그렇지 못하냐의 여부가 꽤 중요하다고 주장하는 사람들이 있다. 정시 확대는 결국 사교육에 의존하는 경향성을 강화시키게 되고, 이는 대도시에 사는 부유한 집안의 자식들에게 유리한 구조를 만들 것이라는 말이다. 이 두 가지 상반된 주장들 중에서 어느 것이 맞는 주장인가? 장기간 축적된 자료의 과학적인 분석 없이 내놓는 답을 믿을 수 있을까? 직관과 예시에 근거한 토의는 시원한 답을 제공하지 못한 채 마무리되곤 한다.

직관과 예시 말고 인과관계를 묻는 질문에 답하는 방법으로는 원인과 결과로 추정되는 요인들 간의 상관관계(correlations)를 통계적으로 보여주는 것이 있다. 연구자들은 상관관계를 구하기 위해 때때로 오랜 시간을 들여 대규모의 자료를 구축하곤 한다. 위에서 언급된 질문들 중 하나로 돌아가 보자. 국가의 경제성장이 지속되면, 그 나라의 민주주의가 공고화될 것인가, 아니면 그 나라의 민주주의가 더 약화될 것인가? 경제성장(원인)과 민주주의 정도(결과)를 모은 자료를 분석하면 꽤 의미 있는 상관관계를 구할 수 있다. 하지만 문제는 이러한 상관관계가 항상 인과관계를 보여주는 것은 아니라는 데에 있다. 가령 경제성장과 민주주의의 상관관계가 양(+)의 관계라고 하자. 즉, 경제가 성장하면 할수록 민주주의가 공고화된다고 하자. 여기서 구한 상관관계를 인과관계로 상정하고 해석을 하면, 경제성장(국민총생산의 증가)은 곧 민주주의의 공고화로 이어져야 한다. 그러나 다른 식의 해석도 가능하다. 경제성장이 원인이 아니라 결과일 수도 있다. 민주주의가 공고화될수록 경제성장이 이루어지는 것이지 그 반대가 아닐 수 있다는 말이다. 또한 경제성장 말고 무언가 다른 요인에 의해 민주주의가 공고화되면, 정책 결정 과정에서의 투명성이 향상되고, 국민들의 만족도가 높아져, 결국 시장에 활력이 생겨 경제성장이 일어날 수도 있다. 이 경우 경제성장과 민주주의 간에는 여전히 양(+)의 상관관계가 생긴다. 하지만 경제성장(원인)이 민주주의(결과)를 강화한 것은 아님을 유념해야 한다.

상관관계를 이용해 인과관계를 규명하려는 시도는 근본적으로 잘못된 것이다. 왜냐하면 높은 상관관계는 우리가 관심을 두고 있는 원인과 결과 간의 관계가 인과관계가 아니어도 나타날 수 있기 때문이다. 예를 들어 과외와 대학수학능력시험 성적 간에 양(+)의 상관관계가 있다고 치자(즉, 과외를 받는 학생들은 그렇지 않은 학생에 비해 평균적으로 더 높은 시험성적을 받는다는 말이다). 이 경우, 우리가 확인한 상관관계가 과외 때문에 생긴 것인지, 아니면 과외를 받는 학생들이 상대적으로 더 부유한 집안 출신이고, 학업에 대한 동기부여가 더 강하기 때문인지는 파악하기 쉽지 않다. 만약 높은 시험성적이 학생의 집안환경 혹은 동기부여 정도에 기인한 것이라면, 과외의 영향이 전혀 없어도 과외와 시험성적 간에는 양(+)의 상관관계가 있게 된다. 연구자들이 흔히 범하는 오류는 상관관계가 마치 인과관계를 규명하는 단서를 제공해 준다고 믿는 것이다. 상관관계는 인과관계와 다르다.

상관관계와 인과관계가 서로 완전히 다름에도 불구하고 많은 사회과학자들이 상관관계를 보여주면서 인과관계를 설명하고자 하는 것은 납득하기 어려운 일이다. 사회과학 경험연구에서 가장 많이 통용되는 분석 방법은 보다 더 정교한 상관관계를 구하기 위한 것에 지나지 않는다. 보통 사회과학자들은 인과관계를 보여줌직한 상관관계를 확인한 후, 자료에서 비슷한 조건을 가진 관찰값들만 비교해서 상관관계를 인과관계인 양 해석하고자 한다. 예를 들어 과외가 시험성적에 미치는 효과를 인과적으로 해석하려는 학자들은 자료를 분석할 때 성별, 나이, 지역, 사회경제적인 지위, 그리고 내신 성적이 같은 학생들만을 모아서 과외를 받았는지 안 받았는지의 여부만을 따진다.

이러한 방법의 문제는 시험성적에 영향을 주고, 과외를 받는 것과 상관관계가 있는 관찰되지 않는 요인들(unobserved factors)을 통제할 수 없다는 데에 있다. 같은 사회인구학적 요인을 갖는 학생들만 가지고 자료 분석을 하면, 과외를 받은 학생과 과외를 받지 않은 학생들 사이에는 단지 관찰된 요인들(observed factors)만 동일할 뿐이다. 관찰되지 않는 요인들을 보면 이 두 집단은 여전히 서로 상이할 수 있다는 말이다. 어떤 경우 시험성적에 영향을 주는 몇 가지 요인을 아예 고려하지 못할 수도 있다. 또 다른 경우 시험성적에 영향을 주는 요인들을 생각해 냈으나, 그것들을 제대로 측정하지 못할 수도 있다. 가령, 과외를 받는 학생들은 평균적으로 시험을 잘 봐야겠다는 동기부여가 잘 되어 있다고 보자. 그런데 동기부여 정도를 제대로 측정하지 못한다면, 잘못 측정된 동기부여라는 요인이 인과추론 자체를 불가능하게 만든다. 이렇게 제대로 측정이 되지 않은 요인들을 교란변수(confounding variables)라고 부른다. 상관관계를 해석할 때 연구자들은 측정되지 않은 요소들의 영향이 결과를 왜곡시킬 가능성을 항상 염두에 두어야 한다.

관찰되지 않은 교란변수를 통제하고 싶으면, 그러한 변수들을 일일이 찾아 측정을 해야 한다. 이런 엄청난 작업을 하려는 연구자들이 있을 리가 만무하지만, 설사 있다 하더라도 근본적인 문제에 봉착하게 된다. 도대체 교란변수의 수가 몇 개나 되는가? 전체 교란변수의 수를 알아낸다는 것은 불가능에 가깝기 때문에, 교란변수들을 얼마나 찾으면 그만 찾아도 되는지에 대한 합의가 있을 수 없다. 이때문에 사회과학 경험연구에서는 항상 관찰되지 않은 교란변수를 어떻게 처리해야 하는지를 놓고 논쟁이 있기 마련이다.

실험 연구의 기본 구조

일반적으로 사회과학 경험연구는 다음과 같이 구성된다.

(1) 관심 있는 사회현상을 규정하고, 그것이 왜 생겼는지를 묻는 연구 질문("연구 질문" research question)
(2) 연구 질문에 대한 잠정적인 답변을 가설의 형식으로 제시("가설" hypothesis)
(3) 제시된 가설이 연구 질문에 대한 타당한 답변인지 아닌지를 파악하기 위해 자료를 구축("자료 구축" data generation)
(4) 구축한 자료를 과학적 방법을 사용해 분석하여 가설이 연구 질문에 대한 타당한 답변인지를 판단("가설 검증" hypothesis test)

이 과정을 거쳐 타당하다고 과학적으로 규명된 가설들을 중심으로 사회과학 지식이 축적된다. 첫 번째 단계, "연구 질문"에서는 종속변수(dependent variable)를 명확히 규정하게 된다. 종속변수는 우리가 관심을 가지고 있는 사회 현상이다(예를 들어, 지역별 노인 자살율의 차이, 국가별 기대 수명의 차이, 사람별 삶의 만족도 차이 등). 반면 두 번째 단계, "가설"에서는 독립변수(independent variable)를 명확히 규정하게 된다. 가설은 연구 질문에 대한 잠정적인 답(potential answer)을 의미한다. 독립변수는 연구 질문에서 제시된 종속변수를 설명한다고 여겨지는 요인이다. 즉, 종속변수가 결과이고, 독립변수는 그 결과를 만든 원인이라고 생각하면 된다. 하나의 결과를 만드는 데에 기여하는 요인들의 숫자는 무수히 많다. 따라서 하나의 연구 질문(종속변수)에서 파생될 수 있는 독립변수의 수는 무수히 많다.

가설을 검증하기 위해서는 자료가 필요하다. 자료, 특히 양적 자료를 수집하는 방식은 실험(experiment) 혹은 관찰(observation), 이렇게 두 가지로 나뉜다. 다음의 가설을 검증하기 위한 자료를 구축한다고 보자.

모차르트 음악을 듣는 유치원 아이들은 그렇지 않은 아이들에 비해 IQ가 높을 것이다.

실험을 통해 자료를 구축하는 과정은 다음과 같다. 우선 실험 대상, 즉 유치원 아이들을 모집한다(1단계). 물론 이때 아이들 부모의 사전 허가를 받는 것이 중요하다. 모집한 아이들을 무작위로(randomly) 두 집단으로 나누어 한 집단에는 모차르트 음악을 일정 기간 동안 듣게 하고, 다른 집단에는 음악을 허락하지 않거나, 모차르트 음악 말고 다른 음악을 듣게 한다(2단계). 그 다음 두 집단 아이들의 IQ를 측정하여 비교한다(3단계).

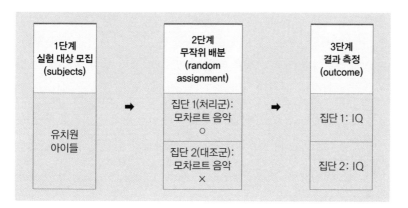

그림 1 실험 연구의 기본 구조

실험은 기본적으로 가설에 담긴 독립변수를 실험으로 조작(experimental manipulation)하는 작업을 의미한다. 아이들을 무작위로 (예를 들어 동전을 던지거나 제비뽑기를 해서) 두 집단으로 나누면, 두 집단 간에는 의미 있는 차이가 없을 것이라고 짐작할 수 있다. 즉, 아이 한 명을 기준으로 볼 때 동전을 던지면 앞면이 나올 확률이 50%이고, 뒷면이 나올 확률이 50%이니, 모차르트 음악을 듣는 집단에 속할 확률이 50%, 다른 집단에 속할 확률이 50%임을 짐작할 수 있다. 따라서 만약 모차르트 음악을 듣는 집단에 40명의 남자 아이들이 있다고 하면, 다른 집단에도 약 40명의 남자 아이들이 있을 것이라고 예상할 수 있고, 모차르트 음악을 듣는 집단에 56명의 6세 아이들이 있다고 한다면, 다른 집단에도 약 56명의 6세 아이들이 있을 것이라 예상할 수 있다. 또한 모차르트 음악을 듣는 집단에 속한 아이들 중 10명이 변호사 부모를 두었다면 다른 집단에 속한 아이들 중 약 10명이 변호사 부모를 두고 있으리라 짐작할 수 있다. 즉, 무작위로 두 집단을 나누게 되면, 두 집단 간에 존재하는 유일한 차이는 한 집단(처리군 treatment group)은 모차르트 음악을 듣고, 다른 집단(대조군 control group)은 그렇지 않다는 사실밖에 없게 된다. 이것이 가설에 존재하는 독립변수를 실험으로 조작하는 작업의 핵심 내용이다.

실험으로 자료를 구축해 가설 검증을 하게 되면, 이 장의 맨 앞부분에서 토의한 인과관계를 밝힐 수 있는 이점이 있다. 무작위로 집단이 구분되었기 때문에 모차르트 음악에의 노출 여부를 제외하고, 종속변수에 영향을 주는 다른 요인들(아이들의 성별, 아이들의 나이, 부모의 직업, 부모의 학력 수준 등)이 모두 통제되기 때문이다. 따라서 두 집단 간 평균 IQ에 차이가 난다면, 그 차이는 모차르트 음악을 들은 효과라고 이야기할 수 있다.

실험을 수행하지 않고, 관찰을 통해 자료를 구축하면 인과관계의 규명이 어렵다. 모차르트 음악을 듣는 가정의 아이들과 그렇지 않은 가정의 아이들을 모아 단순 비교를 한다면, 두 집단 간에는 모차르트 음악을 듣느냐 마느냐 여부 말고도 다른 차이들이 있기 마련이다. 부모의 교육수준이 높은 가정은 그렇지 않은 가정에 비해 모차르트 음악을 들을 개연성이 높다. 부모의 소득수준이 높아 가정에 악기를 다루는 사람이 있는 경우, 그렇지 않은 경우에 비해 모차르트 음악을 들을 개연성이 높다. 즉, 모차르트 음악을 듣는 가정의 아이들과 그렇지 않은 가정의 아이들을 관찰하여 두 집단 간의 평균 IQ의 차이를 확인하였다고 해도, 그것이 모차르트 음악을 들은 효과인지, 부모의 교육수준 혹은 소득수준 효과인지를 밝힐 수 없다.

지금까지 논의된 내용을 간단한 수식을 통해 다시 한 번 검토해 보도록 하자. 하나의 종속변수와 하나의 독립변수로 구성된 단순회귀(simple regression) 분석을 한다고 하면, 다음과 같은 식을 상정해 볼 수 있다.

$$Y = \beta_0 + \beta_1 * X + \varepsilon$$

여기서 Y는 종속변수, X는 독립변수를 의미하고, β_0은 절편(constant), β_1은 회귀계수(regression coefficient), 그리고 ε은 회귀식에 포함된 독립변수 X를 제외하고 종속변수 Y를 설명할 수 있는 요인들의 집합을 의미한다. 일반적으로 이 회귀식에서 연구자들이 가장 큰 관심을 갖는 부분은 바로 회귀계수이다. 독립변수가 원인이고, 종속변수가 결과라고 했을 때, 회귀계수는 독립변수가 종속변수에 주는 영향력(effects)을 지칭하기 때문이다.

위에 제시된 회귀식은 모집단(population) 수준에 해당되는 회귀식이다. 우리가 알고 싶은 것은 회귀계수를 나타내는 구체적인 숫자이지만, 우리가 모집단 수준의 정보를 완전히 파악할 수는 없기 때문에, 모집단의 부분인 표본(sample)을 활용한 회귀분석을 하여 알고 싶은 회귀계수를 추정하는 작업을 해야 한다. 표본을 활용한 회귀식

은 다음과 같이 적을 수 있다.[1]

$$Y = b_0 + b_1 * X$$

　　모집단 수준의 회귀식과 달리 표본 수준의 회귀식에서는 자료에 담긴 독립변수와 종속변수를 활용한 분석을 통해 b_1을 하나의 숫자로 구현할 수 있다. 그런데 문제는 b_1이 β_1과 같은 값을 가지리라는 보장이 없다는 것이다. 자료를 분석해 얻은 b_1과 실제 모집단 수준에서의 회귀계수(β_1) 간의 차이를 편향(bias)이라고 부른다. 그렇다면 편향이 없는 회귀계수(즉, 독립변수가 종속변수에 주는 실제 영향)를 얻으려면 어떤 방법을 취해야 하는가?

　　이 질문에 대한 답은 보통 회귀분석 교과서에서 회귀분석의 가장 중요한, 첫 번째 가정으로 기술되고 있다. 만약 모집단 수준에서 X를 제외하고 Y에 영향을 주는 요인들인 ε이 독립변수 X와 상관관계를 맺고 있지 않다면, b_1이 β_1와 일치하여, 편향이 없게 된다는 것이다. 다시 말해 $b_1 = \beta_1$인 상황이 연출되기 위해서는 다음의 가정이 만족되어야 한다.

$$corr(X, \varepsilon) = 0$$

　　그런데 실제 상황에서 이 가정이 만족될 수 있는가? 위에서 언급한 모차르트 음악과 IQ의 예를 다시 한 번 검토해 보자. 아이들의

....
1　　모집단 수준의 회귀식과 표본 수준의 회귀식을 구분하기 위해 모집단 수준 회귀식의 정보(모수 parameter)는 그리스 알파벳으로, 표본 수준 회귀식의 정보(통계량 statistic)는 로마 알파벳을 적는 것이 일반적이다. 일부 교재 혹은 논문에서는 표본 수준 회귀식의 정보를 그리스 알파벳에 모자(hat)를 씌워 (예를 들어 $\hat{\beta}_1$)구분하기도 한다.

IQ(종속변수 Y)를 결정하는 요인들은 모차르트 음악(독립변수 X) 말고도 많이 있을 것이다. 부모의 지적 능력, 아이들이 노출된 문화자본의 양과 질, 책을 읽는 시간, 타고난 성격, 이 모든 것들이 ε에 포함되어 있을 것이다. 그렇다면 ε에 포함된 요인들을 하나씩 뽑아 독립변수 X와 상관관계가 있는지를 살펴보자. 부모의 지적능력? 아마도 지적 능력이 높은 부모를 가진 아이들은 그렇지 않은 부모를 가진 아이들보다 모차르트 음악에 노출된 정도가 클 것이다. 마찬가지로 다양한 문화자본에 노출된 아이들은 그렇지 않은 아이들보다 모차르트 음악에 노출될 가능성이 클 것이다. 비슷한 논리로 책을 많이 읽는 아이들이 그렇지 않은 아이들에 비해, 특정 성격을 타고난 아이들이 다른 성격을 타고난 아이들에 비해 모차르트 음악에 노출된 정도가 클 것이다. 이렇듯 독립변수 X와 ε 간의 상관관계가 0인 상황은 상상하기 어렵다.

실험 연구의 가장 큰 장점은 독립변수 X와 ε 간의 상관관계가 0인 상황을 실험 조작을 통해 구현할 수 있다는 것이다. 이것이 가능한 이유는 무작위 배분(random assignment) 때문이다. 위에서 설명한 바와 같이, 실험 대상을 모으고 그들을 무작위 배분 방식을 통해 두 개의 서로 다른 집단으로 나눈 후, 한 집단에는 모차르트 음악을 노출시키고, 다른 집단에는 모차르트 음악에 노출시키지 않는다면, 두 집단 간의 차이는 모차르트 음악에의 노출이라는 요인 말고 다른 차이가 없을 것이라 생각해 볼 수 있다.

가장 단순한 구조의 실험은 하나의 처리군(treatment group)과 하나의 대조군(control group), 이렇게 두 개의 실험 집단으로 구성된 것이다. 하지만 처리군의 숫자는 가설을 어떻게 구성하느냐에 따라 얼마든지 늘어날 수 있다. 지금까지 고려한 가설을 다음과 같이 수정해 보자.

모차르트 음악(장조 major)을 듣는 유치원 아이들은 모차르트 음악에 노출되지 않은 아이들에 비해 IQ가 높을 것이다.

모차르트 음악(단조 minor)을 듣는 유치원 아이들은 모차르트 음악에 노출되지 않은 아이들과 IQ 차이가 없을 것이다.

여기서 고려하는 실험 집단의 수는 (1) 모차르트 장조 곡을 듣는 집단, (2) 모차르트 단조 곡을 듣는 집단, (3) 모차르트 음악을 듣지 않는 집단, 이렇게 세 개가 된다. 이 중에서 처리군은 (1)과 (2), 두 집단이다. 실제 실험에서 집단 (1)에 배정된 유치원생들에게는 현악오중주 K. 515(다장조)를 집중적으로 듣게 하고, 집단 (2)에 배정된 실험 대상에게는 현악오중주 K. 516(사단조)을 집중적으로 듣게 하며, 대조군인 집단 (3)은 모차르트 음악에 노출시키지 않는다면, 가설 검증을 위한 회귀식은 다음과 같다.

$$Y = b_0 + b_1 * X_1 + b_2 * X_2$$

X_1은 모차르트 장조 곡을 듣는 집단과 나머지 집단을 구분하는 더미 변수(dummy variable)이고, X_2는 모차르트 단조 곡을 듣는 집단과 나머지 집단을 구분하는 더미 변수이다. 대조군인 집단 (3)과 두 개의 처리군들을 구분하는 더미 변수(X_3으로 지칭 가능)는 기준 범주(reference category)가 된다. 여기서 b_1은 대조군과 비교해 볼 때, 모차르트 장조 곡을 듣는 행위가 종속변수에 미치는 영향이 되고, b_2는 대조군과 대비해 볼 때, 모차르트 단조 곡을 듣는 행위가 종속변수에 미치는 영향이 된다.

이렇듯 가설을 검증하여 인과관계를 규명하고자 한다면 실험을 통해 자료를 구축하는 것이 바람직하다. 하지만 여러 가지 이유로 실험을 수행하지 못하고 관찰을 통해 구축한 자료를 사용하는 경우가 일반적이다. 가령 국가의 경제성장이 민주주의 공고화에 어떤 영향을 주는지를 보려는 가설을 실험을 통해 검증하는 것은 국가를 무작위로 두 집단으로 나누는 것이 현실적으로 불가능하기 때문에 어렵다. 10대의 일탈행위에 폭력적인 게임이 영향을 주는지를 보려는 가설을 실험을 통해 검증하는 것은 실험 대상인 일부 10대를 폭력적인 게임에 노출해야 되기 때문에 윤리적인 문제가 있을 수 있다. 기본소득제도가 국민들의 삶의 질을 향상시키는지를 확인하려는 가설을 실험을 통해 검증하는 것은 아마도 비용 문제 때문에 실질적으로 어려울 것이다. 하지만 실험 연구가 관찰 자료를 이용한 연구에 비해 인과효과 규명에 적합하다는 사실을 기억하는 것은 대단히 중요하다. 기존 연구를 검토하는 과정에서 동일한 가설을 검증하는 서로 다른 두 개의 연구를 확인했다고 하였을 때, 하나는 실험 연구 결과를 보고하고 있고, 다른 하나는 관찰 자료를 사용한 연구 결과를 보고하고 있다면, 당연히 실험 연구 결과에 더 비중을 두어야 한다.

실험 연구 수행 시 고려사항

위에서 설명한 바와 같이, 하나의 가설을 구성하는 독립변수를 실험으로 조작한다면(적어도 이론적으로는) 인과관계를 명확히 밝힐 수 있다. 하지만 실제 실험을 수행하게 되면 크고 작은 문제들에 봉착하게 되어, 교과서에 언급된 실험 연구의 이점을 충분히 활용할 수 없을 가능성이 농후하다. 실험 연구를 하는 과정에서 겪을 수 있는 문제들을 몇 가지 검토해 보자.

실험 집단 간 균형(balance)

실험 연구를 통해 인과관계를 규명하기 위해서는 무작위 배분이 잘 수행되어 실험 집단들 간의 차이가 처리를 받느냐 받지 않느냐 여부를 제외하고는 없어야 한다. 동전 던지기의 예와 같은 상황(앞면이 나올 확률 50%, 뒷면이 나올 확률 50%)을 상정하면 이론적으로 이해하기 어렵지 않으나, 실제 동전을 100번 던지면 앞면이 50번, 뒷면이 50번 나오는 것은 아니다. 따라서 실험 대상을 처리군과 대조군으로 나눈 다음, 그 다음 단계인 실험 수행 전에, 두 집단이 동일한 성격(identical characteristics)의 집단인지를 확인하는 과정이 필요하다. 일반적으로 실험 집단 간 균형이 잘 맞는지를 보기 위해서는 실험 대상에게서 얻은 정보들을 활용하여 회귀분석을 한다.

$$X = \gamma_0 + \gamma_1 * W_1 + \gamma_2 * W_2 + \gamma_3 * W_3 + \cdots + \gamma_n * W_n$$

위의 식에서 X는 실험으로 조작된 독립변수이고 W들은 자료에 존재하는 피실험 대상 관련 정보들이다. 예를 들어 X를 모차르트 음악을 듣는 집단과 그렇지 않은 집단의 구분이라고 한다면, W들은 피실험 대상의 나이, 성별, 부모의 교육수준 등이 된다. 이 회귀분석을 한 이후 각각의 W에 부속된 회귀계수의 추정값들이 모두 통계적으로 무의미하다면, 실험 집단 간 차이가 적어도 이 회귀식에 포함된 W들 기준에서는 없다고 파악할 수 있다. 만약 여기에 포함된 W 중에서 어느 하나(예를 들어 피실험 대상의 나이)에서 통계적으로 유의미한 결과가 나온다면, 처리군과 대조군에 배분된 피실험 대상들 간 평균 나이에서 차이가 있음을 의미한다. 이런 결과가 나오면 이미 수행한 무작위 배분을 취소하고, 다시 무작위 배분을 수행하여 실험 집단

을 나누어야 한다.[2]

실험 조작점검(manipulation check)

실험 연구에서 "원인"에 해당하는 독립변수는 처리군과 대조군이라는 두 개의 변수값을 갖는다. 그런데 경우에 따라 처리군에 속한 실험 대상에게만 적용되는 "처리"(treatment)의 내용이 모호할 수 있다. 몇 가지 예를 들어보자. 우선 위에서 언급한 "폭력 비디오를 소비하는 청소년들이 그렇지 않은 청소년들에 비해 일탈 행위를 더 할 것이다"라는 가설을 검토해 보자. 이 가설을 실험을 수행해 검증하고자 한다면, "폭력 비디오 소비"라는 요인을 실험으로 조작해야 한다. 실험 대상을 모집한 다음, 무작위 배분을 통해 만들어진 처리군에게 폭력 비디오를 보도록 유도해야 한다. 이때 어떤 "비디오"를 사용해야 하는가? 연구자가 생각하기에 충분히 폭력적인 내용을 담고 있다고 생각하는 영상을 보여주었는데, 실제 처리군에 속한 실험 대상은 그 영상을 폭력적이지 않다고 여길 가능성을 배제할 수 없다. 이 경우 처리군과 대조군을 구분하는 처리의 정도가 충분히 강하지 않았기 때문에, 가설을 뒷받침해 주는 경험적 증거를 확인하지 못할 것이다.

처리군에 주어지는 처리가 연구자의 의도대로 제대로 전달되는지를 확인하는 작업을 조작점검(manipulation check)이라고 한다. 이를 위해서는 보통 실험 참가자들 말고 별도의 표본을 마련할 필요가

....

2   실험 수행 전 처리군과 대조군 간의 균형을 맞추는 작업을 용이하게 하기 위해 피실험자들 정보를 기준으로 미리 블록을 지정해 무작위 배분을 하는 방법(block randomization)이 있다(Moore 2012). 일부 연구자들은 처리군과 대조군 간의 균형을 반드시 맞추지 않고서도 실험을 수행할 수 있다고 주장한다(Mutz and Pemantle 2015).

있다. 예를 들어 폭력 비디오 실험에서 처리군에 배정된 사람들에게 보여주는 영상이 충분히 폭력적인지를 보기 위해, 그 영상을 실험 참가자가 아닌 다른 일군의 사람들에게 보여주고 그들이 폭력적이라고 생각하는지를 설문조사를 통해 파악하는 것이다.

비동조(non-compliance)의 문제

실제 실험을 수행하다보면 처리군에 속한 피실험자들 중 일부가 제대로 처리를 받지 못하는 상황이 생길 수 있다. 이 현상을 비동조(non-compliance)라고 부른다.[3] 비동조 문제가 생기면 실험 집단이 실질적으로 세 집단으로 나뉘게 된다. (1) 연구자가 준 처리를 제대로 받은 처리군 소속 피실험자, (2) 연구자가 준 처리를 제대로 받지 못한 처리군 소속 피실험자, (3) 대조군 소속 피실험자. 〈그림 2〉에 이 상황이 잘 표현되어 있다.

이 경우 처리군에 속해 있으나 처리를 받지 못한 집단을 어떻게 처리해야 하는지를 놓고 논란이 생길 수 있다. 생각해 볼 수 있는 하나의 가능성은 이들을 제외하고 처리를 성공적으로 받은 집단과 대조군을 비교하는 것이다. 그러나 처리를 성공적으로 받은 집단만을 처리군으로 놓으면 처리군과 대조군 간의 균형이 깨질 수 있다. 또 하나의 가능성은 처리를 받지 못한 집단과 대조군을 합쳐, 새로운 대조군을 만드는 것이다. 이것 역시 처리군과 대조군 간의 균형을 깨는 상황을 낳을 것이다. 즉, 비동조 문제가 생겼을 때, 처리를 받아야 하

....

3   한편 대조군에 속한 피실험자들의 일부가 처리를 받는 경우도 생길 수 있다. 이것을 전이(spill-over)라고 부른다. 이 문제 역시 처리를 받지 말았어야 하는데 받은 피실험자들이 누구인지만 제대로 파악할 수 있다면 교정 가능한 문제이다.

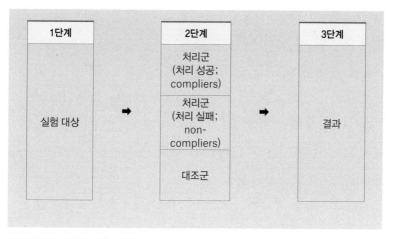

그림 2 비동조 문제가 생긴 실험

는데 받지 못한 집단을 (1) 분석에서 제외하거나 혹은 (2) 처리를 받지 못했다는 이유로, 대조군에 포함시키는 방법은 용납되지 않는다.

그렇다면 어떤 방법으로 비동조 문제를 처리할 수 있을까? 두 가지 방법이 있다. 하나는 비동조 문제를 무시하고, 원래 연구자가 무작위 배분을 통해 만든 처리군과 대조군을 그대로 비교하는 방법이다. 이 분석을 통해 얻은 결과를 "처리의도효과"(intent-to-treat effect, ITT)라고 부른다. 비동조 문제가 있기는 하나, 그것에 신경을 쓰는 대신, 연구자가 처리를 "의도"한 효과를 확인한다는 의미이다. 또 다른 방법은 도구변수회귀(instrumental variables regression)를 사용하는 것이다. 이 분석을 통해 얻은 결과를 "국소평균처리효과"(local average treatment effect, LATE)라고 부른다.[4] 이 방법을 이해하기 위해서는 보충 설명이 필요하다.

다음과 같은 상황을 상정한다. 우선 무작위 배분을 통해 처리군

....

4   국소평균처리효과는 complier average causal effect(CACE) 혹은 treatment-on-the-treated effect(TOT)라고도 지칭된다.

과 대조군으로 나뉜, 실험으로 조작된 독립변수를 Z라고 하자. Z의 값이 1인 집단은 처리군, 0인 집단은 대조군으로 삼는다. 그리고 처리군에 속한 피실험자들 중 일부만 제대로 처리를 받고, 나머지는 처리를 받지 못한 상황을 반영하는 변수 X를 만든다. X의 값이 1인 집단은 처리군에 속해 있는 동시에, 처리를 제대로 받은 피실험자들로 구성되고, 0인 집단은 처리군에 속해 있는데 처리를 제대로 받지 못한 피실험자들로 구성된다.[5]

이때 비동조 문제를 무시하고, 처리의도효과(ITT)만을 보고자 한다면 다음과 같은 회귀식을 고려할 수 있다.

$$Y = \beta_0 + \beta_1 * Z + \varepsilon$$

Z가 무작위 배분을 통해 만들어진, 실험으로 조작된 변수이기 때문에 $corr(Z, \varepsilon) = 0$이라는 회귀분석의 가정은 만족되게 될 것이고, 결국 이 분석을 통해서 얻는 β_1의 추정치인 b_1에는 편향이 없게 된다. 즉, b_1은 Z가 Y에 주는 인과효과라고 이야기할 수 있다.

그런데 Z가 비동조 문제 때문에 두 집단으로 쪼개진다면, 우리가 보고 싶은 실험의 효과는 다음과 같은 회귀식을 통해 얻어질 것이다.

$$Y = \beta_0 + \beta_1 * X + \varepsilon$$

문제는 이 식에서 $corr(X, \varepsilon) = 0$이라는 가정이 더 이상 만족되

....

5   실제로 회귀분석을 할 때 X값이 0인 집단은 (1) 처리군에 속해 있는데 처리를 제대로 받지 못한 피실험자들과 (2) 대조군에 속한 피실험자들로 구성되어 있다.

지 않는다는 데에 있다. X는 처리를 제대로 받은 사람과 그렇지 않은 사람을 구분해 주는 변수이다. 그런데 처리를 제대로 받느냐 마느냐의 여부는 아마도 X말고 Y를 설명해 주는 다른 요인들(ε)과 상관관계가 있을 가능성이 높다. 위에서 언급한 모차르트 음악 실험의 경우, X는 모차르트 음악에 노출되어야 하는데 그렇지 못한 피실험자들을 구분해 주는 변수가 된다. X는 Y(종속변수인 IQ)를 설명하기 위한 요인인데, 그 값이 1인 경우(처리를 제대로 받음)와 0인 경우(처리를 제대로 받지 못함)가 나뉘는 데에 영향을 주는 제3의 요인을 생각해 볼 수 있다. 가령 피실험자의 "집중력"이라는 요인을 생각해 보자. 피실험자 개개인 간 집중력의 차이는 있을 수 있다. 처리군으로 무작위 배분된 피실험자만을 놓고 볼 때, 집중력이 강한 피실험자는 연구자가 의도한 처리를 충분히 받을 것이고(X=1인 집단), 반면 집중력이 약한 피실험자는 처리를 충분히 받지 못할 것이다(X=0인 집단). 그런데 집중력이라는 요인은 ε의 한 부분이라고도 볼 수 있다. Y가 시험을 통해 측정된 IQ 점수라고 한다면, 집중력이 강한 사람들이 약한 사람들보다 Y값이 평균적으로 높으리라고 예상할 수 있다. 즉, 집중력이라는 요인은 Y를 설명하는 요인인 동시에, X라는 변수에 존재하는 두 개의 집단을 나누는 요인이기도 한 것이다. 그렇기 때문에 위의 식에서 $\mathrm{corr}(X, ε)=0$ 이라는 가정은 만족시킬 수 없게 되고, 결국 실험 연구가 가져다 줄 수 있는 편향이 없는 추정치, 인과효과를 확인할 수 없게 된다.

도구변수회귀는 독립변수와 종속변수 간에 인과효과를 파악하기 위해 제3의 변수인 도구변수(instrumental variable)를 찾아 분석을 수행하는 방법을 의미한다. 도구변수(Z)가 만족시켜주어야 하는 조건은 두 가지이다. 하나는 도구변수와 독립변수 간 상관관계가 있어야 한다는 것이고($\mathrm{corr}(Z, X) \neq 0$), 다른 하나는 도구변수와 회귀식에 포함된 독립변수 말고 종속변수를 설명하는 요인들과 상관관계가 없어야 한다는 것이다(corr(Z, ε)=0).[6] 이 두 조건을 만족시키는 도구변수가 있다면, 우선 도구변수를 이용한 회귀분석으로 독립변수(X)의 성격을 바꾸어 주고, 그 독립변수를 이용해 회귀분석을 하면 인과관계를 파악할 수 있다고 한다. 도구변수회귀는 이렇게 두 단계의 회귀분석을 요구하기 때문에, "이단계회귀"(two-stage least squares regression)라고도 한다.

도구변수를 찾아 우선 다음의 회귀식을 돌린다.

$$X = \delta_0 + \delta_1 * Z + \omega$$

그리고 X의 예측값들(predicted values)을 모아 X′이라는 변수를 만든다. 이 변수를 이용해 다음의 회귀분석을 재차 수행한다.

$$Y = \beta_0 + \beta_1 * X' + \varepsilon$$

여기서 X′는 도구변수인 Z를 통해 "체질 개선"이 된 독립변수(원래 독립변수인 X에서 ε와 상관관계가 있는 부분을 제거한 독립변수)이기 때문에 corr(X′, ε)=0이 성립하게 되어 β_1의 추정치를 인과관계라고 볼 수 있는 것이다. 이렇게 계산한 추정치가 국소평균처리효과(LATE)가 된다.

일반적으로 ITT보다는 LATE의 값이 크다. 처리군에 배정된 피실험자들의 일부만 제대로 처리를 받은 상황이기 때문에, 비동조 문

----

6 첫 번째 조건에서 강한 도구(strong instrument; 독립변수와 상관관계가 큰 도구변수)와 약한 도구(weak instrument; 독립변수와 상관관계가 작은 도구변수)를 나누어 볼 수 있다. 두 번째 조건은 보통 exclusion restrictions이라는 용어로 지칭된다.

제를 무시한 ITT에서 인과효과가 과소추정(underestimation)된다. 비동조 문제를 교정해 주는 LATE가 과소추정된 효과를 정확히 계산해 주게 되는 것이다.

실험 연구의 확장

실험 연구에서는 관심 있는 독립변수가 종속변수에 미치는 인과효과를 파악하기 때문에, 관찰 자료를 사용하는 회귀분석과 달리, 통제변수들(control variables)의 역할이 중요하지 않다.[7] 무작위 배분이 잘 되어 있다면 통제변수들이 포함되어 있는 ε를 기준으로 이미 처리군과 대조군 간 차이가 없기 때문에, 통제변수를 굳이 회귀식에 포함하여 고려할 필요가 없는 것이다.

이론적으로 단순회귀분석만으로 결과를 추출하면 충분한 실험 연구에서 제3의 변수를 고려해 그 내용을 풍부하게 만들 수 있는 방법은 두 가지가 있다. 하나는 인과효과가 제3의 변수로 정의되는 서로 다른 피실험자 집단들 간에 어떻게 차이가 나는지를 확인하는 분석이다. 또 다른 하나는 인과효과가 어떤 메커니즘을 통해 만들어지는지, 즉 독립변수가 종속변수에 주는 영향력이 중간에 낀 어떤 제3의 변수를 통해 전달되는지를 확인하는 분석이다. 전자는 보통 하위 집단 분석(sub-group analysis), 이질적 처리효과(heterogeneous treatment effect), 중재 분석(moderation analysis)이라고 지칭되고, 후자는

....

7   일반적으로 실험 연구를 수행한 후 결과 보고는 독립변수(실험으로 조작된 변수)와 종속변수만을 사용한 단순회귀분석에 의존한다. 만약 여기에 통제변수들을 포함시켜 다중회귀분석을 하면, 처리군과 대조군의 균형이 잘 맞았다는 전제하에, 독립변수에 딸린 회귀계수에는 변화가 없고, 그것에 부속된 표준 오차(standard error)가 줄어들게 되어 추정의 정확도(precision)를 높여준다.

매개 분석(mediation analysis)이라고 불려진다.

중재효과(moderating effect)

중재효과를 확인하는 하위집단 분석은 독립변수가 종속변수에 주는 인과효과를 전체 피실험자들을 활용하여 파악한 후, 그 인과효과가 피실험자들을 구분하는 제3의 변수에 의해 달라지는지를 보는 작업이다. 위에서 언급한 예에서 모차르트 음악을 들으면 IQ 향상 효과가 있음을 확인했다고 해 보자. 그 다음 단계에서 모차르트 음악이 IQ에 주는 효과가 남학생과 여학생 간에 차이가 있을지를 궁금해 하는 가설을 만들어 볼 수 있다.

원 가설(the original hypothesis): 모차르트 음악에 노출된 유치원생들은 그렇지 않은 유치원생에 비해 IQ가 높아질 것이다.
중재효과 가설(moderation hypothesis): 모차르트 음악이 IQ에 주는 긍정적인 효과는 남학생과 여학생 사이에 다를 것이다. 모차르트 음악에 노출된 여학생들은 모차르트 음악에 노출된 남학생들에 비해 IQ가 평균적으로 더 높아질 것이다.

이 내용을 확인하기 위해서는 피실험자의 성별을 나타내는 변수를 중재변수(moderating variable)로 활용하여 회귀분석을 해야 한다. 원 가설을 검증하기 위한 회귀식은 다음과 같다.

$$Y = \beta_0 + \beta_1 * X + \varepsilon$$

중재효과 가설을 검증하기 위한 회귀식은 다음과 같이 변형된
다.

$$Y = \beta_0 + \beta_1 * X + \beta_2 * Mo + \beta_3 * X * Mo + \varepsilon$$

여기서 Y(종속변수)는 IQ, X(독립변수)는 실험으로 조작된 모
차르트 음악에의 노출 여부, Mo(중재변수)는 피실험자들의 성별(남
성, 여성)이 된다. 독립변수와 중재변수로 구성된 교차항(interaction
term)을 회귀식에 포함함으로써 인과효과의 남녀 차이를 확인할 수
있다. 중재변수의 값이 남성 0, 여성 1로 매겨져 있다고 한다면 남녀
각 집단에 해당되는 회귀식은 다음과 같다.

남성(Mo=0): $Y = \beta_0 + \beta_1 * X + \varepsilon$

여성(Mo=1): $Y = (\beta_0 + \beta_2) + (\beta_1 + \beta_3) * X + \varepsilon$

위에서 보듯이 남성과 여성 각 집단에 해당되는 회귀식은 서로
다른 절편과 회귀계수를 가지게 됨을 알 수 있다. 만약 독립변수와
중재변수로 구성된 교차항의 회귀계수(β_3)가 통계적으로 유의미하다
면, 그것은 남성 대비 여성에게서 β_3만큼 X가 주는 인과효과에 차이
가 난다는 것을 의미한다. 반대로 교차항의 회귀계수 β_3가 통계적으
로 무의미하다면(즉, 그 회귀계수의 크기가 통계적으로 0과 다르지 않다
면), 남학생과 여학생에게 모차르트 음악 노출이 주는 영향력이 동일
함을 의미한다.

중재변수를 잘 활용하면 일련의 흥미로운 시나리오를 검토할 수
있다(〈표 1〉 참고). 위의 회귀식에서 독립변수가 종속변수에 주는 인
과효과가 남성 피실험자의 경우에는 β_1, 여성 피실험자의 경우에는

$\beta_1 + \beta_3$임을 확인할 수 있다. 이에 시나리오 1은 다음과 같이 해석될 수 있다. 우선 남성 피실험자에게서 양(+)의 인과효과가 확인되었다. 그런데 교차항의 회귀계수 역시 양(+)의 값을 보여주고 있기 때문에, 여성 피실험자에게서 확인되는 인과효과(β_1)는 남성 피실험자에게서 확인되는 인과효과 $\beta_1 + \beta_3$ 보다 크다고 할 수 있다. 마찬가지 방식으로 시나리오 2를 해석할 수 있다. 우선 남성 피실험자에게서 음(−)의 인과효과가 확인되었고, 교차항의 회귀계수가 음(−)의 값을 갖기 때문에, 여성 피실험자에게서는 더 큰 음(−)의 인과관계가 발견된다는 것이다.

표 1 다양한 중재효과의 가능성

	β_1	β_3	해석
시나리오 1	+	+	남성의 경우 독립변수가 종속변수에 양(+)의 인과효과를 줌; 여성의 경우 남성보다 더 큰 양(+)의 인과효과가 발견됨
시나리오 2	−	−	남성의 경우 독립변수가 종속변수에 음(−)의 인과효과를 줌; 여성의 경우 남성보다 더 큰 음(−)의 인과효과가 발견됨
시나리오 3	+	−	남성의 경우 독립변수가 종속변수에 양(+)의 인과효과를 줌; 여성의 경우 남성보다 상대적으로 작은 양(+)의 인과효과가 발견됨; 특정 상황에서 여성에게서는 음(−)의 인과효과를 확인할 수도 있음
시나리오 4	−	+	남성의 경우 독립변수가 종속변수에 음(−)의 인과효과를 줌; 여성의 경우 남성보다 상대적으로 작은 음(−)의 인과효과가 발견됨; 특정 상황에서 여성에게서는 양(+)의 인과효과를 확인할 수도 있음

시나리오 3과 시나리오 4의 경우에는 해석에 각별한 주의가 요구된다. 시나리오 3에서는 우선 남성 피실험자들에게서 양(+)의 인과효과가 발견된다. 그런데 교차항의 회귀계수가 음(−)의 값을 갖기 때문에 여성 피실험자들에게 해당되는 회귀계수에는 두 가지 가능성이 있다. 하나는 $|\beta_1| > |\beta_3|$인 경우이다. 이때에는 $\beta_1 + \beta_3$이 여전히 양

(+)의 값을 갖겠지만, 남성 피실험자들에게 해당되는 회귀계수(β_1)보다는 작은 값을 가질 것이다. 따라서 이 경우 남성에게서 확인되는 양(+)의 인과효과가 여성에게서는 상대적으로 작게 나타난다는 식의 해석이 가능하다. 한편 만약 $|\beta_1| < |\beta_3|$인 경우에는 $\beta_1 + \beta_3$이 음(-)의 값을 갖게 된다. 이때의 해석은 "남성에게서는 양(+)의 인과효과가 확인되나, 여성에게서는 음(-)의 인과효과가 확인된다"가 될 것이다. 시나리오 4는 시나리오 3과 상반되는 경우를 다루기 때문에, 해석 방식은 시나리오 3에서 수행한 것과 동일하다.

매개효과(mediating effect)

중재효과 혹은 조절효과를 확인하는 분석에서 중재변수는 독립변수와 종속변수 간의 인과 고리(causal chain) 안에 존재하는 것이 아니라 밖에 존재한다. 모차르트 음악을 듣는다고 해서 여성이 남성이 되거나 남성이 여성이 되는 것은 아니기 때문에, 피실험자의 성별이라는 변수를 독립변수와 종속변수를 잇는 인과 고리 안에 포함시킬 수 없다. 하지만 모차르트 음악에 노출되면 집중력이 향상되어 IQ 점수가 올라간다는 가설이 있다면, 이때 제3의 변수인 집중력은 인과 고리 안에 존재하게 된다. 중재효과와 매개효과의 구분은 다음과 같이 해 볼 수 있다.

중재효과: $X \rightarrow Y$ (중재변수 Mo의 값에 따라 인과효과의 크기가 달라짐)

매개효과: $X \rightarrow Me \rightarrow Y$ (매개변수 Me가 인과 고리 중간에 위치함)

중재효과에 관심이 있다면 위에서 설명한 대로 교차항을 활용한 분석을 수행하면 된다. 하지만 교차항을 활용해서 매개효과를 파악하는 것은 불가능하다. 매개 효과를 확인하기 위해서는 일반적으로 다음과 같은 분석 방법이 사용되었다.[8]

$$Me = \alpha_1 + a*X + e_1$$
$$Y = \alpha_2 + c*X + e_2$$
$$Y = \alpha_3 + d*X + b*Me + e_3$$

이 세 개의 회귀분석을 각각 수행한 다음, 회귀계수들 a부터 d까지를 활용하여 다음과 같은 해석을 한다.

c: 독립변수 X가 종속변수 Y에게 주는 전체 효과(total effect)

d: 독립변수 X가 매개변수 Me를 거치지 않고 종속변수 Y에게 주는 직접 효과(direct effect)

a*b=(c-d): 독립변수 X가 매개변수 Me를 거쳐 종속변수 Y에게 주는 간접 효과(indirect effect)

그런데 이러한 해석은 $corr(e_1, e_3) = 0$이라는 비현실적인 가정이 만족될 경우에만 가능하다. 즉, X말고 Me를 설명해 주는 요인(e_1)과 X와 Me말고 Y를 설명해 주는 요인(e_3) 간에 상관관계가 없어야 된다는 가정을 만족시켜야 한다는 것이다. 최근 들어 이러한 비현실적인 가정이 만족된다는 전제하에 매개분석이 남용되는 경향을 경계하는 분위기가 생겼다. 이에 과거와는 달리 매개 분석을 수행하기 위

....

8   여기서 기술하는 매개분석은 Baron and Kenny(1986)의 고전적인 방법이다.

해서는 조금 더 복잡한 분석법을 사용하기를 권장한다.[9]

매개 분석의 논리를 면밀히 살펴보면 왜 이 분석이 어려운지를 쉽게 알 수 있다. 우리가 실험을 수행하는 주된 목적은 독립변수가 종속변수에 주는 인과효과를 파악하기 위해서이다. 만약 독립변수와 종속변수가 모두 관찰에만 의존해 구성되었다면, 그 관계를 교란하는 다른 변수들의 영향을 제거할 수 없다. 그렇기 때문에 독립변수를 무작위 배분 방식으로 통해 조작하여 인과효과를 추출하는 것이다. 그런데 매개변수까지 포함해야 한다면 상황이 복잡해진다. 매개변수는 인과 고리에서 종속변수이기도 하고 독립변수이기도 하다. 독립변수와 매개변수 간의 관계만 놓고 보면 매개변수의 역할은 종속변수이다. 그리고 매개변수와 종속변수 간의 관계를 보면 매개변수는 독립변수가 된다. 이때, 첫 번째 인과 고리(독립변수와 매개변수 간의 관계)를 풀기 위해 독립변수는 실험으로 조작되고, 종속변수인 매개변수는 관찰을 통해 측정된다. 문제는 이렇게 첫 번째 인과 고리에서 관찰된 매개변수가 두 번째 인과 고리(매개변수와 종속변수 간의 관계)에서는 독립변수 역할을 한다는 것이다. 즉, 두 번째 인과 고리를 구성하는 변수들은 모두 관찰을 통해 측정된 것이지, 실험으로 조작된 것이 아니라는 말이다. 두 번째 인과 고리에서 매개변수를 실험으로 조작한다면 매개변수와 종속변수 간의 인과성은 파악할 수 있겠으나, 첫 번째 인과 고리에서 문제가 생긴다. 한 변수를 실험으로 조작한다는 것은 그 변수에 변수값을 연구자가 무작위로 배분한다는 것인데, 어떻게 결과값을 연구자 마음대로 조작할 수 있겠는가? 그렇기 때문에 매개 분석을 하는 과정에서는 매개변수와 종속변수가 모두

....

9   최근 매개 분석을 위해 사용되는 통계기법은 Hayes(2009) 혹은 Imai, Keele, and Tingley(2010)에서 확인할 수 있다.

관찰을 통해 측정될 수밖에 없는 문제에 봉착하게 되고, 이것을 해결하기 위해 비현실적인 가정이 동원되거나 복잡한 통계 기법이 사용되는 것이다.

실험 연구의 문제점

외적 타당성 문제

실험은 실험 대상을 무작위 배분 방식을 통해 처리군과 대조군으로 나누어 그 두 집단 간 결과 차이가 처리의 유무에서 비롯되는지를 보는 연구 방법이다. 그렇기 때문에 주된 관심은 무작위 배분을 통한 인과관계의 규명에 있다. 인과관계를 명확히 밝힌 연구는 내적 타당성(internal validity)이 높은 연구라고 평가된다. 이러한 목적을 가지고 있는 연구는 상대적으로 연구 결과가 다양한 조건에 적용될 수 있는지에 대한 관심이 적다. 사회과학에서 가장 오랫동안 실험 연구를 수행해 왔던 분야인 심리학을 보면 압도적인 다수의 연구들이 학교 실험실에서 학부생들을 피실험 대상으로 삼아 수행한 것들임을 알 수 있다. 학부생들에게서 확인된 결과가 사회의 다른 분야에 종사하는 사람들과 연령층에게서도 동일하게 나타나리라고 기대하긴 어렵다. 이에 실험 연구에 회의적인 태도를 보이는 연구자들은 외적 타당성(external validity), 즉 연구 결과의 일반화 가능성(generalizability)의 한계를 지적하곤 한다. 보통 이러한 입장을 보이는 학자들은 자료를 구성하는 연구 대상(표본)이 모집단을 대표(representation)해야 한다는 생각을 한다. 만약 한국 사람들(모집단)에게서 폭력 영상물을 보는 행위가 사회적 일탈 행위의 가능성을 높이는지를 확인하고자 하는 연구를 수행한다면, 실험 방법 옹호자들은 위에서 설명한 방식의 실험을, 한국인이라는 모집단을 대표한다고 보기 어려운 학부생들을 대상으로 수행하여 내적 타당성을 확보하고자 하는 반면, 연구 결과의 일반화 가능성에 보다 신경을 쓰는 학자들은 모집단을 대표하는 표본을 구성해서 표본에 포함된 사람들에게 설문을 수행하여 연구를 진행할 것이다. 가장 이상적인 방법은 대표성 있는 표본을 구성한 후, 그들을 실험 대상으로 삼아 실험을 수행하는 것이다. 하지만 이러한 방법은 일부 설문 실험(survey experiment)의 경우를 제외하고는 비용 문제와 다른 기술적인 문제들 때문에 거의 사용되지 않는다.[10]

실험 연구가 외적 타당성에 한계가 있는 결과를 제공하는 것은 사실이지만, 그렇다고 해서 실험 연구자들이 이 문제를 무시해 왔던 것은 아니다. 실험 연구를 하는 사람들은 외적 타당성 문제를 메타 분석(meta-analysis)을 통해 해결하고자 한다. 메타 분석은 동일한 독립변수와 종속변수를 사용한 실험 연구의 결과들을 모아 인과효과에 대한 종합적인 판단을 내리는 방법이다. 예를 들어 폭력적인 영상에 노출된 사람들이 그렇지 않은 사람들에 비해 일탈 행동을 더 빈번히 하는지를 보기 위한 실험 연구가 한국, 덴마크, 나이지리아 등에서 서로 다른 성격의 피실험 대상(학부생, 직장인, 수감자 등)을 대상으로 약 200여 건이 수행되었다고 하자. 이 중에서 일부 연구는 양(+)의 인과관계를, 일부 연구는 음(-)의 인과관계를, 일부 연구는 독립변수와 종속변수 간에 통계적으로 유의미한 관계가 없음을 보고할 것이다. 이 연구 결과들(보통은 회귀계수와 그에 딸린 표준 오차, 그리고 피실험 대상의 수)을 모아 통계적으로 재분석함으로써 200여 건의 연구를 관통

....

10   온라인 설문 환경에서 모집단을 대표하는 표본을 이용해 실험을 수행하는 방법에 대한 설명은 Mutz(2011)에서 찾아볼 수 있다.

하는 하나의 평균적인 결과를 제시할 수 있을 것이다. 실험 연구자들은 관심 있는 독립변수와 종속변수 간의 관계를 실험으로 규명하고자 하는 시도를 꾸준히 업데이트 하면서, 정기적으로 메타 분석을 수행하여 연구 결과의 외적 타당성을 확보하고자 한다.

이론적 근거의 문제

실험 연구에 쏟아지는 또 다른 비판은 규명하는 인과관계를 설명하는 이론(theory)이 빈약하다는 것이다. 생명과학 영역에서 수행되는 실험은 상대적으로 이런 문제로부터 자유롭다. 제약회사가 당뇨병을 보다 효과적으로 치료하기 위한 신약을 개발한 경우, 임상실험에서 관심을 갖는 것은 신약이 기존에 쓰던 약보다 당뇨병 치료에 효과적이냐 그렇지 않느냐 문제이지, 신약의 어떤 성분이 인체에서 어떻게 작동하여 당뇨병을 치료하느냐는 아니다. 그렇기 때문에 자연과학에서의 실험 연구 논문들을 보면, 이론적 논의를 별도로 하지 않고, 서론, 실험 설계, 결과 보고, 그리고 결론, 이렇게 네 부분으로 구성되어 있음을 쉽게 확인할 수 있다.

하지만 사회과학자들은 여전히 가설을 검증하기 전, 그리고 결과를 보고한 이후, 그 내용이 이론적 논의에 어느 정도 깊게 뿌리를 박고 있고, 이론의 지평을 얼마나 넓혀줄 수 있느냐에 큰 관심을 갖는다. 2000대 초반 정치학에서 현장실험(field experiment) 방법을 화려하게 부활시킨 투표 참여 독려(get-out-the-vote, GOTV) 실험들을 보면, 이론적 시사점이 전혀 발견되지 않는다.[11] 이 분야 연구자들은

----

11   이 분야 연구 결과들은 Green and Gerber(2019)에서 확인할 수 있다. 현장실험의 논리 및 관련 쟁점은 Gerber and Green(2012)에 잘 정리되어 있다.

"전화를 걸어 투표를 독려하기보다는 직접 유권자를 만나 투표를 독려하는 것이 투표율 증진에 도움이 된다" 혹은 "미리 녹음한 내용을 전화로 전달해 투표 독려하는 것보다는 직접 전화를 걸어 응답자와 실시간 대화를 나누면서 투표 독려하는 것이 더 효과적이다"와 같이 선거운동 업계에 종사하는 사람들에게는 도움이 되지만, 유권자의 투표 참여를 연구하는 학자들에게는 별로 도움이 안 되는 결과들을 오랫동안 보고해 왔다. 이후 투표 독려 행위가 투표 참여에 대한 사회적 압력(social pressure)을 주어 투표율을 높인다는 실험 연구 결과를 제시하여 부분적으로 이론적인 공헌을 하긴 하였으나, 여전히 이론적 논의의 빈약함은 실험 연구의 외연 확장에 장애물로 작동하고 있다.[12]

미국에서 활발히 진행되고 있는 선출직 정치인들의 반응성(responsiveness) 관련 실험들의 예를 살펴보자. 대의민주주의 제도가 운영되고 있는 나라에서 유권자들은 대표를 선출하고, 대표들은 유권자의 의견을 잘 반영하여 정책 결정을 한 다음, 다음 선거에서 자신의 활동을 평가받는 기회를 갖는 것이 일반적이다. 그런데 선출직 정치인들이 자신을 선택한 유권자들의 의견을 잘 반영하고 있는지에 대한 의심을 갖는 사람들이 드물지 않다. 이에 미국 맥락에서 어떤 특정 유권자 집단(백인 유권자 혹은 고소득층 유권자)의 의견을 다른 유권자 집단(흑인 유권자 혹은 저소득층 유권자)의 의견보다 법안을 처리하고 정책을 만드는 과정에서 더 비중 있게 고려한다는 세간의 의구심을 확인하기 위한 연구들이 축적되어 왔다.[13] 적지 않은 실험 연구들은 이러한 세간의 의구심이 근거가 있는 주장이라는 결과를 보여

....

12   사회적 압력과 투표 참여 간의 인과관계를 규명하는 최초의 현장실험은 Gerber, Green, and Larimer(2008)이다.

13   이 분야 기존 연구들에서 보고한 결과들은 Costa(2017)에 잘 정리되어 있다.

준다.

하지만 이러한 연구 결과가 대의민주주의를 이해하는 이론에 어떤 기여를 하느냐는 별개의 문제이다. 선출직 정치인들이 흑인 유권자의 의견은 무시하고 백인 유권자의 의견은 반영하여 정책을 만든다는 실험 연구 결과가 있다고 해 보자. 이 연구가 선출직 정치인들은 왜 이런 식으로 행동하는가에 대한 이론적 설명을 제공해 줄 수 있는가? 연구를 수행한 학자들은 속설을 명확하게 확인해 주는 결과를 제시한 것만으로도 충분하다("평균적으로 선출직 정치인은 의도적이건 의도가 없건 인종차별주의적인 입법 활동을 한다")고 주장하겠지만, 선출직 정치인의 이러한 행태가 어떤 기제에 의해 촉발되는지에 대한 구체적인 설명이 없으면 아쉬운 사람들이 꽤 많은 것이 현실인 것이다. 그런데 실험 연구에서 이론적 시사점(theoretical implications)을 찾는 시도는 거의 모두 납득할 만한 매개변수를 찾아달라는 요구와 맞물린다. "실험으로 조작된 독립변수가 종속변수에 이러한 인과효과를 주는 것은 알겠는데, 왜 그런 결과가 나오는가"라는 질문의 구조가 바로 매개변수를 찾아달라는 이야기와 동일하기 때문이다. 그렇기 때문에 위에서 자세히 설명한 바와 같이 매개분석의 어려움을 잘 알고 있는 실험 연구자들은 이론적 시사점을 찾으려는 노력을 상대적으로 덜 할 수밖에 없는 것이다.

윤리적 문제

실험 연구를 수행하는 과정에서 반드시 짚고 넘어가야 하는 문제가 연구윤리 문제(ethical concerns)이다. 연구자는 무작위 배분 방식을 통해 피실험자들의 의사와 상관없이 그들을 처리군 혹은 대조군으로 보내야 한다. 처리를 받느냐 마느냐의 여부가 피실험자들의 의지와는 상관없이 이루어지기 때문에, 피실험자들의 사전 동의를 받는 것이 필요하다. 그러나 사전 동의를 받는 과정에서 실험에 사용되는 처리의 내용을 알릴 수 없기 때문에, 피실험자들이 실험 과정에서 구체적으로 어떤 경험을 하게 되는지는 알 수 없다. 피실험자들이 혹시라도 느낄지 모르는 심리적 불편함 혹은 육체적 고통의 정도가 현행 연구윤리 기준에 비추어 보았을 때 용납이 되는 수준인지를 판단하기 위한 제도적 장치가 요구된다. 이것이 바로 대부분의 연구 중심 대학에 있는 연구윤리위원회(Institutional Review Board, IRB)이다. 연구윤리위원회는 실험을 수행하기 전 연구자로부터 계획서를 받아서 피실험자들이 노출될지 모르는 위험과 불편함의 정도를 주관적으로 판단하고, 필요하다면 실험 계획의 변경 혹은 심한 경우 실험 수행 불가까지 권고할 수 있다. 여기서 "권고"라고 말하는 이유는 연구윤리위원회의 결정에 강제성이 없음을 강조하기 위함이다. 우선 연구윤리위원회에서 심의하는 위원들은 주기적으로 변경된다. 그래서 만약 연구윤리위원회에서 실험 계획 변경 권고를 받았다고 해도, 1~2년 후 큰 수정 없이 심의를 다시 받았을 때 통과될 가능성을 배제할 수 없다. 또한 일반적으로 하나의 실험을 수행하는 연구자의 수가 복수인 것 역시 고려해야 한다. 예를 들어 어떤 실험 연구에 서로 다른 대학교에 소속된 세 명의 연구자가 참여하고 있다면, 그 실험 계획에 대한 연구윤리위원회 심의는 하나의 대학교에서만 받으면 된다. 만약 어떤 학교 연구윤리위원회에서 실험 계획 변경을 요구했는데, 그 결정에 응하지 않고 다른 대학교에 시도하여 통과된다고 해도 아무런 문제가 없다.

사실 더 큰 문제는 연구윤리위원회를 통과하였다고 해서 모든 윤리적, 법적 문제로부터 자유롭지 않다는 사실이다. 연구윤리위원회 위원들이 한 실험의 내용에 관련이 될 만한 모든 법적 문제들을 검토할 만한 전문성을 띠고 있지 않기 때문에 실험 수행 도중에 예기치 않은 문제가 발생할 수 있다. 미국에서 수행된 이력서 현장실험 (resume field experiment)의 예를 들어보자.[14] 이 실험에서는 미국 고용시장에서 흑백 차별이 있는지를 확인하기 위해, 지원자의 이름을 제외한 모든 내용이 동일한 이력서를 구직 공고를 낸 회사들에게 무작위로 보낸 후 면접 요청 및 최종 고용에 어떤 차이를 보이는지를 확인하였다. 만약 흑인 이름으로 된 이력서를 받은 회사들이 백인 이름으로 된 이력서를 받은 회사들보다 면접 요청 전화를 덜 걸거나, 최종적으로 고용을 덜 하게 된다면, 구직시장에 존재하는 인종차별의 직접적인 근거를 제공하는 셈이 된다.

이 연구에 자극을 받아 한국에서 구직시장에서 남녀차별이 존재하는지를 보기 위해 비슷한 방식의 현장실험을 한다고 해 보자. 연구자가 소속된 대학교의 연구윤리위원회에서는 피실험 대상인 회사 인사과 직원에게 하나의 위조된 이력서를 더 보내는 것에 큰 문제가 없다고 생각하여 실험을 수행해도 된다는 판단을 할 수 있다. 그런데 이 실험을 수행하는 과정에서 한 회사의 인사과 직원이 유령 지원자의 존재를 찾아내 상부에 보고하고, 회사 측에서는 이 실험을 수행한 연구자를 업무 방해죄(형법 314조)를 저질렀다는 이유로 고소하는 경우, 연구윤리위원회에서 받은 허가는 아무 소용이 없게 될 수 있다.

....

14   이 분야에서 가장 잘 알려진 현장실험 결과는 Bertrand and Mullainathan(2004)에 보고되어 있다.

맺음말

실험 연구를 수행함으로써 얻게 되는 가장 큰 이점은 독립변수가 종속변수에 주는 인과관계를 명확하게 파악할 수 있다는 점이다. 그러나 이 이점을 잘 살리기 위해서는 무작위 배분이 잘 수행되어야 하고, 연구자가 의도하는 처리의 내용을 피실험자들이 잘 받아들여야 하며, 처리군에 속한 피실험자들은 제대로 처리를 받고, 대조군에 속한 피실험자들은 처리를 받지 않아야 한다. 실험 수행 도중 생길 수 있는 이러한 문제점들의 상당수는 특정한 통계 분석 방법을 습득함으로써 해결 가능하다.

한번 수행된 실험의 결과를 확장해보고 싶으면 중재효과를 보거나 매개효과를 보는 별도의 분석을 해 볼 수 있다. 인과효과가 집단별로 차등적으로 나타남을 확인하는 작업 혹은 인과효과의 메커니즘을 파악하는 작업은 그것 자체가 핵심적인 가설로 제시될 수도 있고, 아니면 이미 확인한 인과관계를 보다 풍부하게 이해하기 위한 시도로 수행될 수도 있다. 중재효과를 보는 작업은 교차항을 활용한 회귀분석으로 비교적 쉽게 구현 가능한 반면, 매개 효과를 보는 작업은 해당되는 통계 분석 방법의 습득을 요구한다. 일반적으로 실험 연구 결과를 이론적으로 설명해 보라는 요구가 바로 설득력 있는 매개변수를 제시해 달라는 이야기이다.

실험 연구 결과를 지나치게 확대 해석해서는 안 된다. 대부분의 실험 연구는 모집단을 대표하지 못하는 피실험 대상을 활용하여 수행되기 때문에 내적 타당성은 확보할지 몰라도, 외적 타당성은 확보하지 못한다. 실험 연구 결과의 일반화를 위해서는 메타 분석이 필요하다. 메타 분석은 기본적으로 동일한 독립변수와 종속변수 간의 관계를 규명하기 위한 작업들을 사용하기 때문에, 실험 연구자들은 한 연구 결과의 재현 가능성에 관심을 갖고 기존 실험 연구를 반복하여 수행하는 작업에 우호적인 입장을 보인다. 그리고 이 맥락에서 독립변수와 종속변수 간의 관계가 통계적으로 무의미하다는 결과를 얻는 연구 역시 버리지 않고 메타 분석에 활용해야 한다.

실험 연구의 내용이 윤리 혹은 법 관련 문제를 야기할 여지가 있는지를 미리 확인하는 작업은 대단히 중요하다. 보통 독립변수를 실험으로 조작하기 어려운 분석단위(국가, 회사 등)를 다루는 연구자들이 실험 연구를 수행하지 못하는 경우가 많은데, 개인을 분석단위로 삼는 연구자들은 바로 윤리적 혹은 법적 문제 때문에 실험을 수행하지 못하는 상황에 처할 수 있다.

실험 연구는 관찰 자료의 분석이 가져다 줄 수 없는 중요하고도 흥미로운 정보를 추출할 수 있는 매력적인 방법이다. 설사 직접 실험 연구를 수행하지 않는다고 해도, 사회과학 경험연구의 결과물을 소비하거나 경험연구를 수행하는 입장에 처한 연구자들에게 실험 연구의 기본 논리를 이해하는 것은 큰 도움이 된다. 우리가 흔히 접하는 사회통계 혹은 계량경제 교과서에서 논의되는 회귀분석의 내용들(특히 인과효과를 얻어내기 위해 요구되는 회귀분석의 가정들)이 실험 자료를 분석하는 상황에서 보다 확실하게 이해될 수 있기 때문이다. 그리고 실험 연구의 관점에서 사회과학 경험연구 결과를 평가하는 습관이 들게 되면, 중요한 정책에 관련된 논쟁에서 오가는 논의의 질을 평가하기가 수월해진다. 예를 들어 미시경제학 한 학기 수업만 들은 경제학 학부생들에게 "최저임금을 올리면 실업률이 올라갈 것이다"라는 가설은 동서고금을 막론하고 항상 "참"인 명제로 들릴 것이다. 하지만 이 학생들이 경제학을 조금 더 공부하여 최저임금(독립변수)과 실업률(종속변수)간의 관계를 확인하는 기존 연구들을 찾아볼 수 있게 되면 당황할 것이다. 어떤 연구들은 그 두 변수의 관계가 양

(+)의 관계라고 보고하는데, 다른 연구들은 음(-)의 관계 혹은 통계적으로 무의미한 관계를 보고할 것이기 때문이다. 수많은 기존 연구 중에서 옥석을 어떻게 가릴 것인가? 우선 우리가 관심을 갖는 것은 최저임금 인상이라는 정책 변화가 실업률에 미치는 효과이기 때문에, 최저임금 조정 정책을 무작위 배분으로 구현한 경우를 활용한 연구에 힘을 실어주어야 한다.[15] 그리고 최저임금과 실업률 간의 관계를 조절해 주는 조건에 대한 고려도 해 볼 수 있다. 이 두 요인 간의 관계가 불경기에는 양(+)의 관계, 호황일 때에는 음(-)의 관계일 가능성(혹은 그 반대일 가능성)이 충분히 타진될 수 있다. 이런 식으로 실험 연구는 정책 평가(policy evaluation) 혹은 프로그램 평가(program evaluation)의 시금석이 된다.

....

15 이와 같이 원래 인과효과를 규명하기 위한 연구의 일환으로 수행된 것이 아니라, 정책의 변화(혹은 자연재해)가 생겨 자연스럽게 처리군과 대조군이 구분되어 보이는 기회를 활용한 실험을 자연실험(natural experiment)이라고 한다(Dunning 2012).

핵심 용어

참고문헌

Baron, R. M., & Kenny, D. A. 1986. "The Moderator – Mediator Variable Distinction in Social Psychological Research: Conceptual, Strategic, and Statistical Considerations." *Journal of Personality and Social Psychology* 51(6): 1173-1182.

Bertrand, M., & Mullainathan, S. 2004. "Are Emily and Greg More Employable Than Lakisha and Jamal? A Field Experiment on Labor Market Discrimination." *American Economic Review* 94(4): 991-1013.

Costa, M. 2017. "How Responsive are Political Elites? A Meta-Analysis of Experiments on Public Officials." *Journal of Experimental Political Science* 4(3): 241-254.

Dunning, T. 2012. *Natural Experiments in the Social Sciences: A Design-Based Approach*. New York: Cambridge University Press.

Gerber, A. S., & Green, D. P. 2012. *Field Experiments: Design, Analysis, and Interpretation*. New York: W. W. Norton.

Gerber, A. S., Green, D. P., & Larimer, C. W. 2008. "Social Pressure and Voter Turnout: Evidence From a Large-Scale Field Experiment." *American Political Science Review* 102(1): 33-48.

Green, D. P., & Gerber, A. S. 2019. *Get Out the Vote: How to Increase Voter Turnout*. Fourth Edition. Washington, DC: Brookings Institution Press.

Hayes, A. F. 2009. "Beyond Baron and Kenny: Statistical Mediation Analysis in the

New Millennium." *Communication Monographs* 76(4): 408-420.

Imai, K., Keele, L., & Tingley, D. 2010. "A General Approach to Causal Mediation Analysis." *Psychological Methods* 15(4): 309-334.

Moore, R. T. 2012. "Multivariate Continuous Blocking to Improve Political Science Experiments." *Political Analysis* 20(4): 460-479.

Mutz, D. C. 2011. *Population-Based Survey Experiments*. Princeton, NJ: Princeton University Press.

Mutz, D. C., & Pemantle, R. 2015. "Standards for Experimental Research: Encouraging a Better Understanding of Experimental Methods." *Journal of Experimental Political Science* 2(2): 192-215.

## 제3장

시계열-횡단면 자료 분석

김남규 고려대학교

횡단면 자료와 시계열 자료를 결합한 시계열-횡단면(Times-Series Cross- Section) 자료는 여러 정치학 이론의 시공간과 관련된 가설을 엄밀하게 검증할 수 있게 해 준다. 현재 시계열-횡단면 자료는 모든 정치학 분야의 양적 연구에 가장 많이 쓰이는 자료 형태라고 볼 수 있다. 본 장에서는 시계열-횡단면 자료의 특성을 살펴보고 통계분석을 할 경우 고려해야 할 이슈들을 살펴본다. 특히 시계열-횡단면 분석 모형의 오차항 구조, 개체 간 이질성, 동태적 관계를 중심으로 논의한다. 마지막으로 경험적 분석의 예시를 통해 논의된 이슈들을 실제 어떻게 분석할 수 있는지 보여준다.

본 장에서는 시계열-횡단면(times-series cross-section, 이후 TSCS) 자료를 이용해 통계분석을 할 경우 고려해야 할 사항들을 살펴본다. 우선 TSCS 자료는 여러 개체(개인, 지역, 정당, 국가 등)를 여러 시점에 걸쳐 관측하여 모은 자료를 일컫는다. 여러 개체들에 관한 특정 시점의 관측치를 모은 횡단면 자료(cross-sectional data)와 다른 점은 동일한 개체들에 대한 자료가 복수의 시간에 걸쳐 관측되었다는 점이다. 동일 개체의 자료를 시간의 흐름에 따라 여러 시점에서 모은 시계열 자료(time series data)와도 다르다. 또한 반복된 횡단면 자료(repeated cross-section data)와도 구분되는데 반복된 횡단면 자료는 동일한 개체를 반복적으로 관찰하는 것이 아니라 매 시점에서 서로 다른 개체에 대해 관측한 자료를 한데 모아놓은 것이기 때문이다.

TSCS 자료뿐만 아니라 패널 자료(panel data)와 종단 자료(longitudinal data)도 여러 개체들을 복수의 시점에서 관측하여 모은 자료를 일컫는다. 여러 학문 분야마다 사용하는 명칭이 다른 경향이 있는데 정치학의 경우 패널 자료는 주로 횡단면 자료의 숫자, 즉 개체의 수(N)가 시계열 자료의 숫자, 즉 시점(T)의 수보다 훨씬 큰 자료를 지칭한다. 보통 여러 차례의 설문조사를 바탕으로 관측된 자료가 이 경우에 속한다. 반면, TSCS 자료는 T가 N보다 훨씬 크거나 T가 작지 않으면서 N과 비슷한 크기의 자료를 일컫는다. 비교정치학에서 자주 사용되는 국가 간 시계열 자료가 대표적인 예로서 기본 단위는 국가이고, 매년 관측된 자료이다. 가령 OECD 국가들에 대한 자료인 경우 대략 N은 30개 전후, T는 적게는 20, 많은 경우는 60 이상의 값을 가진다. 반면 일정 규모 이상의 모든 국가들을 대상으로 하는 연구에서는 N은 대략 150 전후, T는 OECD 국가들에 대한 자료와 비슷하거나 더 작다. 그러나 용어 사용이 항상 일관된 것은 아니다. 가령 국제정치학에서 널리 사용되는 국가 쌍(dyad)이 기본 단위인 자료인 경우 N이 수십만 개에 달하더라도 T가 50이거나 그 이상이기 때문에 TSCS 자료라고 부른다. 마지막으로 종단 자료는 보통 패널 자료와 TSCS 자료를 둘 다 지칭한다. 그리고 종단 자료, 패널 자료, TSCS 자료 모두 여러 수준에서 측정된 다수준 자료(multi-level data) 또는 계층적 자료(hierarchical data)의 특수한 형태라고 볼 수 있다.

특정 자료를 어떻게 부르는 것보다 더 중요한 것은 해당 자료의 구조를 파악하는 것이다. 어떤 추정방법은 정확한 추정치를 위해 N이 큰 자료를 요구하는 반면, 다른 추정방법은 T 또는 NT가 큰 자료에 의존하기 때문이다. 보통 패널 자료의 경우 시계열의 규모는 고정된 반면, 횡단면의 규모 N이 무한대로 커질 수 있다고 가정하지만, 보통 TSCS 자료의 경우 시계열의 규모 T가 무한대로 커질 수 있음을 가정한다. 패널 데이터 분석을 위한 추정법을 TSCS에 적용할 경우 '올바른' 추정치를 구하지 못할 수도 있다. 그러므로 특정한 추정방법을 선택하기 전에 추정방법이 올바르게 작동할 수 있는 조건과 해당 자료의 특성을 파악하는 것이 중요하다.

본 장에서는 TSCS 자료를 중심으로 TSCS 자료가 어떤 특성을 지니고 있고, 어떠한 점들을 고려해야 하는지 소개하고자 한다. 본 장은 다음과 같이 구성되어 있다. 먼저 2절에서 TSCS 자료의 기본 통계 모형과 장단점을 대략 검토한다. 이후 3절에서는 TSCS 자료의 오차항과 관련한 문제, 4절에서는 개체 간 이질성 문제, 5절에서는 동태성 문제를 논의한다. 6절에서는 여러 논의를 바탕으로 통계소프트웨어 **R**과 **Stata**를 이용한 통계분석 예제를 제공한다. 7절은 결론으로 본 장의 내용을 간략히 요약하고, 본 장에서 다루지 못하였으나 중요한 문제들을 간단히 소개하고 글을 마친다.

시계열-횡단면 자료의 특징

TSCS 자료는 복수의 개체를 여러 시간에 걸쳐 관측하여 얻은 자료이므로 단위와 시점당 관측치를 모두 모은 것이다. 〈표 1〉은 6절 경험적 분석에서 사용될 실제 TSCS 자료의 일부를 보여준다. 기본 단위는 국가이고 연도별로 여러 변수들의 관측치를 담고 있다. 보통 자료를 단위별로 정렬한 후 연도별로 정렬한다. 따라서 첫 번째 국가인 미국에 대한 연도별 자료가 먼저 나오고, 다음 국가인 캐나다의 연도별 자료가 제시되어 있다.

TSCS 자료를 생성하는 과정은 다음과 같이 표현된다.

$$y_{it} = \alpha + X_{it}\beta + u_{it}, \ i=1, \cdots, N \ ; \ t=1, \cdots, T \tag{1}$$

표 1 TSCS 자료 예시

cowcode	country	year	polity2	regiondem	lnoil	lngdppc
2	United States	1995	10	100.00	0.19	10.30
2	United States	1996	10	100.00	0.22	10.33
2	United States	1997	10	100.00	0.19	10.36
2	United States	1998	10	100.00	0.13	10.39
2	United States	1999	10	100.00	0.16	10.42
20	Canada	1995	10	100.00	0.42	10.05
20	Canada	1996	10	100.00	0.48	10.05
20	Canada	1997	10	100.00	0.46	10.08
20	Canada	1998	10	100.00	0.34	10.11
20	Canada	1999	10	100.00	0.42	10.16
40	Cuba	1995	−7	68.72	0.02	8.42
40	Cuba	1996	−7	78.95	0.03	8.50
40	Cuba	1997	−7	78.95	0.03	8.53
40	Cuba	1998	−7	73.68	0.01	8.54
40	Cuba	1999	−7	84.21	0.02	8.60
41	Haiti	1995	7	60.00	0.00	7.61
41	Haiti	1996	7	60.00	0.00	7.63
41	Haiti	1997	7	60.00	0.00	7.63
41	Haiti	1998	7	60.00	0.00	7.64
41	Haiti	1999	7	40.00	0.00	7.64

일반적으로 첨자 i는 개체를 의미하고, 첨자 t는 시간을 의미하므로 시점과 개체별로 서로 다른 값을 갖는 변수는 두 첨자 모두를 붙여 x_{it}라고 표현한다. 종속변수는 연속 변수인 y_{it}이고, 개체 i와 시점 t마다 관측된다. 설명변수는 k 개의 x를 담고 있는 $1 \times k$벡터인 X_{it}이고, 회귀계수인 β는 $k \times 1$벡터이다. 마지막으로 u_{it}은 관측치 i, t의 오차항이다. 위의 모형이 가우스–마르코브 조건(Gauss-Markov assumption)을 만족한다면 자료의 구조를 무시한 채 모든 관측치를 모아 보통최소제곱법(ordinary least squares, 이후 OLS)으로 추정할 수 있다. 물론 뒤에서 상세히 설명되듯이 TSCS 자료에서 이 가정이 만족되는 경우는 거의 없지만 자료의 개체와 시간을 고려하

지 않고 모든 자료를 통합해 추정하는 방법을 통합최소제곱법 (pooled OLS)이라고 부른다.

TSCS 자료는 여러 이점을 제공한다. 우선 횡단면 자료나 시계열 자료보다 더 많은 관측치를 제공하여 더 많은 정보와 변동성을 제공한다. 가령 30개 국가에 대한 20년간 자료가 있다면 N이나 T의 개별 수는 작지만 총 관측치 수는 600개이다. 따라서 많은 관측치 수로 인해 통계 추정치의 정확성을 높일 수 있다. 둘째, 많은 사회과학의 이론들은 시간 및 공간과 관련된 예측을 하는데 TSCS 자료는 시간의 흐름에 따른 동태적 패턴과 공간과 관련된 패턴을 동시에 고려할 수 있기 때문에 시공간과 관련된 예측을 경험적으로 분석할 수 있게 해준다. 횡단면 자료나 시계열 자료만으로는 시간과 공간을 동시에 고려할 수 없다. 셋째, 개체별 또는 시점별로 반복적으로 관측된 자료를 활용하여 개체별 또는 시점별 이질성(heterogeneity)을 통제할 수 있기 때문에 인과관계를 밝히는 데 도움을 준다. 마지막으로 TSCS 자료를 활용하여 어떤 변수의 영향이 시간에 따라 변하는지, 아니면 개체에 따라 다른지 등 다양한 형태의 이질성을 분석할 수 있다.

물론 TSCS 자료의 단점도 존재한다. 횡단면 자료와 시계열 자료를 결합시켰기 때문에 횡단면 자료에서 비롯되는 통계적 문제와 시계열 자료에서 나타나는 통계적 문제점을 동시에 갖게 된다. 게다가 TSCS에서만 해당되는 통계적 문제도 지닌다. 따라서 OLS를 추정하는 데 일관된 추정치를 갖기 위한 가우스-마르코프 가정이 여러 형태로 위반될 수 있기 때문에 추정에 있어 복잡한 문제에 직면하게 되는 것이다. TSCS 자료를 OLS 추정방법을 통해 분석할 경우 나타날 수 있는 통계적 문제는 다음과 같다.

1. 오차항이 시간적 의존성을 지니는 시계열 상관관계(serial correlation).
2. 오차항의 분산이 동일한 개체 내에서는 일정하지만 개체마다 다른 패널 이분산 (panel heteroskedasticity) 문제.
3. 서로 다른 개체의 오차항이 상관관계를 갖는 동시적 상관관계 (contemporaneous correlation).
4. 한 개체 내의 오차항이 다른 개체 내, 다른 시점에서의 오차항과 상관하는 문제.
5. 오차항의 평균이 0이 아니고 개체마다 다른 문제.

위의 문제들이 개별적으로 존재하는 것이 아니라 동시에 존재할 수 있기 때문에 OLS 추정치가 편향적이거나(biased) 비효율적(inefficient)일 가능성이 더 커지는 것이다. 그러나 이러한 통계적 추정과 관련한 문제에도 불구하고 위에서 상술한 장점이 더욱 크기 때문에 TSCS 자료는 현재 정치학의 제반 분야에서 널리 활용되고 있다.

오차항 구조와 관련된 문제

위에서 언급한 문제 중에서 이분산성(heteroscedasticity)이란 오차항의 분산이 일정하지 않고 x값에 의존하여 동분산의 가정이 위배되는 것을 의미한다. 특히 패널 이분산성(panel heteroscedasticity)은 오차의 분산이 개체 내에서는 동일하지만 개체 간에 이분산이 존재하는 것을 지칭한다. 이럴 경우 오차항의 동분산 가정은 위배되고, OLS 계수 추정치는 여전히 비편향이지만 비효율적이고 추정치의 표준오차는 부정확할 가능성이 높다. 동시적 상관관계(contemporaneous correlation)는 서로 다른 개체에 속한 오차항이 상관되는 경우를 일컫는다. 가령 국가 간 시계열 자료의 경우 지리적으로 인접한 국가 사이에 공간적 상관관계(spatial correlation)가 발생할 가능성이 높다. 이럴 경우 가우스-마르코프 조건에서 독립성 가정은 위반되고 표준오차는 실제보다 작게 계산되어 효율성이 과대평가된다. 그러므로 두 문제로 인해 잘못된 통계적 추론을 할 개연성이 높아진다.

이들 문제는 모형에 포함 되었어야 할 설명변수가 누락되었기 때문에 발생할 수 있는 문제이지만 어떤 변수가 포함되었어야 하는 지가 보통 확실하지 않거나 그 변수를 안다고 하더라도 그 변수가 쉽게 측정되기 어려운 경우가 빈번하다. 그러므로 패널 이분산성과 동시적 상관관계를 해결하기 위해 여러 통계적 해법을 사용한다. 그 중 TSCS자료, 특히 국가 간 시계열 자료에서 널리 사용되는 방법은 Beck and Katz(1995)에 의해 개발된 패널교정표준오차(panel-corrected standard errors)이다. 패널교정표준오차는 공간적 상관관계가 동일 시점에서만 나타나고 다른 시점 사이에서는 발생하지 않는다는 '패널오차가정'(panel error assumptions)을 한다. 즉 $E(u_{it}, u_{js})=0$ $\forall i \neq j,\ t \neq s$. 이러한 가정 아래 패널 이분산성과 동시적 상관관계 문제를 '교정'하여 사후적으로 OLS의 표준오차를 '수정'하는 것이다. 주의할 점은 패널교정표준오차는 T가 충분히 클 때 사용해야 한다는 점이다. 대신 T가 작고 N이 큰 패널데이터의 경우에는 Drisc oll-Kraay(1998) 표준오차 교정법을 사용하는 것이 더 낫다. 또한 PCSE는 동일 개체 내 오차항의 시계열 상관 문제는 없다고 가정하기 때문에 다른 방법을 통해 먼저 시계열 상관 문제를 해결한 후 패널교정표준오차를 계산해야 한다. 마지막으로 패널교정표준오차는 아래에서 다룰 개체 간 이질성 문제도 전혀 다루지 않는다.

표준오차와 관련된 문제를 위한 또 다른 방법은 소위 견고한(robust) 표준오차를 사용하는 것이다. 만약 이분산 문제만 존재할 경우 이분산에 견고한(heteroscedasticity robust) 표준오차를 사용할 수 있다. 그러나 TSCS 자료에서 이런 경우의 가능성은 매우 낮다. 반면 동일 개체 내에서 오차항은 서로 상관관계를 가져 시계열 상관이 존재할 확률이 매우 높은데 이 경우에는 이분산과 시계열 상관에 대해 견고한 군집표준오차(clustered standard errors)를 사용할 수 있다. 자료의 개체 i가 자료들이 모여 있는 하나의 클러스터가 되는 것이다. 더 나아가 시계열 상관과 함께 동시적 상관도 존재한다면 이중 클러스터(two-way cluster) 표준오차 추정도 사용 가능하다(Cameron and Miller 2015). 다만 클러스터 분산 추정량을 사용할 때 주의해야 하는 점은 클러스터의 개수가 많아야 한다는 점이다. 시계열 상관을 위한 클러스터 방법을 사용할 경우 개체 N의 수가 커야 하고(대략 $N > 50$), 만약 이중 클러스터를 사용할 경우 N과 T 모두 커야 한다. 그렇지 않으면 아주 불안정한 표준오차를 계산하게 된다. 군집표준오차와 관련해서 Cameron and Miller(2015), Esarey and Menger(2019), King and Margaret(2014)을 참고할 것을 추천한다.

개체 간의 이질성(Unit heterogeneity)

식 (1)에서 소개된 통합최소제곱 모형은 모든 개체들이 유사하기 때문에 모든 개체들을 통합하여 동일한 계수를 적용할 수 있다고 가정한다. 즉 개체들은 설명변수인 X_{it}에서만 서로 다른 값을 지닐 뿐 나머지 기본 속성은 동일하고 개체 고유의 개별효과(unit effects)는 없다고 보는 것이다. 이러한 가정은 위의 모형에서 개체들과 상관없이 고정되어 있는 절편항(α)에서 드러난다.

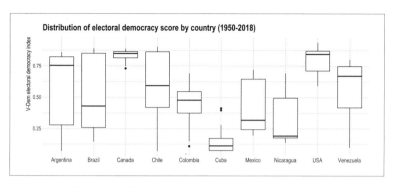

그림 1 민주주의 점수의 국가별 분포

그러나 개별 단위의 속성을 무시하고 관측치들을 한데 모아 동일한 모형을 적용하는 것이 과연 적합한지 따져보는 것은 매우 중요하다. 개체들이 서로 달라서 통합 분석을 하기 어려운 경우가 많기 때문이다. 특히 국가를 기본 단위로 하는 국가 간 시계열 자료에서는 국가들이 고유의 개별효과를 지니는 경우가 많아서 국가 간 이질성이 클 가능성이 높다. 한 국가 고유의 지리적 특성, 역사적 경험, 지배적 문화와 신념 등이 국가 내의 정치, 경제, 사회에 중요한 영향을 끼칠 수 있기 때문이다. 가령 〈그림 1〉은 상자 그림(box plot)을 이용해 북남미 국가들의 민주주의 점수가 1950년부터 2016년까지의 기간 동안 어떻게 분포되어 있는지를 보여준다. 민주주의 점수는 민주주의 다양성(Varieties of democracy, V-Dem) 프로젝트의 선거민주주의 지수 (electoral democracy index)를 활용하였다. 〈그림 1〉은 민주주의 점수가 국가마다 매우 상이하게 분포되어 있음을 잘 보여주고 있다. 가령 캐나다의 평균 민주주의 점수는 미국을 제외한 나머지 국가들의 평균 민주주의 점수보다 체계적으로 훨씬 높게 나타난다. 이는 캐나다에서 민주주의 수준이 다른 국가들보다 체계적으로 높게 만드는 캐나다의 고유한 속성이 존재함을 의미한다. 이러한 국가 간 이질성을 무시한 채로 어떤 설명변수가 민주주의 수준에 미치는 영향을 분석한다면 편향된 추정치를 갖게 될 가능성이 높다. 이 점은 다음의 그래프를 통해 더 쉽게 이해될 수 있다.

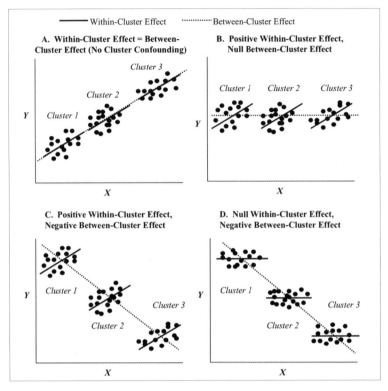

그림 2 개체 간 이질성으로 인한 추론의 문제
출처: Bartels (2015, Figure 2)

　〈그림 2〉는 개체 간 이질성을 고려하지 않음으로 인해 발생할 수 있는 편향에 대해 보여주고 있다. 그림의 클러스터가 여기서 언급하는 개체를 의미한다. TSCS 자료에는 횡단면 관계와 시계열 관계 모두 존재하므로 어떤 변수의 영향은 횡단면 관계에 초점을 두어 "x 값이 1단위 높은 개체의 y값은 평균적으로 얼마나 더 높은지"를 나타내는 '개체 간 영향'(between-unit effect)과 동일한 개체의 시계열 관계를 중심으로 "동일 개체 안에서 x값이 1단위 증가한다면 y값은

평균적으로 얼마나 증가하는가" 따지는 '개체 내 영향'(within-unit ef-fect)으로 나눌 수 있다. 그래프 A의 경우 두 영향이 서로 다르지 않기 때문에 통합분석을 하더라도 문제가 없다. 그러나 그래프 B – D가 보여주듯이 두 가지 영향이 서로 다른 형태를 가질 수 있다. 가령 x의 개체 내 영향은 실제로 양의 효과이지만 개체 간 차이를 무시하고 분석할 경우 x는 아무런 영향을 미치지 않거나(그래프B) 음의 영향을 가진다(그래프C)는 결론을 내릴 수 있다. 마찬가지로 개체 내 영향은 존재하지 않음에도 불구하고 개체 간 영향을 바탕으로 x와 y의 관계는 음이라고 판단할 수 있다(그래프D). 이처럼 극단적이지 않더라도 개체 내 영향은 작지만 개체 간 영향은 크게 나타나는 상황을 겪기 쉽다. 따라서 TSCS 자료를 분석할 경우 개체 간 이질성이 어떠한 영향을 미치는지를 분석 전에 미리 고려할 필요가 있다.

　　이러한 개체별 효과들은 직접 측정할 수는 없지만 시간에 따라 변치 않는다고 가정하자. 만약 시간불변의 개별효과가 통제되지 않는다면 다음과 같이 오차항 안에 개체별 효과(μ_i)와 고유오차(ε_{it}) 모두 존재하게 된다.

$$u_{it} = \mu_i + \varepsilon_{it} \qquad\qquad (2)$$

　　개체별 효과 μ_i가 첨자 i로만 표기되는 것은 개체마다 서로 다른 값을 갖지만 개체별 효과가 시간과 상관없이 일정함을 의미한다. 만약 오차항에 남겨진 개체별 효과 μ_i가 통계 모형의 결과변수에 영향을 미치면서 동시에 설명변수와 상관관계가 있다면 설명변수들의 계수 추정치는 누락변수편향(omitted variable bias)을 겪게 된다. 그리고 개체별 효과와 변수들 간의 상관관계가 없다면 편향성은 없지만 여전히 오차항에 개체별 효과가 남게 되어 모형의 효율성은 감소

하게 된다. 개체 간 이질성 문제를 다루기 위한 방법으로는 고정효과
(fixed effects) 모형과 임의효과(random effects) 모형이 널리 사용
된다.

고정효과 모형

고정효과 모형은 시간불변의 개체별 효과를 고정된 것으로 간주
하고 직접 추정하거나 통제하는 모형이다. 이를 통해 관측되지 않은
개체별 효과와 설명변수 간의 상관관계로 인한 문제를 해결한다.

고정효과 모형을 추정하기 위한 두 가지 방법이 존재한다. 첫 번
째 방법은 고정효과 모형은 각 개체마다 서로 다른 절편을 가진다고
가정하고 μ_i를 오차항에 남기는 것이 아니라 모형에 포함시켜 개체
별 절편 $a+\mu_i$을 추정하는 것이다. 구체적으로 개체별 더미변수
(dummy variable)를 식 (1)의 우변항에 추가하여 직접 추정한다. 만
약 N개의 개체가 존재한다면 $N-1$개의 더미변수를 포함한다.[1] 그
렇기 때문에 이 방법은 더미변수 최소제곱(least square dummy vari-
ables, LSDV) 추정법이라고 불린다. 이 경우 전체 더미변수에 대한
F-test를 통해 고정효과가 필요한지를 검정할 수 있다. 수학적으로 동
일한 두 번째 방법은 고정효과 추정법으로 모든 변수에서 각 개체별
변수 평균값을 소거한 후 OLS를 추정하는 것이다. 아래와 같이 방정
식 1의 양변에서 각 항의 평균값을 빼면 시간불변인 개체별 효과 μ_i
의 평균은 μ_i이므로 개별효과는 소거된다.

....

1   만약 상수항을 제거한다면 N개의 더미변수를 포함시킨다.

$$y_{it} - \bar{y}_i = (\alpha - \bar{\alpha}) + (X_{it} - \bar{X}_i)\beta + (u_{it} - \bar{\mu}_i) \qquad (3)$$
$$= (X_{it} - \bar{X}_i)\beta + (\mu_i + \varepsilon_{it} - \bar{\mu}_i - \bar{\varepsilon}_i)$$
$$= (X_{it} - \bar{X}_i)\beta + (\varepsilon_{it} - \bar{\varepsilon}_i)$$

여기서 중요한 점은 두 방법 β를 구하는 데 있어서 $y_{it} - \bar{y}_i$, $X_{it} - \bar{X}_i$와 같은 개체 내 편차(within-unit variations)만 활용한다는 점이다. 개체 간의 편차는 전혀 고려되지 않으므로 고정효과 모형은 개체 내 추정법(within-estimator)이라고도 불린다. 가령 소득과 민주주의의 관계를 살펴볼 때 국가별 소득 수준이 민주주의의 수준에 미치는 영향을 보기 위해서 서로 다른 국가의 소득이 어떻게 다르고 그 차이가 국가 간 민주주의의 차이와 어떤 관계를 맺고 있는지 보는 것이 아니라, 한 국가 내에서 소득수준이 변화할 때 해당 국가의 민주주의 수준이 어떻게 변하는지만을 분석하는 것이다.[2]

임의효과 모형

임의효과 모형(Random-effects model)은 개체별 차이를 설명하는 관측되지 않는 개별 고유 효과 μ_i를 고정된 것으로 간주하고 추정하는 것이 아니라 어떤 확률분포를 따르는 임의변수(random variable)로 간주한다. 다시 말해 개별효과는 개체들의 다양한 속성 X_{it}과는 무관하게 임의적(random)으로 주어지는 것으로 보고 개별효과를 통계모형의 오차항에 남겨둔다. 임의효과 모형은 이러한 가정을 바탕으로 모든 개별효과를 추정하지 않고, 개별효과의 확률분포를

....

2   이와 관련하여 Acemoglu et al.(2008)을 참고하시오.

규정하는 모수(parameter)만 추정한다. 대신 추정치의 일관성을 위해서 개별효과와 설명변수 간의 상관관계가 0이라고 가정한다. 만약 이처럼 개별효과와 설명변수가 비상관일 경우 고정효과 모형처럼 개체별 효과를 직접 통제하게 되면 주어진 자료로부터 더 적은 정보를 활용하게 되고 그로 인해 계수추정치의 효율성은 감소하게 된다. 물론 개별효과와 설명변수 간의 상관관계가 존재할 경우 임의효과 모형의 추정치는 편향되는 문제점이 있다.

위에서 언급하였듯이 임의효과 모형은 효율적인 추정을 위해 μ_i와 고유오차 ε_i에 대한 가정을 한다. 가령 μ_i은 서로 개체 간 독립적이고, 고유오차와도 비상관이다. 또한 오차항($u_{it} = \mu_i + \varepsilon_{it}$)의 분산이 모든 개체와 시간에서 $\sigma_\mu^2 + \sigma_\varepsilon^2$으로 동일하고, 동일개체 내 다른 시점 간 오차항의 공분산은 σ_μ^2으로 동일하다. 반면 다른 개체 간 오차항의 공분산은 0으로 가정한다. 이러한 가정 하에 임의효과 모형은 효율적인 추정량을 도출해 낸다. 대신 오차항에 대한 가정으로 인해 고정효과 모형과 달리 OLS 방법으로 추정이 불가능하고 대신 일반화최소제곱(generalized least squares, GLS), 실행가능한일반화최소제곱(feasible GLS), 최우추정법(maximum likelihood), 베이지안(Bayesian) 추정법 등의 방법을 통해 추정한다.

$$y_{it} - \theta\bar{y}_i = (\boldsymbol{X_{it}} - \theta\boldsymbol{\bar{X}}_i)\beta + (u_{it} - \theta\overline{\mu}_i) \tag{4}$$

임의효과 추정량은 위와 같은 수식을 통해서 계산된다. 식 (4)는 임의효과 모형은 변수값에서 변수들의 개체당 평균을 완전히 소거하지는 않지만 일부분 소거함을 보여준다.

여기서 θ는 $1 - 1/\sqrt{1 + T\sigma_\mu^2/\sigma_\varepsilon^2}$로 정의된다. 다소 복잡하지만 θ이 1에 가까울수록 고정효과를 위한 방정식 (3)과 비슷해짐을 알 수

있다. T가 매우 크거나 개별효과의 분산이 고유오차의 분산에 비해 훨씬 클 경우 θ은 1에 가깝다. 이런 조건 속에서 임의효과 모형의 추정치는 고정효과 모형의 추정치와 비슷한 값을 갖게 된다. 반면 θ이 0에 가까울 때, 즉 T가 매우 작거나 개별효과의 분산이 고유오차의 분산과 큰 차이가 없을 때, 임의효과 모형의 추정치는 개체별 평균만을 고려하는 개체 간 추정치와 비슷해진다. 그러므로 임의효과 모형의 추정치는 개체 간 추정치와 개체 내 추정치의 가중평균으로 볼 수 있고, 임의효과 모형은 두 모형의 절충적 추정방법으로 여길 수 있다.

고정효과 모형과 임의효과 모형 비교

고정효과 모형과 임의효과 모형 중에서 어떤 모형을 선택할지는 쉬운 문제가 아니다. 가령 개체별 효과가 고정되었는지 아니면 임의변수인지는 미리 결정되어 있는 것이 아니다. 어떤 학자들은 자료에 있는 개체들을 어떻게 바라보느냐에 따라 선택이 달라야 한다고 주장한다. 가령 자료의 개체들이 모집단의 개체들과 동일하다면 고정효과 모형을, 자료의 개체들이 모집단의 일부를 대표한다면 임의효과 모형을 써야 한다는 것이다. 그러나 이것 또한 항상 명확한 것은 아니다. 가령 미국 50개 주에 대한 분석을 할 경우 해당 자료가 모집단의 샘플을 나타내는 것인지, 아니면 모집단 전체를 대표하는 것인지는 생각하기 나름이기 때문이다.

그러나 두 모형이 제대로 작동하기 위한 조건에 맞춰 모형을 선택하는 것도 가능하다. 위에서 설명하였듯이 개체별 효과가 설명변수들과 상관되어 있지 않음을 가정하는 임의효과와 달리 고정효과는 개체별 효과와 설명변수의 상관을 허용한다. 따라서 만약 관측되지 않은 시간불변의 개체효과가 존재할 경우 고정효과 모형은 누락변수편향을 제거할 수 있지만, 임의효과 모형은 편향된 추정치를 갖게 된다. 고정효과의 이러한 장점은 국가 간 시계열 자료를 분석할 경우 부각된다. 국가의 개별효과가 그 국가의 정치경제적 속성에 영향을 미칠 가능성이 높아서 개별효과를 통제하지 않는다면 누락변수편향의 위험이 크기 때문이다. 그리고 위에서 보듯이 고정효과 활용법이 매우 유연하기 때문에 다양한 형태의 측정되지 않은 이질성(가령 연도별 고정효과, 지역별 고정효과)을 통제할 수 있다. 이러한 이유로 인해 고정효과 모형은 패널자료나 국가 간 시계열 자료 분석에서 기본(default) 모형으로 활용되고 있다(Angrist and Pischke 2008; Angrist and Pischke 2014 참고).

그러나 고정효과 모형은 통계에서 편향을 줄일 수 있지만 대신 추정치의 비효율성 문제를 갖는다. 고정효과를 추정하는 과정에서 많은 자유도를 잃게 되기 때문이다. 특히 T의 크기가 작을수록 효율성의 문제는 더욱 심각해진다. 또한 설명변수들이 시간에 따라 아주 천천히 변화할 경우 계수의 추정은 가능하지만 그 추정량은 매우 비효율적이게 된다. 왜냐하면 고정효과 모형은 개체 간 편차를 제거하였기 때문에 남아 있는 개체 내 편차가 작을 경우 추정치의 표준오차는 크게 증가하기 때문이다. 만약 설명변수가 시간에 따라 불변인 경우 완벽한 공선성 문제로 인해 고정 효과 모형으로 분석할 수 없다. 예를 들어 비교정치학자가 선거제도나 의원내각제나 대통령제와 같은 통치체제의 효과를 분석할 경우 국가고정효과는 이들 변수와 상관관계가 높아서 다중공선성 문제를 갖게 된다. 다시 말해 국가 고정효과가 국가 간 제도의 차이를 대부분 흡수한 가운데 단일 국가 내 제도의 변화가 많지 않으므로 제도나 통치체제의 계수는 아주 불안정할 가능성이 높다. 고정효과 모형의 단점은 임의효과를 선택하는 이유가 될 수 있다. 임의효과 모형의 추정치는 개별효과와 설명변수 간의 상관성이 존재할 경우 편향의 문제를 지고 있지만 모든 개별효과를 추정하지 않고 확률분포를 규정하는 모수만 추정하기 때문에 더 효율적이다. 시간불변인 변수도 추정이 가능하다. 대신 임의효과 모형은 N이 클수록 더 잘 작동한다.

위의 논의는 두 모형의 선택 시 추정치의 편향성과 비효율성의 상충효과에 대해 고민해야 함을 의미한다. 만약 이론이 어떤 설명변수의 영향이 어떠한 형태를 갖게 될지 안내해 줄 경우 이론에 따라 추정방법을 선택하면 된다. 그렇지 않을 경우 편향성과 비 효율성의 상충효과는 양자택일의 문제가 아니라 정도(degree)의 문제이기 때문에 어떤 조건 속에서 편향의 문제가 클지, 아니면 비효율성의 문제가 클지를 따져야 하는 것이다. 이와 관련하여 Clark and Linzer(2015)를 참고하기를 추천한다.

두 모형의 선택을 위해 임의효과 모형의 추정치와 고정효과 모형의 추정치를 비교하는 하우스만(Hausman) 검정을 사용하기도 한다. 검정의 귀무가설은 임의효과와 고정효과의 추정치가 같다는 것이다. 만약 귀무가설을 기각하지 못할 경우 두 모형의 추정치가 서로 다르지 않으므로 더 효율적인 임의효과 모형을 사용하는 것이 더 낫다. 그러나 귀무가설을 기각할 경우에는 개별효과와 설명변수 간의 상관관계가 존재할 경우 편향된 추정치를 갖는 임의효과 모형은 적합하지 않고 고정효과 모형을 쓰는 것이 바람직하다. 문제는 샘플 크기가 크지 않은 경우에는 임의효과 모형의 추정치의 편향뿐만 아니라 비효율적인 추정으로 인한 신뢰성이 떨어지는 고정효과 모형의 추정치로 인해서 귀무가설을 기각할 수도 있다는 점이다. 따라서 하우스만 검정의 효과는 매우 제한된다고 볼 수 있다.

$$y_{it} = \alpha + X_{it}\beta + \overline{X}_i\gamma + u_{it} \tag{5}$$

$$= \alpha + (X_{it} - \overline{X}_i)\beta + \overline{X}_i\delta + u_{it} \tag{6}$$

대안으로 소위 상관임의효과(correlated random effects) 모형을 고려할 수 있다. 상관임의효과 모형은 식 (5)와 같이 임의효과 모형에 모든 설명변수의 각 개체별 평균 값($\overline{X}_i$)을 설명변수로 추가하는 방법이다. 변수들의 개체별 평균값은 개체별 고유효과를 통제할 수 있기 때문에 $\gamma=0$을 검정하여 임의효과 모형의 적합성을 검정할 수 있다. 만약 통계적으로 유의미하지 않으면 평균값을 제거한 일반적인 임의효과를 사용하면 되고 그렇지 않으면 평균값을 설명변수로 남겨두는 것이다. 또한 식 (5)는 식 (6)과 같이 변형이 가능한데 이경우 개체 내 영향을 추정하는 β와 개체 간 영향을 추정하는 δ를 비교하여 두 영향이 같은지를 검정할 수 있다. 이와 관련하여 Wooldridge(2010)와 Bell and Jones(2015)를 참고하시오.

동태적 이슈(dynamic issues)

TSCS 자료에는 지금까지 살펴본 횡단면 관계뿐만 아니라 시간의 차원과 관련된 동태적 관계도 중요한 요소이다. 시계열 자료가 정상적(stationary)이라고 가정한다. 자료가 정상적이라는 것은 자료의 통계적 특성이 일정한 패턴을 따르면서 시간에 따라 변하지 않음을 의미한다. 좀 더 구체적으로 시간의 변화에 상관없이 변수의 평균, 분산, 공분산 값이 고정되어 있음을 일컫는다.[3] 그렇지 않을 경우 자료

....

3   각각의 조건에 따라 평균정상(mean stationarity), 분산정상(variance stationarity), 공분

는 비정상적(non-stationary)이라 불린다. 비정상적 시계열 자료에서는 변수값이 시간이 지나면서 자신들의 평균으로 복귀하지 않고 평균으로부터 벗어나게 된다. 따라서 자료를 분석하기 전에 자료가 정상적인지를 미리 검정할 필요가 있다.[4] 본 장에서는 공간 부족으로 비정상적 자료를 다루기 위한 시계열 방법까지는 다룰 수 없기 때문에 여기에 관한 논의는 생략한다. 대신 사회과학을 위한 시계열 분석을 다룬 Box-Steffensmeier, Freeman, Hitt, and Pevehouse(2014)을 참고하시오.

우선 동태적 관계를 분석하기 위해서는 개체당 관측치의 수가 충분히 커야 한다(가령 $T > 10$). 보통 앞서 살펴본 바와 같이 대부분의 국가 간 시계열 자료는 T가 30 이상인 경우가 흔하므로 자료의 동태성(dynamics)을 다루기 적합하다고 볼 수 있다. 과거에는 자료의 동태성을 주로 고유오차 ε_{it}에 존재하는 시계열 상관의 문제로 여겨 통계모형을 추정하는 데 있어 고쳐야 할 문제점으로 접근하는 경향이 있었다. 고유오차의 시계열 상관은 아래와 같이 시점 t의 오차가 시점 $t-1$의 오차에 의존하는 것을 일컫는다.

$$\varepsilon_{it} = p\varepsilon_{it-1} + \zeta_{it} \tag{7}$$

고유오차의 시계열 상관이 존재할 경우 독립성 가정을 위반하여 추정치의 효율성을 감소하기 때문에 OLS가 아닌 시계열 상관을 보정하는 방법을 사용해야 한다. 정상성을 가정했기 때문에 $p < 1$이 되

산 정산(covariance stationarity)이라 부른다.

4 Levin, Lin and Chu(2002)나 Im, Pesaran and Shin(2003)와 같은 패널단위근(panel unit-root) 검정을 실시해서 시계열에 단위근이 존재하는지 살펴볼 수 있다. **R**이나 **Stata**에 다양한 패널단위근검정 패키지가 존재하므로 참고하시오.

고, 고유오차는 대체로 일정한 수준에서 유지되면서 평균에서 멀리 벗어나지 않는다. p를 추가로 추정하는 실행 가능한 일반화된 최소제곱법(FGLS)에 기반한 Prais-Winsten이나 Cochrane-Orcutt와 같은 추정법을 사용한다.

그러나 오차항은 모형에 포함되지 않은 변수의 영향을 담고 있으므로 결국 제외된 변수의 지속성이 고유오차의 시계열 상관의 주요한 원인이 된다고 볼 수 있다. 따라서 최근의 연구는 자료의 동태성을 직접 모형화를 시도한다(Beck and Katz 2011). 가장 간단히 동태성을 모형화하는 방법은 다음과 같이 시차종속변수(lagged dependent variable)인 y_{it-1}를 설명변수로 추가하는 것이다. 많은 경우 y_{it-1}를 추가할 때 고유오차의 시계열 상관을 제거되기 때문에 시계열 상관 문제를 처리하는 방법으로도 여겨진다(Beck and Katz 2011; Wilkins 2017).

$$y_{it} = \phi y_{it-1} + \alpha + \boldsymbol{X}_{it}\boldsymbol{\beta} + u_{it} \tag{8}$$

여기서 ϕ는 지난 기간의 종속변수 값인 y_{it-1}와 y_{it}와의 관계를 포착한다. y_{it-1}를 통제하지 않는 모형은 정태적 모형이라고 하는데 위의 동태적 모형은 정태적 모형을 내포하고 있다고 볼 수 있다. ϕ이 통계적으로 0과 다른지를 검정하여 동태적 모형이 올바른 모형인지 아니면 정태적 모형이 올바른 모형인지를 판단할 수 있다. 위에서와 마찬가지로 시계열 자료의 정상성을 가정했기 때문에 $\phi < 1$로 가정한다. ϕ이 1에 가까울수록 y_{it}는 천천히 변화되면서 높은 지속성을 보이고, 0에 가까울수록 과거 값에 의해 덜 좌우되고 설명변수의 변화에 즉각적으로 반응하는 모습을 보인다.

동태적 모형에서 주의할 것은 특정 x의 종속변수에 대한 영향이 y_{it-1}을 통해 나타나기 때문에 동태적 형태를 갖게 되고, 여러 시간에 걸쳐 y를 변화시키게 된다는 점이다. 만약 x가 일회성 충격(impulse)으로 특정 시점 t에 1만큼 증가하고 $t+1$부터 0으로 돌아간다면 y는 충격이 발생한 첫 시점 t에는 β만큼 증가하고, 그 다음 시점 $t+1$에는 $\phi\beta$만큼, $t+2$에는 $\phi^2\beta$만큼, 그리고 $t+n$에는 $\phi^{n-1}\beta$의 크기로 증가한다. 즉 x의 일시적 증가의 영향은 여러 기간에 걸쳐 나타나고, 그 영향의 크기는 기하급수적으로 감소하여 많은 시간이 지난 후 x의 효과는 소멸하게 되는 것이다. 감소 속도는 ϕ의 크기에 의해 좌우되며 ϕ가 1에 가까울수록 느리게 감소한다. 이와 달리 정태적 모형의 경우 설명변수의 변화로 인한 효과가 즉각적으로 나타나고 바로 사라진다고 가정한다. 즉 정태적 모형과 동태적 모형은 설명 변수의 영향이 시간에 따라 어떻게 변화되어 가는지, 얼마나 오랫동안 지속되는지에 대해 다른 가정을 하고 있다. 따라서 이론적 기대에 따라 통계 모형을 정하는 것이 중요하다.

반면, x가 특정 시기에 1만큼 증가하여 계속 유지된다면 x가 y에 미치는 최종 영향은 여러 시점에서 나타난 영향들의 합으로 $\beta+\phi\beta+\phi^2\beta+\phi^3\beta\cdots=\dfrac{\beta}{1-\phi}$이 된다. 이를 x의 장기적 효과라 부른다. 따라서 동태적 모형에서 추정된 β는 첫번째 시점에서의 단기 효과만을 추정하는 것이고 장기적 효과의 크기와 통계적 유의미성은 추가적으로 계산해야 함을 명심해야 한다. 〈그림 3〉이 보여주듯이 ϕ의 크기에 따라 장기효과의 크기는 크게 변화되고, 어떤 경우에는 β는 통계적으로 유의미하지 않지만 $\dfrac{\beta}{1-\phi}$은 유의미할 수도 있기 때문이다. 마지막으로 앞의 논의를 일반화하여 y_{it-1}뿐만 아니라 y_{it-n}까지 n개의 시차종속변수를 포함한다면 장기효과는 $\dfrac{\beta}{1-\sum_{i=1}^{n}\phi_i}$로 계산할 수 있다. 이 경우 정상성은 $1-\sum_{i=1}^{n}\phi_i<1$을 의미한다.

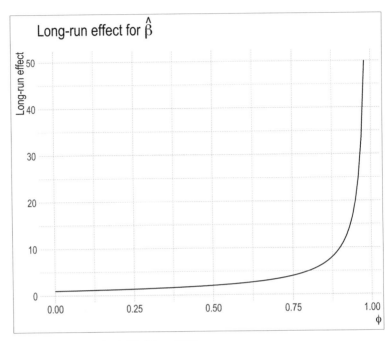

그림 3 ϕ의 크기에 따른 장기효과의 크기 변화

동태적OLS 모형의 추정치가 일관성을 갖기 위해서는 고유오차의 시계열 상관이 없어야 한다. 만약 y_{it-1}를 포함시킨 후에도 오차항의 자기상관이 남아 있다면 OLS 계수는 비일관적이 되므로 문제를 야기한다. 그러므로 동태적 모형을 추정 후 오차항의 시계열 상관 존재 여부를 검정하는 것이 중요하다. 여러 검정방식이 존재하는데 그 중 하나로 Wooldridge(2002)의 방법을 활용할 수 있다. 모형 양변에서 $t-1$시점에서 t시점으로 증가분을 구하여 OLS 추정을 한 뒤 잔차 t가 잔차 $t-1$에 대해 회귀분석하여 과거 잔차항의 추정계수가 -0.5인지 검정하는 것이다. 오차항들이 서로 독립적이라는 귀무가설을 기각할 경우에는 y_{it-1}뿐만 아니라 추가적인 시차종속변수 $y_{it-2}, y_{it-3}...$를 더해 남아 있는 시계열 상관을 제거하도록 해야 한다. 그리고 설사 시계열 상관이 남아 있더라도 정도가 크지 않으면

OLS로 동태적 모형을 추정해도 큰 문제가 없다. 그럼에도 불구하고 강한 시계열 상관이 남아 있으면 도구적 변수에 기반한 추정법을 이용할 수 있다. 이와 관련하여 Beck and Katz(2011), Keele and Kelly(2006), Wilkins(2018), Wooldridge(2010)를 참고하시오.

위의 시차종속변수 모형보다 더 일반적인 형태의 모형인 자기시차분포 모형(autoregressive distributed lag model, ADRL)도 있다.

$$y_{it}=\alpha+\phi y_{it-1}+X_{it}\beta+X_{it-1}\gamma+u_{it} \qquad (9)$$

X_{it-1}를 추가하여 x가 한 시점에서 즉각적인 영향뿐만 아니라 다음 시점 $t+1$에서 지연된 영향(delayed effect)도 가질 수 있음을 가정하는 것이다. β는 현 시점에서의 설명변수 변화에 따른 즉각적 영향을 추정한다면, γ는 한 기간 이후에 나타나는 영향을 추정한다. 더 일반적인 모형이므로 γ의 검정을 통해 위의 LDV 모형과 ADRL 모형의 적합도를 판단할 수 있다. 이 경우 x의 장기효과는 $\frac{\beta+\gamma}{1-\phi}$로 계산된다.

비록 두 가지 동태적 모형만을 살펴보았지만 TSCS 자료를 분석하는 데 있어 중요한 시사점을 찾을 수 있다. 우선 위에서 설명한 바와 같이 정태적 모형과 동태적 모형은 설명변수의 영향이 시간에 따라 어떻게 변화되는지에 대해 전혀 다른 가정을 하고 있다. 그러므로 연구자는 자신이 주목하고 있는 변수가 여러 기간에 걸쳐 종속변수를 변화시키는지, 그렇다면 영향은 얼마나 오랫동안 지속되는지를 이론적으로 고민하여 올바른 모형을 세워야 한다. 그리고 이론적 답이 불분명할 경우에는 여러 가지의 동태적 모형을 시도하여 올바른 동태적 관계를 찾기 위해 노력해야 한다. 또한 시차종속변수 모형과 자기시차분포 모형의 비교는 어떤 변수의 영향이 언제 시작되는지에 대한 고민의 중요성을 보여준다. 즉 변수의 영향이 즉각적으로 나타나는지, 아니면 일정 시간이 지난 후에야 나타나는지, 아니면 기대효과(anticipated effect)로 인해 미리 나타나는지를 이론적으로 고찰하여 동태적 모형을 설정하는 것이 중요하다.[5] 특히 변수가 일회성 충격의 형태를 띠면서 특정 시점에만 변화 값을 지닌다면 영향력의 발발 시점을 정확하게 설정하는 것은 더욱 중요해진다.

마지막으로 동태성의 문제와 개체 간 이질성이 동시에 나타날 수도 있다. 이럴 경우 y_{it-1}와 고정효과를 모두 사용하게 되는데 또 다른 통계적 문제를 갖게 된다. 만약 고정효과 모형에 y_{it-1}를 추가하면 y_{it-1}가 오차항에서 시간 불변인 부분과 상관관계를 갖게 되기 때문에 편향된 추정치를 만들어 내기 때문이다. 이는 니켈 편향(Nickell-bias)이라고 불린다. 한 가지 다행인 점은 T가 충분히 크다면(가령 $T > 20$) 고정효과 모형 추정량의 편향이 상대적으로 작아져 무시해도 괜찮은 수준이라는 점이다. 따라서 비교정치학에서 널리 사용되는 국가 간 시계열 자료의 경우에는 고정효과를 포함한 동태적 모형의 편향이 상대적으로 덜 심각하다고 볼 수 있다. 만약 T가 크지 않을 경우는 Anderson-Hsiao의 도구변수 추정법, 일반화된 적률법(generalized methods of moments, GMM)에 기반한 Arellano-Bond의 차분적률법(difference GMM)과 시스템적률법(system GMM) 등을 이용해 추정한다.

....

5   만약 설명변수의 변화 이전에 효과가 먼저 나타나는 기대효과가 존재한다면 X_{it+1}를 모형에 추가할 수 있다.

경험적 분석 예시

본 절에서는 실제 정치학 연구에서 사용되었던 자료를 바탕으로 여러 모형을 추정해본다. **R**과 **Stata**에서 해당 모형들을 추정하기 위한 구체적 명령어는 부록에 제시되어 있다. 경험적 분석의 예시를 위해 Haber and Menaldo(2011)의 연구를 활용하였다. 비교정치학 분야의 여러 학자들이 석유를 비롯한 천연자원에 대한 경제적 의존도가 높을수록 해당 국가의 민주주의 발전은 저해된다는 '천연자원의 저주'(natural resource curse) 주장을 펼쳐왔다(가령 Mahdavy 1970; Ross 2001). Haber and Menaldo(2011)는 기존의 연구들이 횡단면 관계에만 초점을 두어 개체 간 이질성 문제를 경시하여 실제 천연자원에 대한 의존도가 민주주의의 발전을 저해하는지 밝히지 못하였다고 비판하였다. 그들은 국가 간 시계열 자료를 활용하여 한 나라의 석유부존량이 그 나라의 민주주의의 수준에 어떤 영향을 미치는지를 밝히려고 하였다.

Haber와 Menaldo의 자료를 활용하여 TSCS 자료와 관련된 이슈들을 살펴보았다. 본 자료는 1816년부터 2006년까지의 기간 동안의 163개 국가를 포함한다. 종속변수는 한 국가의 민주주의 수준을 측정하는 Polity IV 프로젝트의 Polity2 점수이고, -10부터 10 사이의 값을 가진다. 핵심 설명변수는 특정 국가가 석유산업에서 획득한 일인당 소득(단위 1,000$)다. 석유소득의 분포가 왼쪽으로 많이 치우쳐 있기 때문에 로그변환하였다. 분석을 간단히 하기 위해 통제변수로 일인당 국민소득과 국가가 속한 지역에서 민주주의 국가의 비율만을 추가하였다. 따라서 본 절의 경험적 분석은 오로지 통계분석의 예제로서 의미를 가질 뿐 실제 천연자원의 저주 이론에 대한 검증과는 아무런 연관이 없음을 밝혀둔다.

표 2 석유와 민주주의: 개체 간 이질성 문제를 중심으로

	(1) Pooled Clustered	(2) FE Clustered	(3) BE	(4) RE Clustered	(5) CRE Clustered	(6) FE	(7) FE PCSE
lnoil	−3.600** (0.623)	−0.957 (0.635)	−4.345** (0.910)	−1.158+ (0.594)	−0.957 (0.635)	−0.957** (0.216)	−0.957** (0.147)
lngdppc	1.503** (0.361)	0.595 (0.418)	1.708** (0.457)	0.627 (0.400)	0.595 (0.418)	0.595** (0.095)	0.595** (0.116)
regiondem	0.118** (0.012)	0.125** (0.013)	0.119** (0.017)	0.125** (0.013)	0.125** (0.013)	0.125** (0.003)	0.125** (0.004)
lnoil_m					−3.442** (1.101)		
lngdppc_m					1.147+ (0.666)		
regiondem_m					−0.006 (0.022)		
constant	−15.106** (2.510)	−8.280* (3.225)	−16.835** (3.364)	−8.822** (3.085)	−17.089** (3.802)	−8.280**(0.703)	−2.074* (0.907)
관측치	10111	10111	10111	10111	10111	10111	10111
국가 수	163	163	163	163	163	163	163
R²	0.46	0.44	0.50	0.45	0.47	0.44	0.44

괄호 안 숫자는 표준오차를 나타냄: $^+p < .1$, $^*p < 0.5$, $^{**}p < 0.1$

〈표 2〉는 개체 간 이질성 문제를 살펴본다. 우선 모형 1은 통합 최소제곱법 추정 결과를 보여준다. 기존 천연자원 저주에 관한 주장이 예견하듯이 석유소득은 민주주의 수준과 음의 관계를 맺고 있다. 석유소득의 추정계수는 −3.6로 이는 일인당 석유소득이 10% 증가할 때 Polity 점수가 .34하락함을 의미한다.[6] 칼럼 2는 개체별 평균을 차감해 개체 내 편차를 이용한 고정효과 모형이다. 고정효과 모형의 경우 석유 소득 추정계수 값은 −.957로 대략 칼럼 1 추정계수의 1/4 정도로 줄어들었고 통계적으로 유의미하지 않은 것으로 나타났다. 이러한 결과는 칼럼 1의 통합모형 추정치가 석유산업 소득이 더 높은

....

6   석유소득이 로그변환되었기 때문에 계수는 ln(석유소득)의 1단위 증가에 따른 민주 주의의 변화를 의미한다. 그리고 석유소득의 p% 변화에 따른 종속변수의 변화는 다음과 같이 계산된다. $\beta \cdot \log([100 + p]/100)$. 즉 여기서는 $−3.6\log(1.1) = −34$.

국가와 그렇지 않은 국가 간의 비교에 의해 나타난 결과임을 보여준다. 국가별 변수의 평균값을 계산한 후 평균값의 회귀분석을 한 칼럼 3의 결과는 이러한 점을 잘 보여준다. 추정된 계수값은 -4.345이고 1%의 신뢰수준에서 통계적으로 유의미하게 나타났다. 즉 평균적으로 석유산업으로부터의 소득 수준이 높은 국가들이 평균적으로 낮은 민주주의 점수를 갖고 있다는 것을 의미한다. 칼럼 3의 개체 간 비교 결과는 측정되지 않은 국가 고유의 개별효과에 의해 형성되었을 가능성이 높다고 볼 수 있다. 칼럼 4는 임의효과 모형을 추정한 결과이다. 해당 자료에서 T가 매우 크기 때문에 임의효과 모형 추정치는 고정효과 모형 추정치와 더 비슷하게 나왔다. 칼럼 5는 국가별 변수의 평균값을 설명변수로 추가한 상관임의효과 모형의 추정 결과를 제시한다. 예상대로 일인당 석유소득 계수는 고정효과 모형의 결과와 같은 것으로 나타났다.

　　앞의 모형들에서 개체 간 추정인 모형 3을 제외하고는 오차항의 이분산성과 시계열 문제 때문에 군집표준오차를 사용하였다. 군집표준오차가 어떤 영향을 미쳤는지 살펴보기 위해 칼럼 6에서는 고정효과 모형인 칼럼 2의 모형을 추정하면서 통상적인 표준오차를 계산하였다. 통상적인 표준오차는 군집표준오차에 비해 거의 1/3 정도로 줄어들어 석유소득의 추정계수는 1% 유의수준에서 통계적으로 유의한 것으로 나왔다. 통상적인 표준오차는 추정량의 정확도를 크게 과대평가하는 것이다. 칼럼 7에서는 패널수정표준 오차를 계산하였다. 시계열 상관을 고려하지 않는 패널수정표준오차는 통상적인 표준오 차보다도 더 작게 나왔다. 또한 T가 N에 비해서 크지 않는 데이터의 구조로 인해 이러한 결과가 나왔을 가능성도 있다.

표 3 석유와 민주주의: 동태적 관계를 중심으로

	(1) Pooled Clustered	(2) FE Clustered	(3) BE	(4) RE Clustered	(5) CRE Clustered
L.polity2	0.953** (0.005)	0.917** (0.008)	0.988** (0.019)	0.953** (0.003)	0.953** (0.006)
L2.polity2			−0.060** (0.021)		
L3.polity2			−0.021 (0.014)		
lnoil	−0.176** (0.037)	0.021 (0.079)	0.001 (0.082)	−0.176** (0.048)	−0.176** (0.044)
lngdppc	0.072** (0.023)	0.058 (0.048)	0.061 (0.050)	0.072** (0.023)	0.072** (0.031)
regiondem	0.006** (0.001)	0.011** (0.002)	0.012** (0.002)	0.006** (0.001)	0.006** (0.001)
constant	−0.661** (0.173)	−0.738* (0.356)	−0.780* (0.376)	−0.661** (0.177)	−0.661** (0.248)
관측치	9902	9902	9500	9902	9902
국가 수	163	163	162	163	163
R^2	0.95	0.89	0.89	0.95	0.95

괄호 안 숫자는 표준오차를 나타냄: $^+p<.1$, $^*p<0.5$, $^{**}p<0.1$

〈표 3〉은 해당 자료의 동태적 관계를 살펴보았다. 〈표 3〉의 칼럼 1은 〈표 2〉의 칼럼 1 모형에 시차종속변수를 추가한 동태적 모형이다. 민주주의 수준은 원래의 수준을 그대로 유지하려는 관성의 경향을 가지기 때문에 시차종속변수의 추정된 계수는 .953으로 1에 가깝고 통계적으로 유의미하다. 석유산업에 기반한 국민소득의 추정 계수값은 −.176으로 〈표 2〉의 칼럼 1 결과에 비해 작다. 이는 해당 변수의 즉각적 효과만을 나타내기 때문이고 장기효과를 계산할 경우 −.176/(1−.954)= −3.82로 정태적 모형에서의 추정계수값보다 조금 더 크다. 칼럼 2에서는 고정효과를 칼럼 1의 모형에 추가하였다. 국가 개별효과를 통제하였기 때문에 시차종속변수의 추정계수값은 좀 줄었지만 여전히 통계적으로 유의미하고 큰 값을 유지하고 있다. 그러나 〈표 1〉에서와 같이 고정효과를 포함하였을 때 석유산업으로부터

의 소득과 민주주의 수준 간의 관계는 사라졌다. 추정계수의 부호가 음에서 양으로 바뀐 것이다. 칼럼 3은 y_{it-2}, y_{it-3}을 칼럼 2의 모형에 추가하였다. y_{it-2}만 통계적으로 유의미한 것으로 나타났다. 그러나 다른 변수들의 계수에는 거의 영향을 미치지 않고 있다.

〈표 2〉처럼 칼럼 1－3까지는 군집표준오차를 계산하였다. 따라서 〈표 3〉의 칼럼 4에서는 〈표 3〉의 칼럼 2 모형을 추정하면서 통상적 표준오차를 계산하였다. 여전히 통상적 표준오차는 군집표준오차보다 작게 나왔지만 둘 간의 차이는 정태적 모형에 비해 시차종속변수를 포함한 동태적 모형에서 더 작게 나타났다. 마지막으로 칼럼 5에서는 같은 모형을 추정하면서 패널수정표준오차를 계산하였다. 위에서와 마찬가지로 패널수정표준오차는 해당 데이터를 분석하는 데 큰 도움이 되지 않는 것으로 나타났다.

맺음말

횡단면 자료와 시계열 자료를 결합한 TSCS 자료는 여러 정치학 이론의 시공간과 관련된 가설을 좀 더 엄밀하게 검증할 수 있게 해 주기 때문에 정치학의 제 분야에서 널리 사용되고 있다. 본 장에서는 TSCS 자료에 기반한 추정방법과 그와 관련된 이슈들을 오차항 구조, 개체 간 이질성, 동태적 관계 문제를 중심으로 간략하게 살펴보았다.

그러나 지면 부족으로 중요하지만 다루지 못한 이슈들도 많이 남아 있다. 간략하게 소개하면 다음과 같다. 첫째, 본 장에서는 이질성 문제를 단지 모형의 절차 수준에서만 다뤘지만 설명변수의 영향이 시간이나 개체에 따라 다를 수 있다. 상호작용 변수 사용을 넘어선 이질성을 다루기 위해서는 임의계수모형(random coefficient model)을 사용할 수 있다(Beck and Katz 2007 참고). 둘째, 연속적 종속변수만을 다루면서 TSCS 자료 분석을 위한 제한적 종속변수 대상 모형(limited dependent variable models)은 다루지 못하였다. Allison(2009), Beck and Katz(1997), Wooldridge(2010)이 해당 모형을 논의하고 있다. 셋째, 민주주의나 국제조약 가입의 확산과 같이 한 개체의 y값이 다른 개체의 y값에 의해 영향을 받는 공간효과(spatial effects)도 TSCS 자료와 관련하여 아주 중요한 주제이다. 정치학의 제 분야에서 공간효과에 대한 연구는 급증하였고 여러 추정법에 대한 논의가 활발히 이루어지고 있다. 공간효과 추정과 관련해서 Darmofal(2015), Franzese and Hays(2007), Franzese et al.(2016)을 참고하면 된다. 넷째, 공간효과와 함께 논의가 아주 활발한 연구 분야는 TSCS 자료 맥락에서 인과관계를 밝히려는 노력이라고 볼 수 있다. 최근 논의를 위해서 Blackwell and Glynn(2018), Xu(2017), Imai and Kim(2019)을 참고할 것을 추천한다. 이 외에도 비정상적 시계열 데이터 분석과 결측치(missing values)와 불균형패널(unbalanced panel)도 TSCS 자료를 분석하는 데 고려해야 할 중요한 문제이지만 본 장에서 논의하지 못하였다.

핵심 용어

시계열-횡단면(times-series cross-section, TSCS) 자료 (95쪽)

패널 자료(panel data) (95쪽)

종단 자료(longitudinal data) (95쪽)

통합최소제곱법(pooled OLS) (99쪽)

시계열 상관(serial correlation) (100쪽)

패널 이분산성(panel heteroscedasticity) (100쪽)

패널교정표준오차(panel-corrected standard errors) (101쪽)

패널오차가정(panel error assumptions) (101쪽)

개체 간 영향(between-unit effect) (104쪽)

개체 내 영향(within-unit effect) (105쪽)

고정효과(fixed effects) 모형 (106쪽)

임의효과(random effects) 모형 (107쪽)

하우스만(Hausman) 검정 (111쪽)

상관임의효과(correlated random effects) 모형 (112쪽)

동태적 이슈(dynamic issues) (112쪽)

장기적 효과 (115쪽)

자기시차분포 모형(autoregressive distributed lag model, ADRL) (117쪽)

니켈 편향(Nickell-bias) (118쪽)

참고문헌

Achen, Christopher H. 2000. "Why Lagged Dependent Variables Can Suppress The Explanatory Power of Other Independent Variables." Presented at The Annual Meeting of The Political Methodology Section of The American Political Science Association, July 20-22, Los Angeles.

Allison, Paul D. 2009. *Fixed Effects Regression Models*. Vol. 160. SAGE Publications.

Angrist, Joshua D., and Jörn-Steffen Pischke. 2008. *Mostly Harmless Econometrics: An Empiricist's Companion*. Princeton University Press.

Bartels, Brandon L. 2015. "Beyond 'Fixed versus Random Effects': A Framework for Improving Substantive and Statistical Analysis of Panel, TSCS, and Multilevel Data." In *Quantitative Research in Political Science*, ed. Robert J. Franzese. Sage.

Beck, Nathaniel, and Jonathan N. Katz. 2011. "Modeling Dynamics in Time- Series-Cross-Section Political Economy Data." *Annual Review of Political Science* 14: 331-52.

Bell, Andrew and Kelvyn Jones. 2015. "Explaining Fixed Effects: Random Effects Modeling of Time-Series Cross-Sectional and Panel Data." *Political Science Research and Methods* 3(1): 133-153.

Blackwell, Matthew, and Adam N. Glynn. 2018. "How to Make Causal Inferences with Time-Series Cross-Sectional Data under Selection on Observables."

American Political Science Review 112(4): 1067-1082.

Box-Steffensmeier, Janet M., John R. Freeman, Matthew P. Hitt, and Jon C. W. Pevehouse. 2014. *Time Series Analysis for the Social Sciences*. Cambridge: Cambridge University Press.

Cameron, A. Colin, and Douglas L. Miller. 2015. "A Practitioner's Guide to Cluster-Robust Inference." *Journal of Human Resources* 50(2): 317-72.

Darmofal, David. 2015. *Spatial Analysis for the Social Sciences*. Cambridge University Press.

De Boef, Suzanna, and Luke Keele. 2008. "Taking Time Seriously." *American Journal of Political Science* 52(1): 184-200.

Driscoll, John C., and Aart C. Kraay. 1998. "Consistent Covariance Matrix Estimation with Spatially Dependent Panel Data." *Review of Economics and Statistics* 80(4): 549-560.

Esarey, Justin, and Andrew Menger. 2019. "Practical and Effective Approaches to Dealing with Clustered Data." *Political Science Research and Methods* 7(3): 541-559.

Franzese, Robert J. and Jude C. Hays. 2007." Spatial-Econometric Models of Cross-Sectional Interdependence in Political-Science Panel and Time-Series- Cross-Section Data." *Political Analysis* 15(2): 140-164.

Franzese, Robert J., Jude C. Hays and Scott J. Cook 2016. "Spatial- and Spatiotemporal- Autoregressive Probit Models of Interdependent Binary Outcomes." *Political Science Research and Methods* 4(1): 151-173.

Haber, Stephen, and Victor Menaldo. 2011. "Do Natural Resources Fuel Authoritarianism? A Reappraisal of the Resource Curse." *American Political Science Review* 105(1): 1-26.

Im, Kyung So, M. Hashem Pesaran, and Yongcheol Shin. 2003. "Testing for Unit Roots in Heterogeneous Panels." *Journal of Econometrics* 115(1): 53-74.

Imai, Kosuke, and In Song Kim. 2019. "When should We Use Unit Fixed Effects Regression Models for Causal Inference with Longitudinal Data?" *American Journal of Political Science* 63(2): 467-490.

Keele, Luke, and Nathan J. Kelly. 2006. "Dynamic Models for Dynamic Theories: The Ins and Outs of Lagged Dependent Variables." *Political Analysis* 14(2): 186-205.

King, Gary, and Margaret E. Roberts. 2014. "How Robust Standard Errors Expose Methodological Problems They Do Not Fix, and What to Do About it." *Political Analysis* 23: 159-79.

Levin, Andrew, Chien-Fu Lin, and Chia-Shang James Chu. 2002. "Unit Root Tests in Panel Data: Asymptotic and Finite-Sample Properties." *Journal of Econometrics* 108(1): 1-24.

Mahdavy, Hussein. 1970. "The Patterns and Problems of Economic Development in Rentier States: The Case of Iran." In Studies in the Economic History of the Middle East, ed. M. A. Cook. London: Oxford University Press.

Ross, Michael. 2001. "Does Oil Hinder Democracy?" *World Politics* 53: 325-61.

Wilkins, Arjun S. 2018." To Lag or Not to Lag?: Re-evaluating The Use of Lagged Dependent Variables in Regression Analysis." *Political Science Research and Methods* 6(2): 393-411.

Wooldridge, Jeffrey M. 2010. *Econometric Analysis of Cross Section and Panel Data*.

MIT Press.

Xu, Yiqing. 2017. "Generalized Synthetic Control Method: Causal Inference with Interactive Fixed Effects Models." *Political Analysis* 25(1): 57-76.

부록

1. 〈표 1〉의 결과를 위한 **R**(위)과 **Stata**(아래) 명령어

R

```
library(plm) # 패널데이터 추정을 위한 패키지
library(lmtest) # 클러스터 표준오차와 패널수정표준오차를 계산하기 위한 패키지
library(dplyr) # 데이터 사전처리 작업을 위한 패키지. tidyverse의 하위 패키지

# Model 1
M1 <- plm(polity2 ~ lnoil + lngdppc + regiondem, data = oil, model =
    "pooling")
coeftest(M1, vcov=vcovHC, cluster = "group", type = "HC3")

# Model 2
M2 <- plm(polity2 ~ lnoil + lngdppc + regiondem, data = oil, model =
    "within")
coeftest(M2, vcov=vcovHC, cluster = "group", type = "HC3")

# Model 3
plm(polity2 ~ lnoil + lngdppc + regiondem, data = oil, model = "between")

# Model 4
plm(polity2 ~ lnoil + lngdppc + regiondem, data = oil, model = "random")
coeftest(M4, vcov=vcovHC, cluster = "group", type = "HC3")
oil <- oil %>% group_by(cowcode) %>% mutate(lnoil_ m = mean(hmoil),
mean(lngdppc), mean(regiondem))
lngdppc_m = regiondem_m =

# Model 5: 위에서 사용한 plm 명령어는 CRE 모형 추정 시 에러 발생. 대신 패키지
    lme4의 lmer 명령어를 사용. 이 경우에는cluster standard errors 계산되지 않음.

M5 <- plm(polity2 ~ lnoil + lngdppc + regiondem+ lnoil_mean + lngdppc_mean
    + regiondem_mean, data = oil, model = "random")

library(lme4)
M5 <- lmer(polity2 ~ lnoil + lngdppc + regiondem+ lnoil_ m + lngdppc_m +
    regiondem_m + (1|cowcode), data = oil)
```

```
# Model 6
plm(polity2 ~ lnoil + lngdppc + regiondem, data = oil, model = "pooling")

# Model 7
coeftest(M2, vcov=vcovBK, cluster='time')

# Hausman test
FE <- plm(polity2 ~ lnoil + lngdppc + regiondem, data = oil, model =
    "within")
RE <- plm(polity2 ~ lnoil + lngdppc + regiondem, data = oil, model =
    "random")
phtest(FE, RE)
```

Stata

```
xtset cowcode year

* Model 1
reg polity2 lnoil lngdppc regiondem

* Model 2
xtreg polity2 lnoil lngdppc regiondem, fe cl(cowcode)

* Model 3
xtreg polity2 lnoil lngdppc regiondem, be

* Model 4
xtreg polity2 lnoil lngdppc regiondem, re cl(cowcode)

* Model 5
foreach v of varlist lnoil lngdppc regiondem {
   egen `v'_m = mean(`v'), by(cowcode)
}
xtreg polity2 lnoil lngdppc regiondem lnoil_ m lngdppc_m regiondem_m, re
   cl(cowcode)

* Model 6
xtreg polity2 lnoil lngdppc regiondem, fe

* Model 7
xtpcse polity2 lnoil lngdppc regiondem i.cowcode, pair

* Hausman test
qui xtreg lnoil lngdppc regiondem, fe
estimates store fixed
qui xtreg lnoil lngdppc regiondem, re
estimates store random
```

```
hausman fixed random
```

2. 〈표 2〉의 결과를 위한 **R**(위)과 **Stata**(아래) 명령어

R
```
# Model 1
M1 <- plm(polity2 ~ lag(polity2) + lnoil + lngdppc + regiondem, data = oil,
    model = "pooling")
coeftest(M1, vcov=vcovHC, cluster = "group", type = "HC3")

# Model 2
M2 <- plm(polity2 ~ lag(polity2) + lnoil + lngdppc + regiondem, data = oil,
    model = "within")
coeftest(M2, vcov=vcovHC, cluster = "group", type = "HC3")

# Model 3
M3 <- plm(polity2 ~ lag(polity2) + lag(polity2, 2) + lag(polity2, 3) +
    lnoil + lngdppc + regiondem, data = oil, model = "within")
coeftest(M3, vcov=vcovHC, cluster = "group", type = "HC3")

# Model 4
M1

# Model 5
coeftest(M1, vcov=vcovBK, cluster='time')
```

Stata
```
xtset cowcode year
* Model 1
reg polity2 L.polity2 lnoil lngdppc regiondem, cl(cowcode)

* Model 2
xtreg polity2 L.polity2 lnoil lngdppc regiondem, fe cl(cowcode)

* Model 3
xtreg polity2 L.polity2 L2.polity2 L3.polity2 lnoil lngdppc regiondem, fe
    cl(cowcode)

* Model 4
reg polity2 L.polity2 lnoil lngdppc regiondem

* Model 5
xtpcse polity2 L.polity2 lnoil lngdppc regiondem, pair
```

## 제4장

사건사 분석

우병원 연세대학교

사건사 분석(event history analysis)은 어떤 사건의 발생 여부뿐만 아니라, 사건이 일어나기까지의 시간, 즉 사건의 역사에 대한 경험적 분석을 가능하게 하는 통계 분석 방법이다. 일반적으로 사건사 분석은 사건에 영향을 미치는 독립변수들이 사건의 발생과 발생하기까지 걸린 시간에 어떻게 영향을 미치는지를 분석함으로써, 독립변수들이 사건의 발생 확률과 사건 발생까지 걸리는 시간을 어떻게 증가 혹은 감소시키는지를 추정할 수 있도록 한다. 본 장은 정치학뿐만 아니라 다른 사회과학 분야, 보건학, 의학, 공학 등에서 널리 쓰이고 있는 사건사 분석의 기본적인 요소들을 소개하고, 이미 출판된 논문인 **Wallace**(2013)의 자료를 이용하여 사건사 분석의 사례를 살펴봄으로써 사건사 분석이 어떤 연구 질문에 어떻게 활용될 수 있는지를 구체적으로 보여줄 것이다.

경험적 사회과학, 경험적 정치학은 대부분의 경우 특정한 사회 현상이나 정치 현상, 즉 사건(event)의 발생에 대한 이해를 목적으로 한다. 예컨대 국제정치를 연구하는 많은 연구자들은 국가 간에 전쟁이라는 사건이 왜 발발하는지, 혹은 왜 어떤 국가들은 많은 국제기구에 가입하는 반면 다른 국가들은 소수의 국제기구에만 가입하는지에 관심을 가진다. 한 국가 안에서 발생하는 정치적 현상에 관심이 있는 연구자들은 내전이나 민주화, 경제발전과 같은 사건들의 원인에 대한 이해를 목적으로 하는 연구를 진행한다. 전쟁과 민주화 같은 대표적인 정치적 사건 이외에도 정치학 연구자들이 관심을 가지는 사건들은 정권의 수립과 붕괴, 정치인의 당선과 낙선, 특정 정책의 도입과 폐지 등 무수히 많다.

어떤 사건이 왜 일어났는가에 대한 질문에 대한 이해와 더불어, 사건이 일어나기까지의 과정, 즉 사건의 역사(event history)에 대한 이해는 연구자가 관심을 가지는 정치, 사회 현상에 대한 보다 풍부하고 폭넓은 이해를 도모하는 데 도움을 준다. 예를 들어, 민주화가 어떤 국가에서 왜 일어났는지에 대한 이해에 더하여, 민주화가 왜 어떤 국가에서는 단기간에 걸쳐 이룩된 반면, 다른 국가에서는 오랜 기간이 걸려서야 일어날 수 있는지에 대한 연구는 민주화라는 정치 현상에 대한 보다 깊이 있는 이해를 가능하게 할 것이다. 비슷한 맥락에서 왜 어떤 국가들 사이에는 전쟁이 발발하기까지 시간이 더 오래 걸렸는지, 즉 평화의 기간이 길었는지, 혹은 왜 어떤 전쟁은 더 오래 지속된 후에 끝났는지에 대한 연구는 전쟁의 발발과 종전이라는 정치적 사건의 발생뿐만 아니라 그 역사에 대한 데이터를 활용해 분석함으로써 전쟁의 동학에 대한 보다 깊이 있는 이해를 가능하게 한다.

사건사 분석(event history analysis)은 어떤 사건이 일어나고, 일어나지 않는지 뿐만 아니라, 사건이 일어나기까지의 시간, 즉 사건의 역사에 대한 경험적 분석을 가능하게 하는 통계 분석 방법이다. 따라서 사건사 분석은 사건에 영향을 미치는 독립변수[공변량(covariate)이라고도 한다]들이 사건의 발생과 발생하기까지 걸린 시간에 어떻게 영향을 미치는지를 분석함으로써, 독립변수가 사건의 발생 확률과 사건 발생까지 걸리는 시간을 어떻게 증가 혹은 감소시키는지를 추정할 수 있도록 한다. 사건사 분석은 사회과학뿐만 아니라, 공학, 의학, 보건학 등에서 널리 사용되고 있으며, 환자들의 생존 기간과 그에 미치는 치료 방법의 영향에 관심이 있는 의학, 보건학에서는 생존 분석(survival analysis), 제품이 수명을 다하기까지 걸리는 시간과 그에 영향을 미치는 변인들에 대해 관심이 있는 공학 분야에서는 실패시간 분석(failure time analysis), 그리고 보다 일반적으로는 사건이 일어나기까지의 기간을 분석한다는 의미에서 기간 분석(duration analysis)이라고 불리기도 한다.

사건사 분석은 다른 대안적 통계 분석 방법에 비해서 여러 가지 장점을 가지고 있다. 사건사 분석 중 "사건"의 발생 여부에 초점을 맞춘다면, 보편적으로 사용되는 이항 로짓(binary logit) 혹은 프로빗 (probit)의 경우 분석에 포함된 독립변수들이 사건의 발생 확률에 어떻게 영향을 미치는지를 추정한다는 점에서 사건사 분석의 대안이 될 수 있겠으나, 사건사 분석에 비해 제한된 정보만을 이용하여 분석을 진행한다는 측면에서 한계를 가진다고 할 수 있다. 이에 비해 사건사 분석은 사건의 발생 여부뿐만 아니라, 사건이 발생했을 경우 사건이 발생할 때까지의 시간까지 분석함으로써 더 많은 정보를 활용하여 분석을 진행하며, 따라서 연구자가 관심 있는 사건의 정치적 역학을 더욱 깊이 있게 이해할 수 있다. 민주화의 경우를 예로 들면, 신생독립국 중 일부 국가는 독립 후 수 년 이내에 성공적으로 민주화를 이뤄내고, 다른 국가는 수십 년이 지난 후에야 민주화를 이뤄냈으며, 나머지 국가는 여전히 권위주의 체제에 머무르고 있을 수 있다. 기존의 이항 로짓 모델이라면 일반적으로 특정 시점(통상 데이터 수집 시점)을 기준으로 성공적으로 민주화를 이룩한 국가와 그렇지 못한 국가를 구분하고, 민주화 여부를 이항 종속변수로 상정하고 분석을 진행하는데, 이 경우 민주화가 이룩된 국가들 중 어떤 국가가 더 빨리 민주화를 이뤄낼 수 있는지에 대한 정보는 활용되지 못하게 된다. 즉, 수집된 정보 중 기간의 편차를 충분히 활용하지 못하게 되는 것이다.[1] 이에 비해 사건사 분석은 민주화의 발생 여부와 함께 민주화가 이룩되기까지의 시간 또한 분석함으로써, 더 많은 정보의 분석을 통해 민주화가 신속하게 이루어지기 위한 조건들에 대한 보다 다각적이고 심층적인 이해를 가능하게 하는 것이다.

....

1   횡단면 시계열(Time Series Cross Sectional)로 데이터를 구성하고 이항 로짓을 통해 시간의 흐름이 사건의 발생에 미치는 영향을 추정하는 방법은 Beck, Katz, and Tucker(1998)가 자세히 설명하고 있다.

사건사 분석 중 "사(history)", 즉 "사건이 발생하기까지 걸린 시간"에 분석의 초점을 맞춘다면, 사건이 발생하기까지 걸린 시간은 통상적으로 연속성이 있으므로 선형회귀분석을 대안으로 생각해 볼 수 있지만, 선형회귀분석은 사건사 데이터를 분석하는 데 몇 가지 약점을 가지고 있다. 첫째, 사건사 데이터의 경우 데이터의 분포가 오른쪽으로 치우친(right skewed) 경우가 많은데 이 경우 선형회귀분석은 보통 데이터에 로그를 취해 변환을 하게 되며, 이는 차선책이긴 해도 이상적인 분석 방법은 아니다. 둘째, 선형회귀분석은 중도절단(right sensored)의 문제를 효과적으로 해결할 수 없다. 중도절단이란 관찰이 종료된 시점, 즉 데이터가 수집된 시점까지 사건을 경험하지 않은 관측치들을 의미하며, 이러한 중도절단된 관측치들의 "사"를 어떻게 취급할지가 연구 설계에 있어서 중요한 판단이 된다. 연구자들은 통상 이런 경우 관측치들을 표본에서 제외시키거나, 관측치들이 관찰이 종료된 시점에 사건을 경험했다고 가정하고 연구를 진행하는 것이 대부분인데 두 가지 방법 모두 편향된 분석 결과를 내놓을 수 있다는 점에서 문제가 된다. 국가들의 민주화 예시에서 데이터 수집 시점까지 민주화가 되지 않은 국가들이 중도절단된 관측치가 되는데, 이를 표본에서 제외한 후 진행하는 분석이나, 이러한 관측치들이 데이터 수집 시점에서 민주화가 되었다고 가정하고 진행하는 분석 모두 분석 결과를 왜곡할 가능성이 크다. 셋째, 선형회귀분석은 시간이 흐름에 따라 다른 값을 취하는 독립변수인 시변공변량(time-varying covariate)들을 적절하게 활용하지 못하는 단점이 있다. 경제발전의 정도가 민주화를 성취하는 데 걸리는 시간에 영향을 미친다고 할 때, 선형회귀분석의 경우 각 관측치당 민주화를 성취하는 데 걸리는 시간(예를 들어 15년)과 경제발전의 정도(예를 들어 데이터 수집 시점의 경제발전 정도, 데이터 수집 종료 시의 경제발전 정도, 혹은 민주화가 진행된 기간 동안의 경제발전 정도의 평균 등)가 하나의 값만을 취하게 되는데, 사건사 분석에서는 각 관측치당 데이터가 수집된 시간별 민주화 여부와 경제발전 정도를 모두 분석에 활용할 수 있어 시간에 따라 변화하는 독립변수를 보다 효과적으로 분석에 반영할 수 있다.

이렇게 여러 가지 장점들을 가지고 있는 사건사 분석이 정치학에 소개된 이후 이를 이용한 많은 경험적인 연구들이 증가하고 있다(Box-Steffensmeier and Jones 1997; Box-Steffensmeier and Zorn 2001). 특히 기존에 대안적인 방법으로 분석되었던 많은 오래된 연구 질문들이 사건사 분석이라는 새로운 도구를 통해 재조명되었으며, 이에 더하여 사건사 분석에 적절한 새로운 연구 질문들이 개발되고 검증되고 있다.[2] 경제위기가 체제변동에 미치는 영향을 분석한 Gasiorowski(1995), 동맹의 지속 기간에 사건사 분석을 적용하여 분석한 Bennett(1997)을 시작으로 경제제재의 지속 기간, 내각의 지속 기간, 정책의 국내외적 확산 등 다양한 연구 분야에서 사건사 분석이 활용되고 있다. 또한 사건이 반복될 수 있는 경우(repeated events), 한 관측치가 다양한 사건으로 종결될 수 있는 경우(competing risks) 등 사건사 분석은 다양한 방식으로 확장이 가능하다.

본 장은 다음 절에서 기초가 되는 개념들을 설명하고, 모수적(parametric) 접근 방법과 비모수적(non-parametric) 접근 방법에 대해 소개한 후, 사건사 분석의 데이터에 대해 설명한다. 사례분석 절에서는 도시화가 권위주의 정권의 체제유지 및 변동에 미치는 영향에 대해 이론화하고 이를 사건사 분석을 통해 경험적으로 검증한 Wallace(2013)의 데이터를 가지고 기본적인 분석 과정과 분석 결과의 해

---

2   경제위기가 체제변동에 미치는 영향을 분석한 Gasiorowski(1995), 동맹의 지속 기간에 사건사 분석을 적용하여 분석한 Bennett(1997)을 시작으로 경제제재의 지속 기간, 내각의 지속 기간, 정책의 국내외적 확산 등 다양한 연구 분야에서 사건사 분석이 활용되고 있다.

석 방법에 대해서 논의한다.

사건사 분석

사건사 분석의 기초

특정 사건이 일어나기까지 걸린 시간, 즉 생존 시간(survival times)을 나타내는 연속적 확률변수를 T라고 하고, 한 관측치의 실제 생존 시간, 즉 한 관측치에 대한 T의 실현된 값을 t라고 하자. 또 T는 확률밀도함수(probability density function) f(t), 누적분포함수(cumulative density function) F(t)의 확률 분포를 따른다고 하자. 이를 수식으로 표현하면, 확률밀도함수는 다음과 같이 표현할 수 있다.

$$\Pr(Event\ at\ time\ t) = f(t) = \lim_{\Delta t \to 0} \frac{\Pr(t \le T \le t + \Delta t)}{\Delta t}$$

이 확률밀도함수는 사건이 t라는 시간에 실현될 확률의 분포를 보여준다. 또한 사건이 역사의 시작(T=0)부터 t라는 시간까지 일어났을 확률은 누적분포함수를 통해 볼 수 있으며, 이 누적분포함수는 확률밀도함수 f(t)를 0부터 t까지 적분해서 얻을 수 있다.

$$F(t) = \int_0^t f(u)d(u) = \Pr(T \le t)$$

이 누적분포함수는 항상 0 이상인 확률이 누적된 것이므로 강

증가(strictly increasing)하는 특성을 가진다. 누적분포함수는 확률밀도함수를 적분해서 구한 것이고 적분과 미분은 역연산 관계에 있으므로, 누적분포함수를 미분하면 다시 확률밀도함수를 얻을 수 있게 된다.

$$F'(t)=f(t)=\frac{dF(t)}{d(t)}$$

생존함수(survival function)는 관측치가 시간 t까지 생존해 있을 확률, 즉 사건을 경험하지 않을 확률의 함수이며, 이는 전체 확률 1에서 시작부터 t까지 사건이 일어날 확률을 뺀 확률로 표현할 수 있다.

$$S(t)=1-F(t)=\Pr(T\geq t)$$

이 생존함수는 누적분포함수와는 반대로 강감소(strictly decreasing)하게 된다.

마지막으로 위험률(hazard rate)은 t라는 시점까지 사건을 경험하지 않은 관측치가 t에서 사건을 경험할 확률로 정의되며 다음과 같은 조건부확률로 표현될 수 있다.

$$h(t)=\frac{f(t)}{S(t)}=\lim_{\Delta t\to 0}\frac{\Pr(t\leq T\leq t+\Delta t\,|\,T\geq t)}{\Delta t}$$

f(t)가 특정 시점 t에서 사건이 일어날 무조건확률을 나타낸다면, 위험률 h(t)는 관측치가 t까지 사건을 겪지 않은 경우 t에서 사건이 일어날 확률인 조건부확률을 나타낸다.

위에서 살펴본 확률밀도함수 f(t), 누적분포함수 F(t), 생존함수 S(t), 위험률 h(t)의 관계를 다음의 간단한 예시를 통해 구체적으로 살펴보도록 하겠다. 특정 사건, 예를 들어 군사 쿠데타나 화산폭발이 1년 안에 꼭 발생하며, 그 발생할 무조건확률(unconditional probability)이 균일분포(uniform distribution)를 따른다고 외부적으로 주어졌다고 가정하자. 이 경우 f(t)와 F(t)는 다음과 같이 표현될 수 있다.

$$f(t)=\frac{1}{365}$$

$$F(t)=\frac{1}{365}t$$

f(t)는 시간에 따라 확률이 변화하지 않고 일정하고, 시간을 측정하는 단위를 "일"로 한다면, 1년은 365일이므로 어떤 하루에 사건이 일어날 가능성은 1/365일이 된다. F(t)는 이러한 사건이 발생한 누적분포함수이므로 하루라는 시간이 지날 때마다 1/365만큼씩 늘어나게 된다.

생존함수는 시간 t까지 사건이 발생하지 않을 확률이므로 1에서 t까지의 누적확률을 빼면 구할 수 있으며, 이는 다음과 같이 표현된다.

$$S(t)=1-F(t)=1-\frac{1}{365}t$$

F(t)가 기울기를 1/365이고 하고 0을 절편으로 하는 일차함수

인데 이를 1에서 뺀 것이 S(t)이므로, S(t)는 1을 절편으로 하고 기울기는 -1/365로 가지는 일차함수임을 확인할 수 있다. 마지막으로 위험률은 다음과 같이 표현할 수 있다.

$$h(t) = \frac{f(t)}{S(t)} = \frac{\dfrac{1}{365}}{\dfrac{365-t}{365}} = \frac{1}{365-t}$$

위험률은 t가 증가함에 따라 증가하는 함수이며, t가 365로 수렴할수록 증가폭이 커지는 함수임을 확인할 수 있다. 이는 이 예시의 가정에서 사건이 1년 안에 꼭 발생한다고 하였으므로 연말이 가까워질수록 사건이 발생하지 않았을 경우 사건이 발생할 경우가 점점 커질 것이라는 직관이 수학적으로 표현된 것임을 알 수 있다.

사건사 분석은 마지막에 표현된 위험률에 미치는 독립변수들을 추정모델에 포함하는 방식으로 진행된다. 즉, t까지 사건이 일어나지 않았고 독립변수의 값이 주어진 경우 특정 시점 t에서 사건이 일어날 위험률을 추정하게 되는 것이다.

$$h(t|x) = \lim_{\Delta t \to 0} \frac{\Pr(t \le T \le t + \Delta t \,|\, T \ge t, \, x)}{\Delta t}$$

이 추정 과정을 설명하는 데 있어서 함수 간의 관계를 이해하는 것이 중요하며, 위에서 설명한 함수 간의 관계들 이외에 중요한 몇몇의 관계들은 다음과 같다.

$$f(t) = \frac{dF(t)}{d(t)} = \frac{d(1-S(t))}{d(t)} = -\frac{dS(t)}{dt} = -S'(t)$$

$$h(t) = \frac{f(t)}{S(t)} = \frac{-\dfrac{dS(t)}{dt}}{S(t)} = -\frac{d\log S(t)}{dt}$$

위의 식을 $S(0)=1$임을 이용하여 적분하면 생존함수는 다음과 같이 쓸 수 있다.

$$S(t) = \exp\left(-\int_0^t h(u)du\right) = \exp^{-H(t)}$$

$$H(t) = \int_0^t h(u)du$$

모수적 모델(Parametric Models)

데이터 및 연구자가 생각하는 이론을 바탕으로 사건사 분석을 이용하는 연구자들은 다양한 모델링 옵션을 선택지에 두고 있다. 그 중 가장 기본적인 결정이 모수적 모델과 비모수적 모델 간의 선택인데, 모수적 모델의 경우 기준 위험(baseline hazard)에 대해 명백한 가정을 하게 되므로, 기준 위험의 특성에 대해 연구자가 확신을 가질 수 있다면 모수적 모델을 선택할 수 있으나 기준 위험의 특성에 대한 확신이 없는 상태에서 모수적 모델을 선택해 추정하는 것은 결과를 왜곡할 위험을 가지게 된다. 기준 위험이란 독립변수가 포함되지 않은 상태에서 시간이 지남에 따라 변화하는 위험률을 말하는 것이며,

이 기준 위험을 어떻게 가정하느냐에 따라서 어떤 모수적 모델이 적합한지가 결정되게 된다.

가장 간단한 모델인 지수 모델(exponential model)의 경우 위험률은 시간에 관계없이 항상 일정하다고 가정한다. 모수적 모델 중에 가장 간단한 모델인 지수 모델을 가지고 사건사 분석의 모델링이 어떻게 진행되는지를 살펴보도록 한다.

먼저 위험률이 시간이 변함에도 일정하다고 가정하면, 위험률은 상수로 표현할 수 있다.

$$h(t)=\lambda$$

이 위험률을 누적한 누적위험함수(cumulative hazard function)는 이전 절에서 살펴본 것처럼 다음과 같이 표현될 수 있다.

$$H(t)=\int_0^t \lambda du=\lambda t$$

이전 절에서 논의된 함수 간의 관계를 활용해서 생존함수를 다음과 같이 표현할 수 있다.

$$S(t)=\exp^{-H(t)}=\exp^{-\lambda t}$$

마지막으로 주어진 생존함수와 위험률을 이용하여 확률밀도함수를 구하면 다음과 같다.

$$f(t)=h(t)\times S(t)=\lambda(t)\exp^{-\lambda(t)}$$

확률밀도함수가 위와 같이 정의된다면, T는 $1/\lambda$를 평균으로 하는 지수 분포(exponential distribution)를 따르게 된다.

지수 모델을 모수화(parameterize)하는 가장 일반적인 방법은 로그리니어(log-linear) 모델이며, 이에 따르면 T는 다음과 같이 모델링된다.

$$\log(T) = \beta_0 + \beta_1 x_{i1} + \beta_2 x_{i2} + \cdots + \beta_j x_{ij}$$

여기에 시간에 대한 기대치를 치환해서 넣으면 다음과 같은 식이 가능하다.

$$E(t_i) = \exp^{\beta_0 + \beta_1 x_{i1} + \beta_2 x_{i2} + \cdots + \beta_j x_{ij}} = \frac{1}{\lambda_i}$$

이를 정리하면 지수 모델의 위험률을 구하는 식은 다름과 같이 표현할 수 있다.

$$h(t|x) = \exp^{-(\beta' x)}$$

지수 모델은 가장 단순한 모수적 모델로 자주 쓰이긴 하지만, 위험률이 시간이 지남에 따라 일정하다는 가정이 유효할 때만 모델의 결과에 대한 신뢰를 가질 수 있기 때문에 일정한 위험률에 대한 이론적 뒷받침이 있어야만 사용이 가능하다. 이러한 지수 모델은 독립변수의 변화가 위험률에 미치는 영향이 기준 위험률에 비례하는 비례위험(proportional hazard) 모델이기도 한데, 이는 위의 식을 풀어보면 확인이 가능하다. 구체적으로 위의 식에서 상수만 따로 쓰게 되면 다음과 같은 식으로도 표현할 수 있다.

$$h(t|x) = \exp^{-(\beta_0)} \exp^{-(\beta' x)}$$

위 식을 통해 독립변수의 변화는 항상 상수항과 곱해져 위험률에 영향을 미치게 됨을 확인할 수 있으며, 상수항에 비례하여 위험이 증가하거나 감소하게 되어 비례 위험 모델로 간주되는 것이다.

모수적 모델 중 가장 널리 쓰이는 모델인 와이블(Weibull) 모델의 가장 큰 장점은 간단하면서도 기준 위험에 대한 다양한 가정을 모델에 반영할 수 있다는 점이다.

$$h(t) = \lambda p (\lambda p)^{p-1}, (\lambda > 0,\ p > 0,\ t > 0)$$

와이블 모델의 위험률은 위와 같은데, p>1인 경우에는 기준 위험률이 시간이 지남에 따라 단조 증가(monotonically increasing)하고 p<1인 경우에는 기준 위험률이 시간이 지남에 따라 단조 감소(monotonically decreasing)하며, p=1인 경우에는 h(t)가 λ가 되므로 지수 모델과 같아진다. 즉 와이블 모델은 지수 모델을 포함하며, 와이블 모델의 특수한 경우의 하나가 지수 모델인 것이다. 와이블 모델은 기준 위험이 시간에 따라 단조적으로 증가, 감소 혹은 일정하다고만 가정하기 때문에 지수 모델보다는 일반적이지만, 기준 위험이 증가하다가 감소하는 경우 등 단조적이지 않은 경우에 사용하면 모델의 결과의 정확성이 떨어지는 위험이 있다. 하지만 단조적인 기준 위험에 대한 가정이 이론적으로 뒷받침된다면 쉽게 활용할 수 있는 모델이기 때문에 모수적 모델 중 와이블 모델이 가장 많이 쓰이고 있다.

이 외에도 로그-로그 모델, 로그-노멀 모델, 감마 모델, 일반화된 감마 모델 등 다양한 모수적 모델이 존재하는데, 일반적으로 모수(parameter)가 많아질수록 기준 위험에 대한 보다 유연한 가정이 가능하다는 장점이 있지만 모델이 복잡해지고 따라서 모델의 추정이 어려워지는 문제가 일어날 수 있다. 기준 위험이 시간에 따라 어떻게 변하는지에 대한 이론적 근거가 사전에 없다면, 일반화된 감마 모델이 가장 유용한 모델이 될 것인데, 이는 일반화된 감마 모델이 대부분의 모수적 모델을 포함하기 때문이다.

비모수적 모델(Non-Parametric Models)

비모수적 모델은 모수적 모델과 비교할 때 기준 위험의 형태에 대한 가정을 하지 않는다는 특징을 지닌다. 일반화된 감마 모델 등 일부 모수적 모델이 다른 모수적 모델보다 유연한 것은 사실이지만, 기본적으로 모든 모수적 모델은 기준 위험의 형태에 대해 특정한 가정을 한다. 또한 보다 유연한 모수적 모델은 더 많은 모수를 추정해야 하며 이렇게 많은 모수를 포함해야 하는 것은 복잡하고 번거로울 뿐만 아니라 비효율적일 수 있다. 마지막으로 비모수적 모델은 올바른 가정에 기반하여 추정된 모수적 모델과 비슷한 결과값을 보여준다. 올바른 모수 모델이 와이블 모델이라면, 비모수 모델의 추정값이 와이블 모델과 거의 유사하고, 올바른 모수 모델이 지수 모델이라면, 비모수 모델의 추정값이 지수 모델과 거의 비슷하다는 것이다. 일반적으로 대부분의 정치학 연구에서 기준 위험의 성격에 대한 강력한 이론적 배경이 있는 경우가 거의 없기 때문에, 사건사 분석을 정치학 연구에서 활용할 경우에는 비모수적 모델을 사용하는 것이 단점은 적고 장점이 많다는 견해가 지배적이다(Box-Steffensmeier and Jones 2004).

기준 위험은 명시하지 않은 채로 관심이 있는 독립변수가 위험률에 미치는 영향에 분석의 초점을 맞추는 비모수적 모델은 콕스(Cox) 비례 위험 모델, 혹은 간단히 콕스 모델로 불린다. 콕스 모델의 위험률에 관한 함수는 다음과 같이 정의된다.

$$h(t|x) = h_0(t)\exp^{\beta x}$$

여기서 확인할 수 있는 것은 x가 모두 0일 경우의 기준 위험은 $h_0(t)$로 명시되지 않은 채 남겨져 있다는 것이다. 앞서 논의한 모수적 모델인 지수 모델이나 와이블 모델과 마찬가지로 위험률은 독립변수와 기준 위험의 곱으로 나타나 있으므로 콕스 모델 역시 비례 위험 모델이며, 이는 모델의 가정이므로 모델을 추정할 때 반드시 확인해야 할 부분이다. 다만 이는 콕스 모델에만 한정된 것이 아니라 대부분의 사건사 분석 모델에 공통적으로 적용되는 것이다.

콕스 모델과 자주 사용되는 모수적 모델들은 비례 위험(proportional hazard)을 가정하므로, 이 가정이 적절한지를 추가적으로 검사해야 한다. 비례 위험 가정이 성립하지 않을 경우 시간에 따른 위험률을 일정하게 해석할 수 없으며, 추가적인 모델링이 필요하기 때문이다. 가장 기초적으로는 쇼엔펠드 잔차(Schoenfeld residuals)를 그려 비례 위험의 가정을 검사할 수 있다. 스케일된 쇼엔펠드 잔차가 0 주위에 일관되게 모일 때 비례 위험 가정이 적절한 것으로 판단할 수 있으며, 반대로 잔차가 체계적으로 0에서 벗어나거나, 시간이 흐름에 따라 변동을 보일 때는 비례 위험 가정이 위반될 가능성이 있다.

사건사 분석의 데이터 구조

모수적 모델이든 콕스 모델이든 데이터를 분석하기 위해서는 사건사 분석에 적합한 데이터를 구성해야 한다. 사건사 분석의 데이터를 구성하는 방법은 크게 두 가지로 나누어볼 수 있는데, 첫째 방법은 선형회귀분석 데이터처럼 관측치당 한 데이터 엔트리로 구성하는 방법이며, 또 다른 방법은 관측치당 시계열 데이터처럼 구성하는 방법이다.

첫째 방법은 〈표 1〉을 통해서 확인해 볼 수 있다. 이 데이터는 군사 개입 사례의 기간이 왜 언제는 짧고 어떤 때는 긴지를 경험적으로 분석하기 위한 데이터로 군사 개입의 종료가 연구자가 관심이 있는 사건이며, 사건이 일어날 확률과 사건이 일어날 때까지의 기간, 즉 개입 기간이 종속변수, 국경 접촉 여부가 독립변수이다. 각 군사 개입 사례당 하나의 데이터 엔트리로 구성되어 있는 것을 확인할 수 있으며, 데이터 수집 시점에서 아직 사건을 겪지 않은 관측치는 절단 여부가 1로 표시된다. 즉, 81번 관측치인 미국의 파나마 개입은 데이터 수집 현재까지 274일이 지났으나 아직 군사 개입이 종료되지 않았음을 알 수 있으며, 마찬가지로 332번 관측치인 우간다의 케냐에 대한 군사적 개입 사례 역시 409일이 지난 시점에서 아직 종료되지 않았음을 알 수 있다. 이와 비교하여 1번 관측치인 영국의 알바니아 개입은 개입 후 1일이 지난 시점에서 종료되었음을 알 수 있으며, 46번 엘살바도르의 온두라스 개입 역시 군사 개입 시작으로부터 657일이 지난 시점에서 개입이 종료되었음을 알 수 있다.

표 1 사건사 데이터 예시 1: 군사 개입 사례[3]

군사 개입ID	개입국	대상국	개입 기간	국경 접촉 여부	절단 여부
1	영국	알바니아	1	0	0
46	엘살바도르	온두라스	657	1	0
81	미국	파나마	274	0	1
184	불가리아	그리스	12	1	0
236	대만	중국	7456	1	0
278	보츠와나	남아프리카	1097	1	0
332	우간다	케냐	409	1	1
467	이스라엘	이집트	357	1	0
621	말라위	모잠비크	631	1	1
672	인도	파키스탄	173	1	0

　　사건사 분석의 데이터를 구성하는 두 번째 방법으로는 각 관측치별로 시계열을 만드는 것이다. 다음 장에서 예시로 사용할 데이터가 이런 방식으로 구성되어 있으며, 〈표 2〉는 그 데이터 중 일부를 발췌한 것이다. 여기서 확인할 수 있는 것은 정권 ID당 연도별로 데이터가 구성되어 있다는 것이다. 1952년에 수립된 쿠바정권의 경우, 1952년부터 1959년까지 지속되었으며, 1952년부터 1년이 지날 때마다 "t at risk"가 하나씩 증가하는 것을 볼 수 있다. 또한 정권의 붕괴, 즉 사건이 일어났는지 일어나지 않았는지가 0, 1로 표시되어 있다. 1959년에 정권이 붕괴되었고, 이는 정권이 수립된 후 8년이 지난 시점에서 일어난 것이었다. 1959년에 수립된 쿠바-1959년 정권은 1977년까지 계속 지속되고 있으며, 1977년에 데이터 수집이 끝났다면, 이 관측치는 절단된 관측치가 될 것이다.

....

3　이 데이터는 Box-Steffensmeier and Jones(2004)의 표 2.1에서 가져온 것임.

표 2 사건사 데이터 예시 2: 권위주의 정권의 생존과 붕괴[4]

정권 ID	연도	정권 붕괴	t at risk
쿠바-1952	1952	0	1
쿠바-1952	1953	0	2
쿠바-1952	1954	0	3
쿠바-1952	1955	0	4
쿠바-1952	1956	0	5
쿠바-1952	1957	0	6
쿠바-1952	1958	0	7
쿠바-1952	1959	1	8
쿠바-1959	1959	0	1
쿠바-1959	1960	0	2
쿠바-1959	1961	0	3
쿠바-1959	1962	0	4
쿠바-1959	1963	0	5
쿠바-1959	1964	0	6
쿠바-1959	1965	0	7
쿠바-1959	1966	0	8
쿠바-1959	1967	0	9
쿠바-1959	1968	0	10
쿠바-1959	1969	0	11
쿠바-1959	1970	0	12
쿠바-1959	1971	0	13
쿠바-1959	1972	0	14
쿠바-1959	1973	0	15
쿠바-1959	1974	0	16
쿠바-1959	1975	0	17
쿠바-1959	1976	0	18
쿠바-1959	1977	0	19

〈표 2〉와 같이 데이터를 구성할 경우 시변공변량을 쉽게 분석에 추가할 수 있는 장점이 있다. 각 연도별 경제발전 정도나 도시화의 정도는 연도에 따라 변할 것인데, 〈표 2〉와 같이 데이터가 구성된 경우 이처럼 시간에 따라 변하는 경제발전의 지표나 도시화의 지표를

....
4   이 데이터는 Wallace(2013)의 데이터 중 일부를 발췌한 것임.

데이터에 추가하고 이들 변인이 권위주의 정권의 붕괴 확률과 붕괴 하기까지 걸린 햇수에 미친 영향을 경험적으로 분석하는 것이 용이하다.

사례분석: 도시화가 권위주의 정권의 붕괴에 미치는 영향

Wallace(2013)는 재분배 정책이 권위주의 정권의 생존에 미치는 영향에 대해 이론화하고 이를 사건사 분석을 통해 경험적으로 검증한다. 주요 주장은 권위주의 정권의 경우 시민들이 모여서 살고 있는 도시에 유리한 재분배정책을 펼치게 되는데, 이는 단기적으로는 도시민들의 불만족을 줄여 정권 생존에 긍정적인 영향을 주지만, 도시에 유리한 재분배정책은 동시에 도시로의 이주를 증가시켜 결국 도시화가 진행되며, 이는 장기적으로 권위주의 정권의 붕괴를 촉진시킨다로 요약될 수 있다.

Wallace(2013)는 위의 주장 중 도시화가 권위주의 정권의 붕괴에 미치는 영향을 통계적으로 검증하기 위하여 사건사 분석을 활용한다. 본격적으로 분석에 들어가기 앞서, 시간이 지남에 따라서 사건의 발생이 어떻게 분포되었는지를 보기 위해 카플란-마이어 생존 추정(Kaplan-Meier Survival Estimate)을 활용한다. 대부분의 통계 프로그램은 카플란-마이어 생존 추정 기능을 가지고 있다. 다음은 **STATA**를 이용하여 그린 카플란-마이어 생존 추정이다.

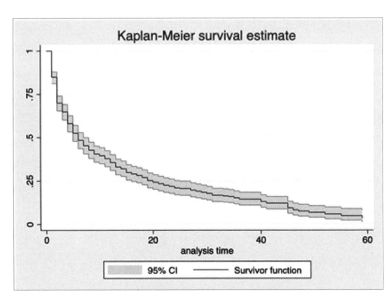

그림 1 권위주의 정권의 붕괴: 카플란–마이어 생존 추정

〈그림 1〉에서 확인할 수 있는 것은 권위주의 정권은 50% 정도가 정권 수립 후 10년 이내에 붕괴한다는 것이며, 이는 분석 시간이 10년이 지나기 전에 생존한 비율이 50% 이하로 낮아지는 것에서 확인할 수 있다. 두 번째로 확인할 수 있는 것은 권위주의 정권의 상당수가 수립 초기 몇 년에 붕괴하지만 시간이 갈수록 붕괴하는 정권이 적어짐을 알 수 있다. 좀 더 구체적으로 살펴보자면, 첫 10년간 수립된 정권의 50% 이상이 붕괴되지만, 수립 후 10년에서 20년 사이에 붕괴되는 정권은 25%에 지나지 않으며, 20년간 살아남은 정권의 경우 이후 20년간 붕괴한 비율이 붕괴하지 않은 비율보다 적음을 알 수 있다. 다시 말해 정권 수립 후 최초 5년, 혹은 10년을 잘 유지한 권위주의 정권의 경우 이후에는 붕괴를 경험할 가능성이 지속적으로 낮아짐을 알 수 있다. 마지막으로 분석 시간이 60년이 가까워짐에도 생존함수는 0과 떨어져 있음을 볼 수 있으며 이는 60년이 넘도록 살아남은 권위주의 정권이 있음을 말해준다.

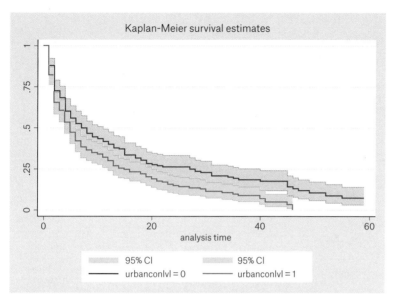

그림 2 권위주의 정권의 붕괴: 인구의 도시집중도별 카플란-마이어 생존 추정

　다음으로는 인구의 도시집중도가 높은 국가군과 낮은 국가군을 구분하여 카플란-마이어 생존 추정을 실시하였으며 이 결과는 〈그림 2〉에서 볼 수 있다. 〈그림 2〉를 통해서 확인할 수 있는 것 중 가장 중요한 것은 인구의 도시집중도가 높은 국가군과 낮은 국가군의 생존 비율이 대부분의 구간에서 통계적으로 유의미한 차이를 보인다는 것이다. 구체적으로 살펴보면, 인구의 도시집중도가 높은 국가군(파란색 선)의 경우 정권 수립 이후 첫 5년 정도 안에 약 50%의 정권이 붕괴되는 반면, 인구의 도시집중도가 낮은 국가군(검은색 선)의 경우 같은 비율의 정권이 붕괴되기까지 10년 정도의 시간이 걸리는 것으로 보인다. 정권 수립 이후 20년이 지난 시점에서 인구의 도시집중도가 높은 국가군 중 약 20%의 정권만이 생존하는 반면, 인구의 도시집중도가 낮은 국가군에서는 약 30%의 정권이 생존하는 경향을 확인할 수 있다. 이처럼 카플란-마이어 생존 추정은 본격적인 분석에 앞서

생존 확률이 시간이 변함에 따라서 어떻게 변화하는지 확인할 수 있는 도구이며, 특히 중요한 독립변수의 의미 있는 값별로 구분해 추정해 봄으로써, 독립변수가 사건의 발생에 미치는 영향을 기술적으로 확인해 볼 수 있다.

표 3 사건사 분석의 예: 권위주의 정권의 생존과 붕괴[5]

	(1) 지수 모델 (위험비)	(2) 와이블 모델 (위험비)	(3) 콕스 모델 (위험비)	(4) 콕스 모델 (위험률)
도시 인구집중도	2.876*** (1.069)	2.939*** (1.107)	2.668*** (0.983)	0.981*** (0.369)
군부정권	2.447*** (0.388)	2.505*** (0.438)	2.198*** (0.353)	0.787*** (0.160)
군주제	0.335*** (0.103)	0.327*** (0.102)	0.361*** (0.118)	−1.018*** (0.327)
일당제	0.389*** (0.077)	0.383*** (0.078)	0.411*** (0.087)	−0.889*** (0.211)
의회 존재 여부	0.625*** (0.088)	0.610*** (0.090)	0.688** (0.013)	−0.374** (0.164)
상수	0.062*** (0.011)	0.057*** (0.013)		
관측 수	3677	3677	3677	3677
정권 수	337	337	337	337
정권붕괴 수	246	246	246	246

괄호 안은 robust standard error, ***는 $p<0.01$, **는 $p<0.05$를 의미

〈표 3〉은 권위주의 정권의 붕괴와 붕괴까지 걸린 시간에 주요 독립변수인 도시 인구집중도를 비롯해 권위주의 체제의 성격(군부정권, 군주제, 일당제),[6] 그리고 독립된 의회의 존재 여부가 미치는 영향을 위에서 소개한 다양한 모수적, 비모수적 모델을 사용해 분석한 결

....

5 이 분석 결과는 Wallace(2013)의 데이터와 모델에 기반하여 가장 기본적인 분석을 진행한 것임.

6 비교 대상이 되는 기준 권위주의 체제는 개인주의(personalist)와 혼합적 성격의 체제(hybrid regime)이다.

과를 보여준다. 〈표 3〉의 첫 번째 열은 독립변수의 이름을 나열하고 있으며, 두 번째 열은 모수적 모델 중 가장 간단한 모델인 지수 모델의 분석 결과를, 세 번째 열은 모수적 모델 중 가장 널리 이용되는 와이블 모델의 분석 결과를, 그리고 네 번째, 다섯 번째 열은 비모수적 모델인 콕스 모델을 이용하여 얻은 분석 결과를 보여준다.

해석을 쉽게 할 수 있도록 위험비(hazard ratio)를 보여주고 있는데, 위험비는 "e의 위험률(hazard rate) 승"을 계산하여 쉽게 구할 수 있다. (3)과 (4)의 결과를 비교해보면, 도시 인구집중도의 계수(coefficient)들 간에서는 $\ln(2.668)=0.981$, $e^{0.981}=2.668$의 관계가 성립한다. 위험률이 0보다 큰 경우 위험비는 1보다 크고, 위험률이 0보다 작은 경우 위험비는 1보다 작다. 위험비가 1보다 크면 독립변수가 증가할 때 사건이 발생할 위험도 함께 증가하며, 따라서 생존의 기간이 줄어들 것이고, 위험비가 1보다 작다면 독립변수가 증가할 때, 사건이 발생할 위험이 감소하며, 따라서 생존의 기간은 늘어날 것이라 해석할 수 있다. 또한 위험비가 1에 가까울수록 독립변수가 위험에 미치는 영향은 상대적으로 작아지며, 반대로 위험비가 1에서 많이 멀어질수록 독립변수의 영향이 커진다고 해석할 수 있다.

도시 인구집중도의 위험비는 콕스 모델 기준 2.668로, 도시 인구집중도가 0.1만큼 증가한다면 권위주의의 붕괴 위험이 16.68% 증가한다고 해석할 수 있다. 군부정권의 경우 위험비가 2.198이므로 기준 권위주의 체제에 비해 220% 정도 붕괴 가능성이 더 크다고 해석할 수 있으며, 반대로 군주제의 경우 기준 권위주의 체제에 비해 64% 정도 붕괴 가능성이 낮다고 해석이 가능하다.

모수적 모델과 비모수적 모델을 비교해 보면, 모수적 모델인 지수, 와이블 모델의 위험비들이 전반적으로 콕스 모델의 위험비들에 비해 0으로부터 멀어져 있으며, 따라서 모수적 모델들이 독립변수들의 영향력을 과대추정하고 있다고 할 수 있다. 지수 모델과 와이블 모델의 위험비들은 전반적으로 매우 유사하며, 이는 와이블 모델 추정 후 확인할 수 있는 p가 1.028[95% 신뢰구간은 (0.931, 1.135)]임을 통해 이 경우 와이블 모델이 지수 모델과 사실상 같아짐을 확인할 수 있다.

맺음말

본 장은 어떤 사건이 일어나고, 일어나지 않는지 뿐만 아니라, 사건이 일어나기까지의 시간, 즉 사건의 역사에 대한 경험적 분석을 가능하게 하는 사건사 분석이라는 통계 분석 방법을 소개했다. 사건의 발생에 영향을 미치는 독립변수들이 사건의 발생과 발생하기까지 걸린 시간에 어떻게 영향을 미치는지를 분석함으로써, 독립변수들이 사건의 발생 확률과 사건 발생까지 걸리는 시간을 어떻게 증가 혹은 감소시키는지를 추정할 수 있도록 하는 사건사 분석은 정치학의 여러 질문들과 직관적으로 연결되며, 따라서 1990년대 후반 소개된 이후 유용하게 사용되고 있다.

사건사 분석의 기본이 되는 생존함수, 위험함수, 누적위험함수 간의 관계에 대한 이해를 바탕으로 모수적 모델과 비모수적 모델을 간단하게 소개했으며, 이를 이용하여 Wallace(2013)를 예시로 분석해 보았다. 대부분의 정치학 연구에서 기저에 존재하는 기준 위험의 특성에 대한 강력한 이론적 배경이 있는 경우가 거의 없기 때문에, 사건사 분석을 정치학 연구에서 활용할 경우에는 비모수적 모델인 콕스 모델을 사용하는 것이 대체로 받아들여지고 있다.

사건사 분석은 다양한 방식으로 확장이 가능하다. 예를 들어, 사건이 반복해서 발생할 수도 있고(repeated events), 생존이 끝나는 사건이 여러 종류일 수도 있으며(competing risks), 반복되는 사건의 경우 이 전의 사건이 언제, 어떻게 끝났느냐가 현재의 관측치의 사건 경험에 영향을 미칠 수 있다(event dependency). 통상적으로 경험적인 정치학 연구에서 많이 사용되는 선형회귀분석과 이항 로짓 모형들의 단점을 보완하면서 다양하게 확장이 가능한 사건사 분석을 잘 활용하면 정치학의 오래된 중요한 질문들에 대한 새로운 답을 찾고, 사건사 분석에 적합한 새로운 연구 질문들을 찾고 답하는 데 도움이 되리라 생각한다.

핵심 용어

사건사 분석(event history analysis);
　생존 분석(survival analysis); 실패시간
　분석(failure time analysis); 기간
　분석(duration analysis) (134쪽)
모수적 모델(Parametric Models) (142쪽)
지수 모델(exponential model) (142쪽)
와이블(Weibull model) 모델 (145쪽)

비모수적 모델(Non-Parametric Models)
　(146쪽)
콕스(Cox) 비례 위험 모델; 콕스 모델
　(147쪽)
카플란–마이어 생존 추정(Kaplan-Meier
　Survival Estimate) (151쪽)

참고문헌

Beck, N., Katz, J., & Tucker, R. 1998. "Taking Time Seriously: Time-Series-Cross-Section Analysis with a Binary Dependent Variable." *American Journal of Political Science* 42(4): 1260-1288. doi:10.2307/2991857

Bennett, D. Scott. 1997. "Testing Alternative Models of Alliance Duration, 1816-1984." *American Journal of Political Science* 41: 846-878.

Box-Steffensmeier, J. M., & Jones, B. S. 1997. "Time Is of the Essence: Event History Models in Political Science." *American Journal of Political Science* 41: 1414-1461.

_____. 2004. *Event History Modeling: A Guide for Social Scientists*. Cambridge, UK: Cambridge University Press.

Box-Steffensmeier, J. M., & Woo, B. 2011. "Event History Analysis." *International Encyclopedia of Political Science*. Ed. Bertrand Badie, Dirk Berg-Schlosser, and Leonardo Morlino. Thousand Oaks, CA: SAGE, 2011. 856-61. SAGE Reference Online. Web. 4 Jan. 2012.

Box-Steffensmeier, J. M., & Zorn, C. J.W. 2001. "Duration Models and Proportional Hazards in Political Science." *American Journal of Political Science* 45: 951-967.

Gasiorowski, Mark J. 1995. "Economic Crisis and Political Regime Change: An Event History Analysis." *American Political Science Review* 89(4): 882-897. doi:10.2307/2082515.

Wallace, Jeremy. 2013. "Cities, Redistribution, and Authoritarian Regime Survival." *The Journal of Politics* 75(3): 632-645. https://doi.org/10.1017/S0022381613000340

| 제5장 |

담론 분석[*]

차태서 성균관대학교

이 장에서는 국제정치학에서 담론 분석이란 무엇인지, 그것이 우리의 학문에 가지는 함의는 무엇인지 등을 알아본다. 우선 언어적/문화적/해석적 전환 이후 담론 연구의 내용을 특히 푸코주의적 관점에서 소개하면서, 담론 분석과 관련된 몇 가지 쟁점들을 다뤄 보았다. 다음으로 소위 "제3논쟁"을 배경으로 본격적으로 부상한 국제정치학 내에서 담론 연구의 현황을 미시적 차원과 거시적 차원으로 분류하여 설명하였다. 마지막 부분에서는 담론 분석이 우리의 국제정치 연구에 주는 의미를 이론적 차원과 정책적 차원으로 나눠 고찰하였다.

....

* 　이 글은 『국제·지역연구』 29권 1호(2020)에 게재된 "담론분석이란 무엇인가? 국제정치학의 경우"를 수정 보완한 것이다.

왜 국제정치학자는 담론을 분석해야 하는가

근대는 하나의 수수께끼와 함께 출발하였다. 1648년이나 1789년이 아닌 1492년이 근대성이 시작된 순간이며, 유럽이 아닌 아메리카에서 근대가 탄생했다고 주장하는 엔리케 두셀(Dussel 2011, 4-5)의 탈식민주의적 문제의식에 공감한다면, 그리하여 베스트팔렌조약, 산업혁명, 시민혁명 등이 아니라, 15-16세기 아메리카 원주민들과 서구 정복자들(Conquistador)의 조우에 주목하게 된다면, 우리는 근대의 시작점에 놓인 거대한 폭력에 아연실색하게 된다. 그리고 그 유혈적 만남의 결과에 대해 한 가지 큰 의문을 품게 마련이다. 도대체 왜 아메리카인들은 그토록 빠르게 패배하였을까? 특히 불과 400여 명의 병사를 거느렸던 에르난 코르테스(Hernán Cortés)는 수만—주장에 따라서는 수십만—단위의 병력을 동원할 수 있었던 목테수마 2세 황제(Moctezuma II)의 아즈텍(Aztec) 제국을 어떻게 그토록 손쉽게 멸망시킬 수 있었을까?

　콩키스타도르의 놀라운 군사적 성과를 설명하는 통속적 방식은 흔한 서구 중심적 견해에서 출발한다. 스페인인들의 우월한 군사기술과 전투마의 사용, 즉 물리적 힘의 우위가 전쟁의 승패를 결정지었다는 해설이다. 그러나 사실 정복자들과 아즈텍인들 사이에 커다란 수적 불균형이 존재했고, 코르테스 일행이 보유한 화승총과 대포의 수가 매우 적었다는 점 등을 고려하면 물질적 우세로 모든 것을 설명하는 것은 무리가 따른다(Todorov 1984, 61). 특히나 전쟁 초기 목테수마가 거의 아무런 저항 없이 투항을 선택하여 차후 아즈텍 측의 조직적인 전투가 불가능해졌다는 점은 물질변수로만 이해하기에는 어려움이 있다. 즉, 초기 근대 세계를 구성한 가장 중요한(그리고 가장 비극적인) 사건 중 하나인 이 문명 간 전쟁의 스토리에는 "유럽인이 승리했다기보다 인디언들이 스스로 패배"(주경철 2008, 233)했다고 평가할 수밖에 없는 기묘성이 존재한다.

　이러한 수수께끼를 설명하는 데 있어 초점이 되는 것은 일종의 "해석학적"(interpretive) 문제이다. 아즈텍 사회와 스페인 사회의 독특한 언어와 상징질서의 존재가 두 행위집단의 사고방식과 행동을 크게 좌우했다는 점이 인식되어야만 한다. 다시 말해, 물리적 층위에서만의 사건이 아닌, 서로 다른 상상계가 충돌하여 거대하고도 참혹한 결과가 야기된 이념적 층위의 사태로서 스페인의 아메리카 점령과 뒤이은 제노사이드(genocide)를 이해할 필요가 있다. 우선, 침입자들에 대해 효과적인 대응을 할 수 없었던 아즈텍 제국의 비극은 그 사회의 문화적 전통에서부터 접근되어야 한다. 아즈텍은 예언과 주술, 종교적 의례 등으로 구성된 상징세계(symbolic universe)로서 존재해 왔다. 점술이 사회의 정신세계를 지배하고 역사의 해석권까지 지닌 문화체제에서는 예언을 하는 자, 즉 주술가 집단이 사실상 세계의 주인으로 행세하였다. 정치지도자인 황제조차도 그들의 예언에 따라서만 중대한 결정을 내릴 정도였다. 이러한 상상계에서는 모든 주체의 행위성(agency)은 유기적 총체인 사회의 일부분으로서 각자의 기능을 수행하는 수준에 머물며, 개인은 자유의지에 따르는 삶이 아닌 이미 예정된 것으로 가정된 질서체계 속에 실현되는 삶을 살아가게 된다. 즉, 개개인들에게 무엇을 할 것인가란 질문보다 어떻게 정확한 예언을 통해(신에 의해 이미 결정지어진) 미래를 알 수 있을 것인가가 더 중요한 의미를 지니는 사회가 아즈텍이었다(Todorov 1984, 63-69).

이런 사회인지구조적 맥락 속에서 아즈텍의 영적 지도부(Tlamatini)는 코르테스 일행의 도래를 자신들만의 신화적이고 은유적인 "텍스트" 혹은 "담론"의 틀 속에서 해석하는 데 집착하였고, 이것이 그들 세계의 비극적인 종말을 유도하였다. 틀라마티니 그룹은 대대로 전승되어온 자신들의 사회적 지식체계에 의거해 코르테스를 역사의 예언대로 귀환한 신(神) 케찰코아틀(Quetzalcohuātl)로 이해했을 뿐만 아니라, 당시의 역사적 국면을 한 시대의 종말("다섯 번째 태양시대의 종언")로 해석하였기에, 목테수마는 "합리적" 추론에 따라 스스로 제위를 양보하고 코르테스 일행에 대한 조직적 저항을 포기하고 말았다(Dussel 2011, 146-176). 자신들의 시대가 이미 끝을 맺은 것으로 이해하였기에, 정당한 권리로서 지배권을 회수하기 위해 바다 건너에서 홀연히 등장한 "신"에게 아무런 저항할 이유나 의지를 찾을 수 없었다.

반면, 어떤 원한 관계도 없는 상대를 향해 거리낌 없이 극단적 폭력행위를 저지른 스페인 정복자들의 행동에서도 위와 유사한 방식으로 특정한 담론구조의 작동 흔적을 읽어낼 수 있다. 당시 스페인인들은 주로 기독교 전통, 그중에서도 십자군 전쟁과 레콩키스타

(Reconquista) 등을 거치면서 강화된 비서구 타자에 대한 배타적인 사고방식과 개념적 범주들을 통해 아메리카 원주민들을 인식하였고, 이것이 "발견"과 "정복" 과정의 무자비함을 추동하였다. 신자와 이교도, 문명과 야만 등의 이분법적 세계 이해의 틀을 동원해 자신과 타자의 관계를 위계적 형태로 설정하고, 선한 "우리"가 신의 뜻에 따라 악한 "그들"을 처벌하고 제거하는 것이 정의에 부합한다는 자기확신적 나르시시즘을 보유했던 것이다(Grovogui 1996, 16-24). 이러한 문화적 체계의 작동이 없었다면, 단지 물리적 힘이 우월하다는 사실만으로 상대의 절멸을 추구하는 일은 불가능했을 것이다.

정리하자면, 이후 근대 세계사의 진로—위계적 서구/비서구 관계의 수립과 제국주의의 확대—에 지대한 영향을 끼친 일련의 비극적 사건들을 분석함에 있어 관념과 담론의 영역을 제외하고 물질적 변수만을 동원해 그 진행 과정을 이해한다는 것은 난망하다. 물질적 능력의 격차가 제국주의 현상을 생산하는 필요조건일 수는 있으나, 제국주의적 정체성이 어떻게 타자와의 연계 속에 구성되었는지를 탐구하지 않고서 위계적 구조의 전 지구적 (재)생산을 설명하는 것은 불가능하다(Hopf 1998, 195).[1]

이상의 사례가 국제정치학에 주는 함의는 비교적 명확하다. 즉, 거대 집단 간의 관계를 주된 관심 대상으로 삼는 국제정치의 분석 작업은 "의미들"에 대한 연구일 수밖에 없다는 사실이다. 상이한 상징

---

1   물론 이후 아메리카 원주민들의 대규모 사망에 결정적 영향을 미친, 말 그대로 "물질적" 인 원인이 존재하긴 했다. 그것은 유럽의 군사력 우위가 아닌 유라시아 대륙의 대형 가축들에서 유래해 진화해온 천연두 등의 "세균 질병"이었다. 말과 소 등을 키운 적이 없어 면역력이 거의 부재한 채 새로운 전염병에 노출된 인디언들에게 이는 곧 거대한 재앙을 의미했다(Diamond 1999, 195-214). 그러나 이 지점에서도 인디언들의 대규모 병사(病死)를 단지 신이 분노해 야만적 이교도를 처벌한 것으로 "해석"하여 사실상 아무런 방역 대책을 세우지 않은 콩키스타도르의 세계관이 수행한 역할은 따로 기록될 필요가 있다(Todorov 1984, 135).

체계 간의 경쟁, 갈등, 조화를 이해해야만 세계정치의 본 모습이 드러날 수 있을 것이다. 통속적인 유물론과 합리주의적 접근법들은 단순히 대규모 집합체 간의 물질적 세력 격차와 행위자들의 합리적 선택들의 집적으로만 국제적 현상을 설명하려 노력해왔지만, 그 접근법들이 이론적 전제로 삼고 있는 아나키(anarchy) 상태조차도 실은 문화 혹은 인지적 구조라는 망을 통해 해석되고 작동하였다는 것이 근대세계사의 시원에서부터 밝혀지고 있기 때문이다. 알렉산더 웬트(Alexander Wendt)가 이미 역설했듯, 아메리카 정복과 같은 "홉스적 첫 조우"(Hobbesian First Encounter)조차 그 실제 과정은 각 주체가 상대 타자를 이해하는 관념들에 기초해 있었다는 점에서 이는 물리적 현상이 아닌 "사회적" 현상으로 이해되어야만 한다.

> 신현실주의자들은 (식민주의적) 조우들을 설명함에 있어 아나키가 중요한 인과적 역할을 수행할 것을 기대하지만, 실제로 그 역할은 단지 허용적(permissive) 차원에 머물 뿐이다. 만일 콩키스타도르들이 마치 텔레비전 드라마 〈스타 트렉〉에 나오는 행성연방 측의 '제1원칙'(Prime Directive)[2]과 같은 다른 의미들을 지니고 있었다면, 그 결과는 매우 달랐을 것이다. 아나키 그 자체에 첫 조우들을 홉스적 형태로 만들어 버리는 속성은 존재하지 않는다. 아무리 그런 경우가 많다고 하더라도 말이다. 로크적이나 칸트적인 첫 조우들도 얼마든지 생각해 볼 수 있다(Wendt 1999, 267).

....

2   여기서 "제1원칙"이란 일종의 불개입 원칙으로 연방함대 구성원들이 우주항해 중 접촉한 외계 문명의 자연스러운 발전 과정에 개입하지 못하도록 하는 규칙을 의미한다. 동 드라마에서 이 원칙은 특히 과학기술의 측면에 있어 후진적인 문명들에 적용되었는데, 함대원들이 우월한 기술력을 동원해 자신들의 가치를 외계인들에게 부과하는 것을 금지하였다.

따라서 국제관계 연구는 그동안 주류 접근법들이 부당 전제해온 홉스적 자연상태론과 물리적 힘의 합리적 계산에만 기초한 가정들을 벗어나, 담론 분석을 통해 각 행위자들이 어떠한 상징세계 속에서 상대방을 인식하고 상호작용하는지를 탐구하는 문화접촉과 변용의 세계사를 추구할 필요가 있다. 나아가 착취와 지배의 집단 간 관계를 벗어나 보다 다원적이고 평화적인 타자에 대한 이해와 공존을 추구하는 윤리적 문제도 제기되어야만 할 것이다. 환언하면, 오늘날의 국제정치학은 담론 연구를 기반으로 지구사회의 문화이론을 추구함과 동시에 문화 간 평등한 대화를 촉진하는 규범이론으로 그 범위를 확장해가야만 한다(Blaney and Inayatullah 1997, 80-83).

이러한 문제의식을 바탕으로 필자는 국제정치학에서 담론 분석이란 무엇인지, 그것이 우리의 학문에 가지는 함의는 무엇인지 등을 질문하면서 다음과 같이 논의를 전개할 것이다. 우선 두 번째 절에서는 언어적/문화적/해석적 전환 이후 담론 연구의 내용을 특히 푸코주의적 관점에서 소개하면서, 담론 분석과 관련된 몇 가지 쟁점들을 다뤄 볼 것이다. 다음 세 번째 절에서는 냉전 종식을 전후해 가열된 "제3논쟁"(Third Debate)을 배경으로 부상한 국제정치학 내에서 담론 연구의 현황을 미시적 차원과 거시적 차원으로 분류하여 설명할 것이다. 그리고 마지막 절에서는 결론을 대신하여 담론 분석이 우리의 국제정치 연구에 주는 의미를 이론적 차원(한국적 국제정치학의 구축 문제)과 정책적 차원(미중 경쟁 담론의 함정)으로 나눠 고찰해보고자 한다.[3]

....

3   본 장은 담론 분석 "방법"(method)보다는 그 "방법론"(methodology)에 초점을 두고 진행될 것이다. 담론 분석을 구체적으로 어떻게 수행하는가에 대한 교과서적 저술로는 Dunn and Neumann(2016); Keller(2013) 등을 참고할 것.

담론이란 무엇인가

"언어적/문화적/해석적 전환" 이후의 인문사회과학

사실 담론에 대해 학계 전반이 동의하는 표준적인 정의는 부재하다고 볼 수 있다. 심지어 선구적인 담론이론가인 미셸 푸코(Michel Foucault)도 23가지의 서로 다른 의미로 담론 개념을 사용했다는 분석이 존재할 정도이다(Aydın-Düzgit and Rumelili 2019, 286). 따라서 그만큼 이론가별로 상이한 개념적 정의들이 존재하는데, 비교적 최근 출간된 한 담론 분석 연구 교과서가 소개한 바에 따르면 다음과 같은 사례들이 대표적이다(Dunn and Neumann 2016, 18).

- "언급되는 대상들을 체계적으로 구성하는 실천들"(Foucault 1970, 49)
- "세계를 재현할 뿐만 아니라 세계에 의미를 부여하며, 의미 속의 세계를 구성하는 실천"(Fairclough 1992, 64)
- "조직과 내용에 있어 응집력이 있고, 사람들이 사회적 맥락 속에서 의미를 구성할 수 있게 해주는 언어적 재료들의 집합"(Cohen, Manion, and Morrison 2008, 389)
- "그 외부에서 사고하는 것을 사실상 불가능하게 만듦으로써 개별 진술이 의미를 갖게 만들고 해석의 가능성을 생산해내는 진술들의 체계"(Doty 1993, 302)
- "단순한 진술들이나 언어가 아닌 의미생산의 체계들. 아무리 일시적일지라도 의미를 '고정'시키고 우리가 세상을 이해할 수 있도록 하는 체계들"(Shepherd 2008, 10)

이러한 사례들을 종합하여 개론서의 저자들은 담론을 "의미를 고정시키며, 행위자들이 세계를 이해하고 그 속에서 행동할 수 있도록 해주는 의미생산의 체제들"(Dunn and Neumann 2016, 21)로 간략히 정리하고 있다. 이런 배경하에서 담론 분석이란 결국 일정한 시공간 내의 의미생산의 체계들을 특정하고 그 내용을 분석함으로써, 행위자들의 사고와 행동이 어떻게 그 체계들에 의해 구성되고 제약되는지 그 범위를 이해해보려는 시도라고 할 수 있겠다.

그런데 왜 인문사회과학에서 이러한 담론 개념과 담론 연구가 중요한 위상을 갖게 되었는지를 이해하기 위해서는 먼저 그 방법론이 부상한 시대적, 이론적 배경에서부터 이야기를 시작할 필요가 있다. 담론 분석은 특정한 시대의 이론적 논의와 철학논쟁— "언어적/문화적/해석적 전회"(Rabinow and Sullivan ed. 1987; 장세룡 2001)—에 기반한 인문사회과학 방법론으로서, 흔히 통용되는 용법처럼 그저 텍스트를 읽고 분석하는 모든 연구를 담론 분석이라고 지칭하는 것은 오류이다. 다시 말해, 담론 분석은 단순한 테크닉적 방법(method)이 아닌 방법론(methodology)으로서 언어적 실천이 지닌 구성적 효과에 대한 일련의 고유한 가정과 전제들을 보유하고 있다(Müller 2011, 4).

구체적으로 담론 개념에 대한 관심과 담론 분석 방법론의 부상은 1960년대 후반 이후 서구 지식계에서 유행한 반휴머니즘적 (탈)구조주의 운동의 산물이다(신동일 2018, 5-11).[4] 이 새로운 지적 트렌드는 언뜻 자유로운 의지의 산물인 것처럼 보이는 개인의 선택들이

---

4   그리고 물론 이러한 지적 변환의 시대적 배경에는 "68운동"이라고 하는 서구 현실에서의 문화혁명이 자리 잡고 있다. 기존의 지배적인 실증주의적 지식생산과 주체 중심적 인간 이해 방식에 반기를 들면서 언어, 기호, 담론, 이데올로기, 욕망과 같은 새로운 개념들을 전면에 부각시킨 지성계의 변화에는 더욱 넓은 의미의 사회적 변혁이 그 토대로서 존재한 셈이다(이기형 2006, 112-113).

사실은 간주관적 사회구조들에 의해 구성되고 제한된다는 점을 강조하였다. 피터 버거(Peter Berger)와 토마스 루크만(Thomas Luckmann)의 "지식의 사회적 축적"(social stock of knowledge), 푸코의 "에피스테메"(episteme)와 "담론구성체"(discursive formation), 피에르 부르디외(Pierre Bourdieu)의 "아비투스"(habitus), 클리포드 기어츠(Clifford Geertz)의 "의미의 망"(web of meaning), 에드문트 후설(Edmund Husserl)의 "생활 세계"(life world) 개념 등은 비록 그 구체적 유파와 내용은 상이하지만, 궁극적으로는 모두 총체적인 인지 프레임(cognitive framework) 혹은 간주관적 의미들이 지배하는 특정한 사회역사적 시공간의 존재를 지시하고 있다(Hopf 2002, 6).

이들의 시각에 따르면 결국 언어의 주인은 더 이상 그것을 사용하는 인간 주체가 아니다. 오히려 주체는 담론을 통해서만 사태를 이해하고 그것이 제시하는 개념과 범주들 속에서만 문제를 인식할 수 있으며, 그 주체성 자체가 개별 시대별로 특수한 간주관적 의미망의 산물이라고 할 수 있다. 즉, 해석자로서 인간 주체는 언제나 의미를 구성하는 담론들로 이루어진 세계 속에 이미 놓여 있기 때문에, 외부 세계 혹은 "진실"에 아무런 언어적 매개 없이 접근할 수 있다는 경험주의적 이론의 전제는 기각된다(이기형 2006, 125). 나아가 이러한 인식론적 문제의식은 이제까지 지배적이었던 자연주의적/실증주의적 패러다임이 사회를 공리주의적, 유물론적으로 이해해온 것에 반대하면서, 대신에 상징적, 언어적, 재현적 체계로서 문화 혹은 담론으로 연구의 초점을 이동시키고자 한다(Bonnell and Hunt ed. 1999, 5-11).

따라서 "언어적/문화적/해석적 전환" 이후의 인문사회과학자들에게 중요한 연구대상은 "사회적 사실"(social fact)이란 점을 특기할 필요가 있다. 간주관적 현실로서 사회적 사실이란 사람들이 집단적으로 그것들이 존재함을 믿을 때에만 존재 가능한 것으로(Finnemore and Sikkink 2001, 393), 공유된 이해와 담론이라는 수단을 통해 물리적 현실에 집단적 지식이 부착됨으로써만 존재하는 사실을 의미한다(Adler 2013, 121). 그리고 바로 이와 같은 맥락에서 "담론의 외부란 존재하지 않는다", "담론 자체가 우리가 사는 세상을 전적으로 구성한다"와 같은 비판적 담론 분석가들이 주창하는 급진적 테제들의 의미도 해석 가능하다. 이는 말 그대로 담론 외부에 "객관적"이고 "물리적"인 세계가 존재하지 않는다라는 식의 이야기는 물론 아니다. 오히려 이것은 담론 연구자, 나아가 해석학적 전환 이후의 인문사회과학자들의 관심이 자연적 사실이 아닌 사회적 사실에 놓여 있다는 점을 강조한 레토릭으로서 이해할 수 있다.

예를 들어, 지진이라고 하는 사태는 인간의 의지와 무관하게 발생하는, 확실히 담론 세계 외부에 실재하는 자연적 사실이다. 그러나 이것을 신의 분노로 해석할지, 아니면 천재지변으로 해석할지의 결정은 분명히 "담론 영역의 구조화" 과정에 달린 문제라고 할 수 있으며(Laclau and Mouffe 2012, 197), 담론 분석가는 바로 이 담론화 프로세스에 관심을 기울이고자 한다. 왜냐하면 지진을 어떤 것으로 해석하느냐에 따라 인간들의 반응과 행동이 전혀 달라질 것이기 때문이다. 유사한 사례로서, 미국에게 수백 기의 영국 핵탄두보다 수십 기의 북한 핵탄두가 더 위협적으로 인식되는 이유는 메가톤(MT) 단위로 측정되는 핵무기의 파괴력과 같은 자연적 사실로서는 설명될 수 없는 부분이다. 이는 무엇보다 파괴적 힘에 의미를 부여하는 공유된 이해(shared understanding), 즉 사회적 사실로서만 설명 가능한 지점으로(Wendt 1999, 255), 이것이 바로 자연과학자가 아닌 인문사회과학자의 고유한 연구 퍼즐인 것이다.[5]

....

5 "공유된 이해"를 구체적으로 분석하는 데 있어 웬트의 추상적 논의가 실제 경험적 연구

푸코적 담론 개념

　담론 분석 방법론이 특히 권력관계를 주된 연구대상으로 삼는 정치학과 연결되는 지점을 살펴보기 위해서는 푸코의 담론 개념에 대해 좀 더 집중할 필요가 있다.[6] 푸코에게 담론 분석은 연구 방법론이기에 앞서 무엇보다 권력정치에 대한 이론이기 때문이다. 즉, 푸코주의적 담론 연구에 있어 초점이 되는 것은 이른바 "재현의 정치학"(politics of representation) 혹은 의미를 둘러싼 투쟁의 영역이다(Holzscheiter 2014, 144). 프리드리히 니체(Friedrich Nietzsche)를 따라 "계보학적" 문제의식(Foucault 1984)[7]을 받아들인(후기) 푸코에게 소위 "진리"(truth)[8]는 생산되고, 규제되며, 순환되는 하나의 체제로

....

　에 활용되는 과정에 한계를 가지고 있음에 반해, 테드 호프(Ted Hopf)는 한 국가의 사회인지구조를 복원해내는 구체적 담론 분석방법을 제시하는 데 오랫동안 공을 들여왔다. 이에 대해서는 Hopf(2002, 1-38) 참조.

6　푸코주의적 담론 분석에 대한 비교적 최근의 소개 글들로는 이기형(2006); Diaz-Bone et al.(2008); 신진욱(2011); 허경(2012); Keller(2018) 등이 있다. 푸코의 방법론 일반을 설명하는 교과서로는 Kendall and Wickham(1999)이 알려져 있으며, 푸코의 사상이 정치학 전반과 국제정치학에 미친 영향을 평가한 글로는 각각 Brass(2000)와 Bonditti et al., eds.(2017)을 참조하라. 사실 담론에 대한 이론적 접근법에는 푸코학파 이외에도 비트겐슈타인-오스틴 등의 화행론, 하버마스적 의사소통행위론, 코젤렉류의 개념사 등 다양한 조류들이 존재한다. 언어와 정치 간의 관계를 다루는 여러 이론분파에 대한 포괄적 소개로는 Wodak and Forchtner eds.(2018)이 유용하다.

7　계보학적 담론 분석 방법론이 적용된 후기 저작들로 Foucault(1977; 1990) 등이 대표적이다. 반대로 더욱 구조주의적 색채가 강했던 초기 연구에서 푸코는 한 시대 지식 질서의 하부구조 혹은 "역사적 선험성"(historical a priori)을 이루는 담론 형성의 규칙들로서 에피스테메를 시대별(르네상스, 고전주의, 근대 등)로 분류하는 작업을 수행하였다(Foucault 1973). 이 시기의 "고고학적" 담론 연구에서는 권력/지식의 문제나 담론 변화의 역동성 등의 영역이 상대적으로 간과되고 담론을 정적인 규칙들의 집합과 질서로 간주하는 특징이 존재하였다(이기형 2006, 113).

8　니체의 『즐거운 학문(Gay Science)』에 기반해 푸코는 진리가 "역사의 긴 숙성 과정을 통해 변경 불가능한 것으로 굳어져 버렸기 때문에 반박될 수 없는 오류"에 불과하다고 정의한다(Foucault 1984).

서 이해되며, 그것은 필연적으로 권력의 시스템과 깊이 연관된다. 진리는 언제나 진리 레짐(regime of truth)으로서 등장할 뿐이며, 권력과 지식은 서로 깊이 결부된 "권력/지식"의 복합체로서 존재한다. 즉, 객관적이고 보편적인 것으로 정의되던 진리의 고결한 플라톤주의적 위상이 부인되고, 대신에 그것은 권력에 의해 산출되는 생산물인 진리 주장(truth claim) 혹은 진리 효과(truth effect)로 재정의되었다(Foucault 2000).

여기서 담론은 일정한 진리 레짐과 상식을 (재)생산하고 작동시키는 역할을 수행함으로써 특정한 의미와 주체를 산출하며, 나아가 주어진 지배관계와 그에 수반한 인식틀을 합리화, 공고화시키는 역할을 담당하는 것으로 이해된다. 누가 말할 수 있고, 누가 말할 수 없는지, 어떤 것들이 사유될 수 있고, 사유될 수 없는지에 대한 정당성과 자격의 경계를 설정[9]하는 특정 시공간의 담론구성체를 분석함으로써, 푸코는 해당 시기의 권력관계에 기초하여 고유한 주체와 객체, 그리고 상식을 만들어내는 "담론의 생산성(=수행성)"에 대해 폭로하고자 하였다(Milliken 1999, 229). 결국 푸코주의적 담론 분석은 특정 담론에 대한 단순한 묘사와 설명을 넘어 계보학적 "비판"을 지향한다. 오늘날 자명한 것, 당연한 것으로 여겨지는 상식들이 사실은 담론권력에 의해 인위적으로 "자연화"(naturalization), "탈쟁론화"(decontestation)된 것임을 밝혀내어, 현재의 역사적 우발성을 폭로하는 것이 담론 분석가(=계보학자)의 임무이다(신진욱 2011, 21-28). 이는 곧 우리 자신에 대한 비판적 존재론을 추구함을 의미하며, 나아가 궁극

....

9   가령, 여성주의적 안보연구의 클래식인 캐롤 콘(Carol Cohn)의 참여 관찰적 기술(ethnography)은 핵안보 (남성) 전문가들의 특정한 합리적, 기술 전략적(technostrategic) 담론체계가 어떻게 행위자들의 사고범주를 군사주의적 방식으로 한정 짓고, 대안적인 평화주의적 상상을 봉쇄해 버리는지를 생생하게 묘사해 준다(Cohn 1987).

적으로 현실을 있는 그대로 설명하고 예측하는 실증주의적 이론목표를 초월하여, 권력으로부터의 해방을 학문의 목적으로 설정함을 뜻한다(Keller 2018, 69).

보다 구체적으로 담론은 이분법적 대당(opposition) 설정과 위계적 세계범주 구성 등을 통해, 즉 특정한 담론적 현실의 형성을 통해 강력한 권력효과를 발휘하는 것으로 여겨진다(Hansen 2015, 236-237). 예를 들어, 19세기 후반 쓰여진 쥘 베른(Jules Verne)의 소설, 『80일간의 세계일주(*Le tour du monde en quatre-vingts jours*)』는 백인/비백인, 서양/동양, 남성/여성과 같은 이분법적이고도 위계적인 대당들의 상호교차(intersectionality)가 어떻게 제국주의 시대의 지배적인 담론을 형성했고, 식민 지배를 이데올로기적으로 정당화했는지를 잘 보여준다. 인도의 분델칸드(Bundelkhand) 지방 토후의 미망인 아우다(Aouda) 부인이 사티(Sati)[10]를 당할 위기에 처하자, 정의롭게 뛰어들어 그녀를 구해내는 주인공 필리어스 포그(Phileas Fogg)의 모험을 그린 소설의 클라이맥스 장면은 정확히 오리엔탈리즘적 도식에 들어맞는 내러티브를 보여준다(이희상 2008, 229). 영국의 백인 남성이 야만적인 식민지의 풍습으로부터 연약한 황인 여성을 구해내는 스토리는 곧 당대 식민주의의 문명화 사명(mission civilisatrice)이 정당화되는 권력효과를 발휘하고 있는 것이다.[11]

....

10   19세기까지 힌두 지역 인도에서 남편이 먼저 죽으면 남은 아내를 함께 태워 죽이던 풍습을 뜻한다.

11   한편, 탈식민 페미니즘의 고전 반열에 든 가야트리 스피박(Gayatri Spivak)의 논문 "서발턴은 말할 수 있는가?"(Can the subaltern speak)는 바로 이 "사티"의 문제를 더욱 깊이 파고들고 있다. 이 글에서 그녀는 영국 제국주의자들의 "백인(남성)의 책무"(white man's burden) 서사와 이에 대항한 인도 (남성) 민족주의자들의 반식민투쟁 서사 사이에서 정작 사티에 의해 희생당한 하위주체 여성들의 목소리는 이중으로 침묵당해 왔다는 사실을 고발하고 있다(Spivak 1988).

담론 분석을 둘러싼 몇 가지 이슈들

담론 분석과 내용 분석

언어를 소재로 사회현상을 분석한다는 점에서 내용 분석(content analysis)과 담론 분석을 혼동해 말하는 경우가 종종 있다. 특히 소위 다방법 연구(Multi-Method Research)를 주창하는 학자들은 적극적으로 담론 분석과 내용 분석 방법론의 상호 보완 혹은 결합을 시도하기도 한다(Bennett 2015; Hardy, Phillips, and Harley 2004). 그러나 두 방법 사이에는 언어에 대한 상이한 전제와 가정들이 자리 잡고 있다는 점에서, 둘의 결합 시도에는 쉽게 해소되기 어려운 난점들이 존재한다(Aydın-Düzgit and Rumelili 2019, 294).[12] 우선 내용 분석의 경우, 언어의 투명성을 가정하여 온전히 대상을 재현하는 거울과 같은 기호로서 언어를 이해하는 경향이 있다. 의미는 고정되어 있으며 언어기호는 바깥의 독립된 현실을 있는 그대로 반영하기에 경험적 방법을 통해 그것을 포착하기만 하면 된다. 이는 텍스트와 컨텍스트의 연관관계에 대한 분석 및 담론의 권력적, 생산적 성격에 대한 고려가 약하다는 것을 의미하는 동시에, 개인 주체가 말하고 싶은 것을 자유롭게 말하는 상황을 가정함으로써 자유주의적 편향성을 보인다(Hopf 2004, 32).

반면에 담론 분석에서의 핵심은 앞서 살펴본 것처럼 언어기호 자체에 관한 탐구에 놓여 있는 것이 아니라, 권력과 정치의 교차지점에 자리 잡고 있다. 즉, 특정한 재현과 실천을 가능케 하는 진리 레짐 혹은 담론구조를 둘러싼 투쟁, 다시 말해 헤게모니적 의미를 생산하며 지배구조를 공고히 하려는 이데올로기 작업과 그에 반하는 대

---

12 이는 결국 인식론과 존재론에 있어 실증주의에 대한 찬반 여부와 관련된다(Herrera and Braumoeller 2004, 16-18).

항운동 간의 경합을 다루는 것이 담론 분석의 본질이다. 또한 해석적 방식으로 접근할 수 있는 텍스트의 의미는 컨텍스트와 결부되어 유동적이며, 현실은 사회적으로 구성되는 것으로 가정된다. 따라서 담론 분석은 단순히 특정 단어의 사용 빈도를 측정하거나, 재현들 그 자체의 패턴을 분석하는 것과는 질적으로 상이한 연구방식이라는 점이 강조될 수밖에 없다(Laffey and Weldes 2004, 29-30).

담론 분석의 문제설정: 구성추론 대 인과추론

담론 분석은 일반적으로 인과추론(causal inference)보다 구성추론(constitutive inference)과 친화력이 높은 방법론(Wendt 1998)으로서, "표준적" 사회과학이 집중해온 인과관계에 대한 "설명"보다 의미들의 "이해"에 집중하는 막스 베버(Max Weber) 이래의 (그리고 탈구조주의에 의해 한층 급진화된) 해석학적 전통을 따른다(Ghica 2013).[13] 따라서 담론 분석은 그 연구설계에 있어 "왜"(why)라는 퍼즐보다는 "무엇"(what)이나 "어떻게 가능했는가"(how possible) 같은 질문에 적합한 접근법이라 할 수 있겠다. 특히 어떻게 의미가 생산되어 사회적 주체와 객체에 부착되는지, 그러한 과정이 다시 어떻게 특정한 지식구조와 해석 경향을 양산하여 일정한 행위의 가능성과 범위를 설정하는 것인지에 초점이 모아진다(Dunn 2008, 78).

그런데 실증주의적, 통계학적 세계관에 기반하였으며 상당 기간 정성적 사회과학 방법론의 표준 교과서 역할을 해온 속칭 "KKV"의 『사회탐구설계론(*Designing social inquiry*)』은 묘사에 기반한 "구성이론" vs. 과학적 설명을 추구하는 "인과이론"의 이분법을 제시하

....

13 설명적 전통과 이해적 전통의 구분에 대해서는 Hollis and Smith(1991); 민병원(2012) 등을 참조할 것.

였다(King, Keohane, and Verba 1994). 이에 따라 담론 분석을 비롯한 성찰적 이론들은 주류 미국 정치학계에서 상대적으로 열등한 연구, 충분히 과학적이지 못한 미숙한 단계의 지적 활동으로 취급당해 왔다. 하지만 "무엇이 세계를 묶어 내는가?"(Ruggie 1998) 혹은 "어떻게 세계의 사물들이 묶여져서 그들이 갖고 있는 속성들을 소유하게 되는가?"(Wendt 1998, 103)와 같은 구성주의의 기본 질문들을 단순히 묘사와 관련된 것이라고 치부할 수는 없다. 왜냐하면 대상의 구성을 이해하는 것은 그것이 어떻게 행동하고 어떤 요인들이 결과들을 야기하는지를 설명하는 데 핵심적인 사항이기 때문이다(Barnett and Finnemore 2004, 10). 특히 구성적 질문들은 특정한 행위의 기저를 이루는 사회적으로 형성된 심층적 배경 조건들을 발굴할 수 있도록 도와준다(Parsons 2007, 30). 따라서 구성이론들도 "진짜 과학을 위해 뛰어넘어야 할 무언가가 아닌 그 자체로 가치 있으며 인과이론과 동등하고 자율적인 지위를 갖는 것"으로 인식되어야만 한다(Wendt 1998, 117).

이런 맥락에서, 구성주의적 방법론으로서 담론 분석은 행위의 사전적 조건을 형성하는 헤게모니적 담론 혹은 재현을 탐구함으로써, 사람들이 세계를 사고하는 방식이 어떻게 제한되는 것인지, 특정 상황에서 무엇이 가능한 것, 자연스러운 것으로 사고되도록 구조화되는지를 드러낸다. 물론 담론이 행위를 완전히 결정하지는 못한다는 점에서 특정한 환경에서 인과관계를 밝히는 도구로써 담론 분석은 합리적 선택론 등에 비해 적합한 방법론이 아닐 수 있겠으나, 대신에 가능한 결과의 범위를 특정하는 것이 담론 분석의 고유한 목표이다(Neumann 2008, 62; 76).[14]

....

14   사실 철저히 탈실증주의적인 인식론의 입장에서는 진짜 원인을 특정하는 것 혹은 진정한 인과설명을 제공할 수 있는 가능성 자체에 회의적이다(Dunn 2008, 85). 물론 이런

이를테면, 미국의 네오콘 집단이 9·11 테러 이후 이른바 "악의 축"(axis of evil) 담론을 만들어 내는 과정을 연구한 예는 특정 정체성의 사회적 형성을 분석하는 담론 연구가 어떻게 구성적 추론을 통해 해당 행위자의 사고와 행위의 가능범위(enabling/constraining)를 가늠하는지를 잘 보여준다. 사실 오사마 빈 라덴(Osama Bin Laden)의 성명서들에서 보듯 알카에다(Al-Qaeda)의 테러행위는—그에 대한 동의 여부와는 별개로—얼마든지 정치적 이유와 동기를 지닌 "합리적" 전쟁전략의 일환으로 이해될 수 있다. 빈 라덴이 열거한 반미 무장투쟁의 이유는 미국의 팔레스타인 분쟁 개입, 중동 지역의 독재정권 지원, 역내 미군 주둔 등 거의 대부분 종교적 극단주의와는 거리가 먼 세속적, 전략적 이해충돌의 문제들이다(Bin Laden 2005). 그러나 "악의 축" 개념으로 대표되는 조지 부시(George W. Bush) 행정부의 9·11에 대한 내러티브는 테러행위의 정치적, 역사적 기원을 삭제시킨 채, 대신 순수한 "악"으로서 테러행위의 의미를 대폭 단순화시켜 버렸다. 이로써 "선"과 "악" 사이의 대립이라는 이분법적, 종교적 대당이 형성되고, 비인간화된 형태로 구성된 야만적 적에 대한 무차별적 성전(crusade)이 정당화되는 헤게모니 담론이 구성되었다.

다시 말해 신보수주의자들의 의도된 정치적 스토리텔링이 특정한 형태의 상호 주관적 의미의 망을 구성하여 미국과 아랍세계 간의 정상적이고 대등한 대화와 교섭의 가능성을 봉쇄해 버리고 지금까지 지속되고 있는 전 지구적 테러와의 전쟁의 이념적 토대를 구축한 셈이다(Hodges 2018; Liu 2010; Jackson 2007). 이러한 담론 분석은 물론 엄밀한 의미에서 아프가니스탄 전쟁이나 이라크 전쟁의 원인을 분석

....

접근법과 반대로 비판적 실재론의 입장에서 담론 분석을 인과 메커니즘을 설명하는 방법론으로 사용하려는 시도들 또한 존재한다(Banta 2013).

하는 인과추론과는 거리가 멀지만,[15] 그 자체로 당시 미국 내의 지배적 네오콘 담론(Pan and Turner 2017)에 의해 어떤 특정한 사유의 생성/제약이 발생했고, 그것이 대외정책의 선택지를 어떻게 생산/제한했는지를 드러내 주는 역할을 수행한다.

담론 분석 연구자와 성찰(reflexivity)의 문제

담론 분석법 일반, 그중에서도 특히 푸코를 위시한 탈구조주의자들의 담론 연구에서 한 가지 더 부각되는 논점은 바로 연구자에 대한 반성적-성찰적 접근 방식과 윤리적 함의라는 이슈이다. 기본적으로 탈구조주의자들에게 사실 혹은 경험이란 항상 이미 해석된 것이자, 계속해서 해석되어야만 하는 것으로 언제나 복수의 해석들이 경합 중인 정치적 구성물로서 간주된다. 이런 상황에서 계보학자의 책무란 사실의 담론적 본질, 즉 재현의 정치학에 주의하여 지식과 주체(=정체성)의 생산 과정에 주의를 기울이는 것이다. 그리고 이러한 비판적, 반기반주의적 학문관은 주류 학문관의 지향점이라 할 수 있는 "객관성", "중립성" 개념들이 의미하는 바와는 정반대로, 변화에 대한 새로운 사고를 개방하는 정치적 작업으로 귀결될 수밖에 없다(Scott 1991, 797).

다시 말해, 탈정치성, 탈규범성을 지향하는 실증주의적 과학관 및 연구윤리와 달리, 푸코학파의 담론 연구 패러다임에서는 헤게모니 담론에 내재한 지배, 억압, 배제의 메커니즘 폭로가 연구자의 중요한 임무로 부여된다. 또한 연구자 자신도 지배적 담론 컨텍스트 외부

....

15 부시 정부가 아프가니스탄 전쟁을 개시하는 과정에는 9·11테러라는 물리적 사건과 구체적 적에 대한 대응이라는 지전략적 측면이 분명 존재한다. 그러나 이후 이라크전을 포함한 대테러 전쟁에서 중동의 민주화를 목표로 내건다든지, 정권교체와 국가건설이라는 수사를 사용하는 지점은 분명 지전략 차원을 넘어 이념적 원인—예외주의적 역사철학—이 전쟁 수행에 작동하고 있음을 보여준다.

에 존재하지 않음을 자각할 것이 촉구되며, 자신이 생산하는 담론 역시 권력/지식의 문제에서 자유롭지 않음을 "성찰"[16]해야만 한다. 즉, 담론의 수행적 성격—관찰대상과 관찰자 간의 분리불가능성 및 관찰대상의 의미규정과 (재)생산 과정에 연구자 자신이 참여하는 문제—을 이해함과 동시에 자신의 학문 활동에 대한 지식사회학적 문제의식과 해방의 문제 설정을 보유할 것을 요구받는 셈이다. 이런 점들을 종합해 볼 때, 담론 분석은—로버트 콕스(Robert Cox 1981)의 구분법을 따르자면—그 지향점에 있어 문제해결이론이 아닌 비판이론과 본질적 친화성을 지닌다고 볼 수 있다.

담론 분석의 국제정치학적 응용

냉전 말기에서 탈냉전 초기에 이르는 시대 전환기에 소위 "제3논쟁"이 발발하면서 비로소 국제정치학 분야에도 뒤늦게나마 언어적/문화적/해석적 전환의 도전이 시작되었다(Lapid 1989). 비판적 구성주의에서 주류 중도 구성주의까지를 포괄하는 넓은 의미에서 구성주의 운동[17]의 부상이(미시경제학의 그림자 아래 물질주의-합리주의 패러

16 은용수(2015, 75-76)의 정리에 따르면 이는 "연구 질문이 도출되고 지식이 생산되는 역사적 시공간과 현 질서에 대한 자의식이면서 동시에 그 질서와 시공간에서 이론가(자신), 그리고 이론이 차지하고 있는 위치와 '구성적' 역할에 대한 비판적 검토(반성)라 할수 있다. 이와 같은 이론적 '성찰'의 궁극적 목적은 기득권과 패권적 질서에 대한 도전이자 새로운 질서에 대한 모색이다." 국제정치학에서 "성찰적 전환"(reflexive turn)에 대한 논의로는 Hamati-Ataya(2013) 참조.

17 웬트류의 주류적 구성주의와 비판이론 및 탈구조주의를 아우르는 비판적 구성주의 사이의 분할선은 주로 인식론적 차원에서 탈실증주의 논쟁의 진영 구분과 일치한다. 필자들에 따라서는 "얇은"(thin) 구성주의 대 "두터운"(thick) 구성주의라는 용어를 사용하기도 한다. 두 구성주의 학파의 공통점과 차이점에 대한 개괄적 소개로는 Hopf(1998, 181-185) 참조. 다만 본 장에서는 편의상 둘 간의 세부적인 구분선을 넘어 포괄적인 차

다임이 지배적이던) 기성 국제정치학에 가한 가장 큰 지적 도전은 바로 국제정치적 삶에 존재해온 언어적 측면을 부각시킨 점이다 (Holzscheiter 2014, 145). 특히 문화와 정체성의 문제가 국제정치이론의 새로운 화두로 부각되었으며(Lapid and Kratochwil eds. 1997), 이러한 흐름에 발맞추어 연구 방법론에 있어서도 담론 분석이 반주류 국제정치 연구자들 사이에서 각광받게 되었다. 이러한 학문사적 배경 아래 분석수준(=존재론적 차이)에 따른 구분에 의거(Holzscheiter 2014, 146-154), 탈냉전기 국제정치학계에서 이루어진 대표적인 담론 분석 연구들을 간략히 소개하면 다음과 같다.[18]

미시적 접근

행위자(agent) 혹은 개체(individual)의 분석수준에 초점을 맞추는 미시적 담론 분석 연구는 주로 주체가 의미를 생산하는 과정에 주목한다. 특히 행위자는 내러티브들의 저자로서 사회적 현실을 의도적으로 구성하는 소위 "재현권력"(representational force)을 보유하고 있다고 가정되며(Bially-Mattern 2005), 사건 혹은 주체성 등을 어떻게 표상할지를 정치적 전략에 따라 선택하는 존재로서 이해된다. 이런 접근법의 정치적 함의는 바로 행위자가 어떻게 담론을 통해 자신

원에서 구성주의라는 집단명을 사용하고자 한다. 언어적/문화적/해석적 전환이라는 차원에서 보면, 구성주의 내부의 분할선보다는 구성주의와 주류이론 사이의 차이가 훨씬 더 유의미하다고 보기 때문이다.

18 국제정치학에서 담론 분석 방법을 활용한 연구들의 지형을 가장 최근에 포괄적으로 서베이한 글로는 Carta(2019)를 참조할 것. 카르타는 과학철학적 입장(기반적 vs. 반기반적 존재론과 실증주의 vs. 탈실증주의 인식론)에 따라 지난 30여 년간 축적된 국제정치학에서의 담론 연구 작업들을 구성주의, 비판적 실재론, 탈구조주의의 세 가지 그룹으로 분류하였다.

의 시각을 타자에 부과하는지를 탐구하는 과정에서 부각된다. 보다 구체적으로 자아와 타자의 경계 설정을 통해 국가 정체성이 구성되는 과정(Connolly 1991)을 분석한 후 이것이 국가의 이익과 외교정책을 조형하는 메커니즘을 밝히는 외교정책 분야가 미시적 담론 분석의 대표적인 영역이라 할 수 있다(Hansen 2012).

　　탈구조주의적 정체성 이론에 기반한 외교정책 연구의 선구라 할 수 있는 데이비드 캠벨(David Campbell)의 1992년 저서, 『안보를 서술하기(*Writing Security*)』는 타자성의 담론 구성을 통해 외교정책이 어떻게 미국의 정체성을 재생산하는지를 질문한다. 한 국가의 정체성은 위험의 재현에 의해 형성되는 것으로 가정되며, 재현 행위로서 외교정책은 자아와 타자, 안과 밖, 국내와 국외를 가르는 선을 구획함으로써 국가의 관념적 실체를 형성하는 담론 경제의 중요한 구성요소로 간주된다. 따라서 미국 외교정책 역시 미국 정체성의 생산과 유지에 핵심적인 정치적 행위로서 재해석된다. 이러한 이론적 전제 아래, 캠벨은 역사상 어떻게 외교정책을 통해 미국의 정체성이 담론적으로 (재)생산되어 왔는지를 탐구한다. 특히 국가전략과 관련된 정부의 텍스트들은 단순히 미국이 직면한 현실을 서술하고 대응하는 제스처가 아니라, 국가의 특정한 정체성 기입에 몰두하는 정치행위로 간주되어 담론 분석의 집중적 대상이 된다.

　　미국은 특히나 상상의 공동체적 성격이 강한 나라이기에 누가 미국의 이상적 가치에 반하는지(un-American)를 끝없이 구획, 배제할 필요가 존재하며, 이런 면에서 외교정책은 여러 역사적 국면에서 미국의 정체성 (재)생산에 핵심적 역할을 수행하였다. 즉, 건국 초기부터 냉전기에 이르기까지 미국에서는 외부 존재들에 대한 동일한 정체성의 정치가 작동해 온 것으로 밝혀지는데, 한결같이 악으로 규정된 바깥의 위험 혹은 타자―아메리카 원주민에서, 멕시코인과 일본인을 거쳐, 소련과 공산주의에 이르기까지―가 자신을 위협하고 있다는 포위의식이 반복적으로 일깨워지고, 이를 통해 긍정적으로 상상된, 악에 대항하는 선으로서의 자기 정체성이 공고화된다는 점을 밝혔다(Campbell 1992).

다른 한편, 주류 구성주의적 외교정책 연구의 효시 역할을 한 피터 카첸스타인(Peter J. Katzenstein)의 편집서, 『국가안보의 문화(*The Culture of National Security*)』는 무엇보다 기성 주류이론들(신현실주의와 신자유주의)이 당연한 것, 외생적으로 주어진 것으로 가정한 국가이익 개념을 문제시하면서, 대신에 정책의 문화/제도적 맥락과 정치행위자들의 구성된 정체성에 초점을 맞춘다. 여기서 공저자들의 주요 목표는 규범, 정체성, 문화와 같은 사회적 요소들과 국가안보정책 사이의 구성적 메커니즘을 규명하는 것이다. 특히 이들은 국가 정체성의 변이 혹은 변화가 국가안보이익이나 정책에 영향을 미친다는 점을 강조하면서, 관계적 개념(relational concept)으로서 정체성이 국가안보정책에 강한 영향력을 지닌 위협과 이익의 정의를 구성한다는 점에 주목하였다. 다시 말해 국가들은 자신들의 타자들―즉 적대세력들―이 누구인지를 재현한 후에야 자신의 이익을 결정할 수 있다는 것이다. 따라서 국가 정체성과 그에 수반되는 이익은 합리주의자들처럼 단순히 가정할 수 있는 전제가 아니다. 반대로 그것들은 구체적인 역사적 맥락에서 정책결정자들이 어떠한 문화(혹은 담론구성체나 사회인지구조) 속에서 자아와 타자의 관계를 상상하고 있는지 담론 분석을 통해 밝혀야만 탐구 가능한 경험적 연구의 대상으로 전환된다(Katzenstein ed. 1996).

거시적 접근

다음으로, 총체적 구조(structure)의 분석수준에 초점을 맞추는 거시적 담론 분석 연구는 주로 의미의 망이 주체를 생산하는 과정에 주목한다. 지배적 서사들이 행위자들의 규범적 신념을 형성해 일정한 정치적 행위를 유도하는 과정에 초점을 맞춤으로써, 제도화된 의미구조로서 담론이 권력관계를 생산하고 영속화하는 과정을 연구한다. 특히 역사적 분석을 통해 구조적 의미의 패턴이 구성되는 것을 특정하고자 하며, 지배담론의 부상, 유지, 경합 과정을 통시적으로 추적한다. 거시적 담론 분석을 추구하는 국제정치학자들은 주체들의 대외적 행위를 규율하고 그 범위를 한정하는 윤리적 담론 시스템의 구축을 확인하고자 하는데, 무엇보다 이분법적, 위계적 거시담론이 국제적 층위에 형성되어 지배-피지배 관계가 행위자들 간에 형성되고 공고화되는 동학을 집중적으로 탐구한다. 가령, 탈식민주의 국제정치이론의 작업들이 대표적인 거시적 담론 연구의 예를 보여주는데, 근대 세계정치경제의 담론적 구조가 "동과 서" 혹은 "남과 북"의 이분화에 기초해 있음을 밝히고 이것이 어떻게 (탈)식민주의적 지배관계를 지지해 왔는지를 폭로한다(Grovogui 2010).

탈식민주의 연구의 선구적 업적으로서 에드워드 사이드(Edward Said)의 『오리엔탈리즘(Orientalism)』은 명시적으로 푸코의 계보학적 담론 분석을 원용하였다. 이 책은 제국주의 시대 오리엔탈리즘 담론이 권위적 지위를 확보함으로써 아시아[19]에 대한 특정한 헤게모니적 재현체계를 구성하고, 이것이 동양에 대한 지배와 억압을 공고화했다는 점을 밝혀낸다. 즉, 서양과 동양의 이분법적 구분이란 자연적 사

---

19   여기서 사이드가 지칭하는 동양 혹은 아시아는 주로 영불 제국주의의 각축장이 되었던 중동지역에 한정된다.

실이 아닌 인공적 구성물로서, 기본적으로 근대 동서양의 비대칭적 권력관계를 반영한 문화적 관념이라는 것이 사이드의 이론적 출발점이다. 동양이라는 관념 자체가 근대 영국과 프랑스의 의식적인 문화적 사업이자 발명품으로서 18세기 말 이래 특정한 형식으로 아시아를 재현한 제도이자 구조화된 담론으로서 존재했다. 주목할 점은 근대 유럽이 자신의 부정적 자아상을 동양에 투사, 긍정적 자아상과 대조시키면서 스스로의 정체성을 구축해 갔다는 점이다. 여기서부터 우월한 "우리" 유럽 vs. 열등한 "저들" 비유럽이라는 이분법적 구분이 탄생하여 지금까지 반복 재생산되어 왔다. 다시 말해 서구의 타자화 전략을 통해 동양은 서양의 구성적 외부(constitutive outside)로서 존재해온 셈이다.

문학과 저널리즘, 학계의 저술 등 장르를 가리지 않고 수행된 사이드의 방대한 규모의 담론 분석 작업은 19세기 서구의 거시적 사회인지구조를 재구성함으로써 오리엔탈리즘이 근대 세계정치문화의 핵심을 구성해 왔다는 점을 폭로하고, 이것이 현재의 미국 사회과학(특히 지역학)과 대중동정책에도 영향을 끼친다는 점을 밝히려는 야심찬 시도이다. 나아가 사이드는 문화적 지배의 작동방식에 대한 보다 나은 이해를 추구하는 것을 넘어 궁극적으로 동양과 서양이라는 구분 자체를 철폐하여 아시아에 대한 새로운 접근법을 자극하고자 한다(Said 2003).

같은 맥락에서 록산느 도티(Roxanne Doty)는 어떻게 근대 이후 북반구의 정책결정자, 학자, 기자 등이 남반구를 담론적으로 재현해 왔는지를 계보학적으로 탐구한다. 그리고 앞서 사이드가 탐구한 식민주의적 담론이 공식적 제국주의가 막을 내린 20세기 후반에도 여전히 전 지구적 남반부에 대한 근대화와 발전 담론 등에서 계속 등장하고 있음을 밝혀낸다. 주된 사례연구로서 미국의 필리핀 식민지에 대한 담론과 영국의 케냐 식민지에 대한 담론 등을 당시의 입법논쟁, 식민지 관료들의 보고서, 학술 논문 등의 텍스트들을 통해 분석한 결과, 식민지 시기의 재현들이 서구와 비서구 사이의 불평등한 위계를 "자연화"시키는 지식을 생산했다는 점을 밝히게 된다. 즉, 근대/전통, 선진/후진, 제1세계/제3세계 같은 이분법적 대당의 계보를 그릴 수 있었던 것이다. 도티에 따르면 근대 여명기 아메리카 정복이 현재 "우리"의 정체성을 확립하였으며, 이후 반복된 "제국적 조우"(imperial encounters)가 서구의 자아와 비서구 타자의 정체성을 상호구성, 유지해왔다. 가령, 제1세계와 제3세계의 구분은 흔히 알려진 바와 달리 냉전기만의 산물이 아닌 식민지 담론의 연장선상에서 이해될 필요가 있다. 또한 탈냉전기에 와서도 소위 "실패국가"(failed state)라는 범주를 생산해내는 지배 담론에서 보듯 여전히 제국주의 시대의 "우리" 서구 vs. "그들" 비서구의 위계적 재현정치가 작동되고 있음을 발견할 수 있다. 그리고 이 메커니즘이 일종의 전 지구적 규모의 문화적 무의식을 구성해 열등한 타자들의 문명화(=서구화)를 위한 서구의 개입이 정당화되는 효과를 낳게 된다(Doty 1996).

헤게모니 담론의 특권화 문제

냉전 말기 이래 국제정치학에서 지난 30여 년간 축적되어온 담론 연구를 회고하면서 한 가지 추가로 짚고 넘어가야 할 문제가 있다. 즉, 소위 주체-구조의 문제(agent-structure problematique)라고 하는 오랜 난제에서 담론 연구 역시 자유롭지 못하다는 점이다. 특히 초기 구성주의적 외교정책 연구에서 역설적이게도 담론의 단일적, 지속적 성격을 지나치게 강조하는 구조주의적 경향이 존재했다는 점이 종종 거론된다. 한 국가의 지배적인 정체성과 안보담론을 본질화(essentialization)하여 그 연속성을 강조하는 오류가 초창기 작업들에 많이 나타났다는 지적이다(Aydın-Düzgit and Rumelili 2019, 288-289).

이를테면, 앞서 언급한 탈구조주의적 미국 외교정책 연구의 고전인 Campbell(1992)의 경우, 마치 일괴암과 같은 자아(monolithic self)가 타자들과의 관계 속에서 끊임없이 자신을 동일하게 재생산하는 듯한 서사를 보여준다는 비판에 직면했다. 식민지기 아메리카에서 출현한 태초의 제국주의적 정체성이 수백 년을 거쳐 냉전기 미국 외교정책까지 그대로 지배했다는 인상을 주었던 것이다. 그러나 실제로 한 나라 안에는 복수의 자아들이 경쟁하는 복합적 관계가 존재하는 만큼, 국가 내부에 위치한 이질적 서사들과 모순, 그리고 불연속성 등을 고찰할 필요성이 후속 담론 연구 작업들에서 반복적으로 제기되어왔다(Neumann 1999, 27; Wæver 2002, 43).

니체의 관점주의적 인식론을 따른 푸코가 누차 강조하였듯이 담론의 장은 저마다의 진리 의지(will to truth)를 지닌 경쟁 사회세력들 간의 전쟁 공간으로서 이해되어야 한다(허경 2012, 21). 다시 말해 담론의 공간은 언제나 복수의 서사들 간의 경합과 투쟁의 과정에 놓여 있으며, 담론의 질서는 늘 차이와 적대들로 가득 찬 불안정성과 내적 균열로 특징지어진다. 그리고 바로 이와 같은 점은 문화적 헤게모니 투쟁의 공간으로서 시민사회를 이해하였던 안토니오 그람시(Antonio Gramsci)의 통찰과도 맞닿아 있다(신동일 2018, 31). 이런 맥락에서 대표적인 구성주의적 외교정책 연구자 중 한 명인 호프는 명시적으로 "신그람시주의적 상식 구성주의"(neo-Gramscian common-sense con-structivism)의 필요성을 주창해 왔는데, 이는 대중의 사유 습관(habit of thinking)과 엘리트들의 지배 이데올로기 사이의 경합에 주목하면서, 외교정책도 그러한 경쟁의 결과로 간주하는 담론 연구 방법을 의미한다. 이러한 방법론적 구도에서는 한 국가 내의 담론지형을 동질적인 것으로 이해하던 과거의 방식과 달리, 엘리트 담론과 민중의 전통적 세계관념 사이의 자연적인 "담론적 정합성"(discursive fit)은 부인된다. 비록 지배집단이 담론과 문화 차원에서 헤게모니 수립을 위해 노력하고 대부분의 경우 이에 성공하지만, 시민사회의 상식이 이에 저항하여 엘리트의 헤게모니 프로젝트에 균열을 일으킬 가능성도 상존한다는 것이다(Hopf 2013).[20]

이런 점에서 최근에 부상한 포퓰리즘 시대의 미국 외교정책은 담론 분석 방법론의 흥미로운 연구 영역이 될 수 있다. 길게 잡으면 2차 세계대전 이후, 짧게 잡더라도 탈냉전 이후 수십 년 동안 미국의 자유주의적 예외주의 담론과 이에 기반한 정체성은 확고한 듯 보였고, 이에 따라 자유 국제주의(liberal internationalism)라고 하는 외교 대전략도 한동안 민주-공화 양당의 분열선을 넘어 국가적 컨센서스를 형성한 것으로 여겨졌다. 그러나 지난 2016년 대선을 기점으로 그동안 기득권 정치 공론장에서 소외되었던 저학력 백인노동계급에 의해 잭슨주의적 민족주의 담론이 급부상하면서, 기성 엘리트층의 헤게모니 담론과 정면충돌하는 새로운 드라마가 연출되었다(Cha 2016). 최근 몇 년간 도널드 트럼프(Donald J. Trump) 행정부에서 미국의 대전략을 놓고 벌어져 온 혼란과 갈등은 민족주의적 민중 담론과 지구주의적 엘리트 담론 사이의 균열과 충돌에서 유래한 것으로 볼 수 있으며, 향후 국가적 역할관념과 전략 내러티브가 어떤 형태로 (재)구성되는가에 따라 미국의 외교정책, 나아가 자유세계질서의 향방이 크게 요동칠 것으로 예상된다(Layne 2017; Cha 2020).

....

20 이와 같은 이론적, 방법론적 시각에서는 정체성 구성의 공간으로서 지배집단의 공식담론이나 제도뿐 아니라, 미시적 맥락 혹은 일상적 실천의 영역도 강조하게 된다(Godinho 2016/2017, 5; Holzscheiter 2014, 156-157).

맺음말: 한국 국제정치학과 담론 연구

지금까지 일반적인 차원에서 담론과 담론 분석의 개념을 살펴본 후, 국제정치학에서 담론 연구의 사례들에 대해서 개괄적으로 알아보았다. 마지막으로 결론을 대신해 우리의 학문에서 담론 연구가 제기하는 질문과 함의들에 관하여 이론적 영역과 정책적 영역으로 나누어 간단히 논의해 보도록 하겠다.

국제정치이론을 역사적 "담론"으로 이해하기: 미국 중심성 비판과 한국적 국제정치학의 모색

"우리"의 국제정치학에서 담론 연구의 함의를 질문한다는 것은 무엇보다 국제정치학 자체를 하나의 담론으로 이해하는 이론적 반성 과정에서부터 출발할 필요가 있다. 이는 우선 국제정치학의 정전들(canon)을 텍스트화(textualization)하여 그것들을 객관적인 현실을 기록한 것이 아닌 지배적인 권력/지식의 레짐 혹은 담론적 전략으로 간주함을 의미한다(George 1994). 다시 말해, 외부에 놓여 있는 객관적 사실을 충실히 반영해 법칙을 발견한다는 식의 자연주의적, 실증주의적 학문관을 벗어나, 세계를 형성하는 것이 곧 지식의 수행적 측면임을 자각하고 일상적 정치행위로서 이론을 이해함을 의미한다. 즉, 학문이란 "'정당한 담론의 지위'를 획득하려는 사회 세력 간의 상징투쟁"의 장(홍성민 편 2008, 5)이라는 지식사회학적 문제의식을 견지하는 것이다.

이런 맥락에서 비판이론적 입장에 서 있는 담론 분석가는 본래 특수한 것, 이데올로기적인 것을 보편적이고 자연스러운 것으로 전환시키는 국제정치학의 신화적 작용(mythical function)을 고발할 필요를 느끼게 된다(Weber 2010). 그리고 현재 지배적인 국제정치학 담론의 생성 과정, 혹은 그 진리레짐의 정치경제를 탐구하여 말해지지 않고 쓰여지지 않은 것들, 생략되거나 침묵당한 것들을 발굴하고자 한다. 이는 곧 주류 국제정치학에서 당연한 것으로 간주되는 세계이해의 준거점을 재고하는 작업으로서, 궁극적으로는 세계의 역사와 현재, 미래에 대한 대안적 이해방식과 행동양식을 개방하기 위한 노력을 뜻한다.[21]

한편, 국제정치학을 하나의 담론으로서, 진리레짐으로서 반성하고 상대화하는 작업은 분과 자체를 역사적, 시공간적 맥락에 위치시키는 것을 뜻하기도 한다. 특히 서구 중심주의 메타서사들의 운반체 구실을 해온 국제정치학의 계보를 명확히 하는 작업이 우선적으로 요구된다. 주류 국제정치학이 어떻게 서구의 특수한 역사경험과 철학적 가정들에 기초해 세계를 특정한 이미지로 고정시키는 배제와 불관용의 담론체제로서 산출되었는지, 어떤 방식으로 서구가 세계정치의 주체이자 이상적 표준으로 설정되면서 비서구의 주체성과 다양성이 삭제되었는지를 들여다볼 필요가 있는 것이다(Hobson 2012).

사실 미국의 사회과학으로서 국제정치 "담론"을 성찰하는 작업은 Hoffmann(1977) 이래 미국 내부에서부터 오랜 화두라고 할 수 있다. 이는 한국의 국제정치학자들에게 "수입"된 지식체계로서 주류 국제정치이론의 "맥락적 민감성"을 고심할 수밖에 없는 환경을 부여하는데, 우리가 현재 가지고 있는 지식의 인식론적 기초와 맥락에 대한 자각의 필요성 혹은 우리 지식의 한계와 역사성을 인식할 책임

....

21   현실주의적 고전 지정학을 하나의 담론 체계로 인식하고 그 해체를 시도하는 비판지정학 운동도 인접 학문인 정치지리학 분야에서 나타나는 동일한 반성의 산물로 이해 가능하다(지상현·콜린 플린트, 2009).

이 주어졌음을 의미한다(이삼성 1997; 김학노 2008; 양준희 2010). 가령, 냉전시대를 풍미한 현실주의 대 자유주의 논쟁에서부터 냉전 말 전환기의 패권안정론과 자유세계질서 논의, 탈냉전기 인도주의적 개입, 좋은 거버넌스(good governance) 개념(Hobson 2012, 299-305) 및 민주평화론의 부상(신욱희 2002), 9·11테러 이후 내전 연구의 활성화(Oren 2018)에 이르기까지, 현대 국제정치학의 주요한 흐름들 (또는 유행들)은 결국 미국 외교의 문제 설정, 미국의 대외정책이 지닌 전제와 가정, 개념화로부터 분리되기 힘든 모습을 보여준다. 따라서 다시 콕스의 유명하면서도 이단시되는 질문, "이론은 언제나 특정한 누군가를 위한 것이고 특정한 목표를 위한 것(theory is always for someone and some purpose)"(Cox 1981, 128)이라는 문제제기가 필요한 셈이다(Acharya and Buzan 2010, 16-17). 이론의 정치성에 대한 질문, 이론 생산지의 이익과 현상유지를 위한 권력/지식으로서 미국 국제정치학 담론에 대한 문제의식이 요구된다.

그리고 이러한 탈식민적/대항패권적 문제의식은 다시 "자아준거적 정치학"의 모색(문승익 1999)과 자생적 국제정치학의 추구로 이어지게 된다(Aydinli and Biltekin eds. 2018). 기실 이용희의 『일반국제정치학(상)』이래 서구 중심주의적 주류 국제정치학에 대한 대안 담론(민병원 2017; 전재성 2017)으로서, 이른바 "한국적 국제정치학"의 필요성에 대한 주장은 남한 국제정치학의 역사상 여러 차례 반복적으로 등장한 바 있다(노재봉 1988; 박상섭 1988; 전재성 2007; 김영명 2009).[22] 이는 최근 부상하고 있는 "전 지구적 국제정치학"(Global IR)에 대한 논의(Acharya and Buzan 2019), 특히 어떻게 비서구의 목소

....

22   이러한 주장들이 그간 실제적인 내용 없이 구호에만 그쳐왔다는 비판 및 자기반성으로
       는 민병원(2007); Min(2016) 참조.

리와 경험을 포함한 국제정치학 분과 일반의 다원화와 일반화를 달성할 것인가(Eun 2016; 2018)라는 문제의식과도 공명하는 것으로, 탈식민-탈서구적 전회 속에 한국의 국제정치적 경험을 보편화하는 작업(전재성 2019)의 정당성은 더욱더 충분해졌다고 할 수 있다.

그런데 한국적 국제정치학의 모색과 관련, 오늘날 한 가지 새로운 맥락적 환경이 등장하고 있어 이에 대한 고찰이 요구된다. 그것은 바로 중국특색적 국제정치학의 부상이 제기하는 도전이다. 중국의 하드 파워의 상승과 함께 국제정치학계에서도 중국과 동아시아 역사 경험의 이론화 논의가 폭증하였고, 특히 중국발 진리레짐으로서 새로운 국제정치 담론이 구성되고 있다(김흥규 2010; 김상규 2015; 김헌준 2016; 함명식 2019; Acharya 2019). 물론 이는 또 하나의 권력/지식 시스템으로서 중국이 자신의 부상을 정당화시키는 내러티브로서의 성격을 강하게 지니고 있다. 따라서 현재주의적인 관점에서 자의적으로 역사를 취사선택하고, 유리한 형태의 예외주의적 거대서사— 가령, 평화주의적 자기정체성을 과시하는 방향—를 구성하는 이데올로기적 역할을 수행하고 있다는 비판에 직면해 있기도 하다(Cha 2018; 최경준 2018).

그러나 우리에게 더욱 문제가 되는 것은 중국발 국제정치 담론이 마치 동아시아의 국제관계사와 사상사를 모두 대변하는 듯한 상황이 전 세계의 국제정치학계에서 벌어지고 있다는 점이다. 서구 중심적 학문에 의해 침묵되었던 우리의 경험이 또 다시 중국의 진리레짐에 의해 주변화될 위기에 처해 있는 것이다. 바로 여기서 다시 한국발 담론만의 차별화란 무엇인지, 과연 그것이 가능은 한 것인지에 대한 고민이 발생하게 된다. 한 가지 모색해볼 수 있는 실마리는 일종의 "주변에서 본 동아시아"의 시각과 관련될 것이다(전현준 외 편 2004). 예를 들어, 동아시아의 역사에 대한 중국 중심의 거대서사가 생략하고 있는 한반도 왕조들의 역사적 생존전략에 대한 설명과 조공체제에 대한 한국적 시각의 소개 등이 21세기 중화주의에 흡수되어 버리지 않는 한국적 국제정치학의 단초가 될 수 있을 것이다(하영선·이헌미 편 2016; 정용화 2005).

미중 경쟁 담론의 함정: 오리엔탈리즘과 옥시덴탈리즘 사이

담론의 수행성을 반성할 뿐 아니라, 새로운 지식레짐을 스스로 만들어가는 구성자로서 담론 연구가는 기성 지배 서사가 만들어 놓은 함정들 혹은 그것이 좁혀 놓은 선택지에 대해서도 비판적 태도를 견지하게 된다. 담론 분석가의 궁극적 목표는 비판적인 지식의 소비이자 성찰적인 지식의 생산으로서 지배적인 헤게모니 담론의 역사성을 밝히고 대안적인 내러티브의 생산을 통해 보다 심층적인 수준에서 다원주의적이고 상호 호혜적인 자아/타자 관계를 구현해가는 것을 추구한다. 이런 점에서 담론 연구는 필연적으로 학술과 이론의 층위를 넘어 실천적인 외교정책의 영역으로 진입하게 된다(은용수 2015).

예를 들어, 오늘날 대한민국 외교전략에 있어 절체절명의 구조적 환경으로 일컬어지고 있는 미중 패권경쟁이라고 하는 문제틀(problématique)도 담론 연구자의 시선에서 새롭게 독해될 필요가 있다. 즉, 서구 패권의 중국 위협 담론과 중국의 중화주의 담론이라고 하는 두 가지 심연들 모두에 대한 비판적 거리두기가 요구된다. 한편으로 미국의 주류적인 대중 학술 담론은 이론적 정향의 구분선이 무색하게 대부분 중국을 위협적인 타자 혹은 서구 표준을 열망하는 존재로 상상하고 있다. 현실주의는 중국을 무력으로 타도할 "정복"의 대상으로, 자유주의는 민주주의와 자본주의로의 "개종" 대상으로, 구성주의는 국제사회 규범의 "사회화" 대상으로 본다고 하는 상대적으로 작은 차이가 존재할 따름이다. 이는 기본적으로 우월하고 착한 서구(/미국) vs. 열등하고 나쁜 중국이라는 위계적 이분법과 타자화가 주류 국제정치이론 속에 숨겨진 가정으로 전제되어 있다는 점을 의미한다(Cho and Hwang 2020).

반대로 최근 중국에서는 국력의 팽창과 함께 오리엔탈리즘적 이분법의 전도된 형태인 옥시덴탈리즘(Occidentalism) 담론이 등장하고 있다.[23] 특히 시진핑(习近平) 시대에 들어 "중국몽", "중화민족의 부흥", "신형국제관계" 등과 같은 슬로건들이 연이어 정권 차원에서 띄워지는 것은 베이징발 패권 정체성 정치가 개시되고 있다는 징표이다(홍건식 2018). 또한 민간 영역에서 이런 공식담론들보다도 한 발 더 나아간 형태라고 할 수 있는 "신천하체계" 담론이 유행하고 있는 것도 징후적이다. 여러 수사적 포장에도 불구하고, 결국 이러한 복고적 진리레짐의 생산은 또 다른 제국을 꿈꾸는 소망의 표현이자 주변 세계에 대한 지배복원의 욕망으로 읽힐 수 있다(백영서 2013; 임상범 2015; 전인갑 2016).

만일 우리가 이와 같은 두 개의 제국주의적 독백(monologue), 혹은 이분법적 위계화의 진리 주장을 무비판적으로 수용하게 된다면, 우리의 전략적 선택공간은 극단적으로 축소될 수밖에 없다. 미국

---

23 옥시덴탈리즘이란 단순히 동양의 주체성을 가지고 서양을 바라보는 문제가 아니다. 오히려 여전히 자기중심적 보편성을 추구하면서, 동양과 서양이라는 이분법적 세계관을 그대로 받아들인다는 점에서 제국주의적 담론의 논리를 오롯이 반복하고 있다. 따라서 옥시덴탈리즘은 오리엔탈리즘과 쌍둥이 혹은 거울상의 형태를 지니고 있다. 즉, 오리엔탈리즘이든, 옥시덴탈리즘이든 차이들을 단선적 논리로 위계화하고 타자화하는 헤게모니 담론을 지향한다는 점에서 다원주의적, 공감적 세계관과는 거리가 멀다(김은중 2011; 2014).

과 중국이 서로를 적대적으로 타자화하고 독선적 외교 독트린을 추구하여 양보 없는 갈등으로 치닫게 된다고 인식하였을 때, 우리는 소위 "투키디데스 함정"(Allison 2017)에서 빠져나올 길이 사라지게 되고, 두 국가 사이에 끼인 한국의 전략적 딜레마는 갈수록 가중될 것이기 때문이다. 이런 점에서 두 초강대국의 지배적 담론의 권력효과—스스로 "강대국 정치의 비극"(Mearsheimer 2014)을 현실화하는 마법의 주문과 같은 자기실현적 효과—를 비판적으로 독해하고, 그것의 해체를 시도하는 것은 단순한 담론 연구자의 지적 호기심의 차원을 넘어, 우리의 생존의 길을 모색하는 사활적 과제라 할 수 있을 것이다. 그리고 이것이 한국의 국제정치학과 외교정책 논의가 비판적 담론 분석 방법론에 주의를 기울일 수밖에 없는 하나의 이유이다.

핵심 용어

담론 (167쪽)

미셸 푸코(Michel Foucault) (167쪽)

담론 분석 (168쪽)

내용 분석(content analysis) (174쪽)

인과추론(causal inference) (175쪽)

구성추론(constitutive inference) (175쪽)

성찰 (178쪽)

구성주의 (179쪽)

한국적 국제정치학 (188쪽)

참고문헌

김상규. 2015. "중국 국제관계학계의 역사와 내부 논의에 관한 분석."『사회과학연구』
　　23집 1호. pp. 36-65.

김영명. 2009. "한국적 국제정치 연구의 주요 사례와 바람직한 방향."『글로벌정치연구』
　　2권 2호. pp. 7-36.

김은중. 2011. "권력의 식민성과 탈식민성: 유럽중심주의와 제3세계주의를 넘어서."
　　『이베로아메리카연구』22집 2호. pp. 1-35.

_____. 2014. "포스트옥시덴탈리즘과 라틴아메리카 '이후'."『이베로아메리카연구』25집
　　1호. pp. 1-30.

김학노. 2008. "국제정치(경제)학의 미국 의존성 문제."『국제정치논총』48집 1호. pp.
　　7-34.

김헌준. 2016. "미중 간 사회과학 지식체계에서의 경쟁."『EAI 국가안보패널 연구보고서』
　　http://eai.or.kr/data/bbs/kor_report/2016112417135178.pdf (검색일: 2020년 1월
　　14일).

김흥규. 2010. "중국 국제관계이론의 수용과 발전 연구 소고."『한국정치연구』19집 2호.
　　pp. 1-24.

노재봉. 1988. "한국국제정치학의 지성사적 고찰."『국제정치논총』28집 1호. pp. 35- 40.

문승익. 1999.『자아준거적 정치학의 모색』. 서울: 오름.

민병원. 2007. "국제정치이론과 한국: 비판적 성찰과 제안."『국제정치논총』46집 특별호.
　　pp. 37-66.

_____. 2012. "이해할 것인가, 설명할 것인가?: 모델기반 정치학을 향하여."
　　『한국정치연구』21권 3호. pp. 343-367.

_____. 2017. "국제정치의 정학과 동학:『국제정치원론』과 한국 국제정치학."
　　민병원·조인수 외.『장소와 의미: 동주 이용희의 학문과 사상』. 고양: 연암서가. pp.
　　44-87.

박상섭. 1988. "한국국제정치학과 외래이론수용의 문제점."『국제정치논총』28집 1호. pp.
　　23-33.

백영서. 2013. " '중국몽'은 제국몽인가."『프레시안』9월 3일. http://www.pressian.com/
　　news/article/?no=69329 (검색일: 2020년 1월 14일).

신동일. 2018. "언어학적 전환, 비판적 언어학 전통, 그리고 비판적 담론 연구의 출현."
　　『질적탐구』4권 3호. pp. 1-42.

신욱희. 2002. "민주적 평화론과 미국의 21세기 전략."『미국학』25집. pp. 279-304.

신진욱. 2011. "비판적 담론 분석과 비판적·해방적 학문."『경제와 사회』89호. pp. 10-45.

양준희. 2010. "미국적 국제정치의 편향성과 학문적 자유의 억압: 국제정치 연구프로그램의 확장과 금기주제에 대한 논의의 필요성." 『아태연구』 17권 2호. pp. 127-148.

은용수. 2015. "비판이론의 학술적 공헌과 실천적 함의: 한국외교를 중심으로." 『국제·지역연구』 24권 3호. pp. 67-93.

이기형. 2006. "담론 분석과 담론의 정치학: 푸코의 작업과 비판적 담론 분석을 중심으로." 『언론과 사회』 14권 3호. pp. 106-145.

이삼성. 1997. "전후 국제정치이론의 전개와 국제환경: 현실주의-자유주의 균형의 맥락적 민감성." 『국제정치논총』 36집 3호. pp. 3-59.

이희상. 2008. "대중지리와 학교지리의 문화적 텍스트로서 모험소설 읽기: 쥘 베른의 『80일간의 세계일주』를 사례로." 『한국지리환경교육학회지』 16권 3호.

임상범. 2015. "대국굴기의 미래, 제국 중국?." 『중국학보』 71호. pp. 411-436.

장세룡. 2001. "언어와 문화로의 전환과 역사학 연구의 방향." 『계명사학』 12권. pp. 141-168.

전인갑. 2016. 『현대중국의 제국몽: 중화의 재보편화 100년의 실험』. 고양: 학고방.

전재성. 2007. "한국 국제정치학의 향후 과제들." 『국제정치논총』 46집 특별호. pp. 227-249.

_____. 2017. "권역, 전파 그리고 동주의 역사사회학: 『일반국제정치학(상)』의 재조명." 민병원·조인수 외. 『장소와 의미: 동주 이용희의 학문과 사상』. 고양: 연암서가. pp. 88-116.

_____. 2019. "탈식민 국제정치학 이론과 한국." 『국제정치논총』 59집 4호. pp. 173- 206.

전현준 외 편. 2004. 『주변에서 본 동아시아』. 서울: 문학과 지성사.

정용화. 2005. "주변에서 본 조공체제: 조선의 조공체제 인식과 활용." 백영서 외. 『동아시아의 지역질서: 제국을 넘어 공동체로』. 파주: 창비.

주경철. 2008. 『대항해시대: 해상 팽창과 근대 세계의 형성』. 서울: 서울대학교출판부.

지상현·콜린 플린트. 2009. "지정학의 재발견과 비판적 재구성." 『공간과 사회』 31호. pp. 160-199.

최경준. 2018. "중국의 부상과 동아시아: 투영된 과거, 블랙박스 처리된 현재, 추정된 미래." 『국제정치연구』 21집 1호. pp. 81-107.

하영선·이헌미 편. 2016. 『사행의 국제정치: 16~19세기 조천 연행록 분석』. 서울: 아연출판부.

함명식. 2019. "'중국 특색 국제정치이론' 논의의 출현과 향후 전망." 『국가안보와 전략』 19권 2호. pp. 77-114.

허경. 2012. "미셸 푸코의 '담론' 개념: '에피스테메'와 '진리놀이'의 사이." 『개념과 소통』 9호. 5-30.

홍건식. 2018. "시진핑의 중국몽과 정체성 정치: 일대일로, AIIB 그리고 패권정체성." 『국제정치논총』 58집 1호. pp. 99-146.

홍성민 편. 2008. 『지식과 국제정치: 학문 속에 스며 있는 정치권력』. 파주: 한울.

Acharya, Amitav. 2019. "From Heaven to Earth: 'Cultural Idealism' and 'Moral Realism' as Chinese Contributions to Global International Relations." *The Chinese Journal of International Politics* 12(4): 467-494.

Acharya, Amitav and Barry Buzan. 2010. "Why is there no Non-Western International Relations Theory? An Introduction." In Amitav Acharya and Barry Buzan (eds.), *Non-Western International Relations Theory: Perspectives on and Beyond Asia*. New York: Routledge.

_____. 2019. *The Making of Global International Relations: Origins and Evolution of IR at its Centenary*. Cambridge: Cambridge University Press.

Adler, Emanuel. 2013. "Constructivism in International Relations: Sources, Contributions, and Debates." In Walter Carlsnaes, Thomas Risse, and Beth A. Simmons (eds.), *Handbook of International Relations*. Second ed. London: Sage.

Allison, Graham T. 2017. *Destined for War: Can America and China Escape Thucydides's Trap?* Boston: Houghton Mifflin Harcourt.

Aydın-Düzgit, Senem and Bahar Rumelili. 2019. "Discourse Analysis: Strengths and Shortcomings." *All Azimuth* 8(2): 285-305.

Aydinli, Ersel and Gonca Biltekin. (eds.) 2018. *Widening the World of International Relations: Homegrown Theorizing*. New York: Routledge.

Banta, Benjamin. 2013. "Analysing Discourse as a Causal Mechanism." *European Journal of International Relations* 19(2): 379-402.

Barnett, Michael N. and Martha Finnemore. 2004. *Rules for the World: International Organizations in Global Politics*. Ithaca: Cornell University Press.

Bennett, Andrew. 2015. "Found in Translation: Combining Discourse Analysis with Computer Assisted Content Analysis." *Millennium* 43(3): 984-997.

Bially-Mattern, Janice. 2005. *Ordering International Politics: Identity, Crisis, and Representational Force*. New York: Routledge.

Bin Laden, Osama. 2005. *Messages to the World: The Statements of Osama Bin Laden*. New York: Verso.

Blaney, David L. and Naeem Inayatullah. 1997. "Knowing Encounters: Beyond Parochialism in International Relations Theory." In Yosef Lapid and Friedrich V. Kratochwil (eds.), *The Return of Culture and Identity in IR Theory*. Boulder: Lynne Rienner Publishers.

Bonditti, Philippe, et al, (eds.) 2017. *Foucault and the Modern International*. New York: Palgrave Macmillan.

Bonnell, Victoria E. and Lynn Avery Hunt. (eds). 1999. *Beyond the Cultural Turn: New Directions in the Study of Society and Culture*. Berkeley: University of California Press.

Brass, Paul R. 2000. "Foucault Steals Political Science." *Annual Review of Political Science* 3(1): 305-30.

Campbell, David. 1992. *Writing Security: United States Foreign Policy and the Politics of Identity*. Minneapolis: University of Minnesota Press.

Carta, Caterina. 2019. "'A Rose by any Other Name': On Ways of Approaching Discourse Analysis." *International Studies Review* 21(1): 81-106.

Cha, Taesuh. 2016. "The Return of Jacksonianism: The International Implications of the Trump Phenomenon." The *Washington Quarterly* 39(4): 83-97.

_____. 2018. "Competing Visions of a Postmodern World Order: The Philadelphian System versus the Tianxia System." *Cambridge Review of International Affairs* 31(5): 392-414.

_____. 2020. "Is Anybody Still a Globalist? Rereading the Trajectory of US Grand Strategy and the End of the Transnational Moment." *Globalizations* 17(1): 60-76.

Cho, Young Chul and Yih-Jye Hwang. 2020. "Mainstream IR Theoretical Perspectives and Rising China Vis-À-Vis the West: The Logic of Conquest, Conversion and Socialisation." *Journal of Chinese Political Science* 25(2): 175-198.

Cohen, Louis, Lawrence Manion, and Keith Morrison. 2008. *Research Methods in Education*. 6th ed. New York: Routledge.

Cohn, Carol. 1987. "Sex and Death in the Rational World of Defense Intellectuals." *Signs* 12(4): 687-718.

Connolly, William E. 1991. *Identity\Difference: Democratic Negotiations of Political Paradox*. Ithaca: Cornell University Press.

Cox, Robert W. 1981. "Social Forces, States and World Orders: Beyond International Relations Theory." *Millennium* 10(2): 126-155.

Diamond, Jared M. 1999. *Guns, Germs, and Steel: The Fates of Human Societies*. New York: Norton.

Diaz-Bone, Rainer, Andrea D. Bührmann, Encarnación Gutiérrez Rodríguez, Werner Schneider, Gavin Kendall, and Francisco Tirado. 2008. "The Field of Foucaultian Discourse Analysis: Structures, Developments and Perspectives." *Historical Social Research* 33(1): 7-28..

Doty, Roxanne Lynn. 1993. "Foreign Policy as Social Construction: A Post-Positivist Analysis of U.S. Counterinsurgency Policy in the Philippines." *International Studies Quarterly* 37(3): 297-320.

_____. 1996. *Imperial Encounters: The Politics of Representation in North-South Relations*. Minneapolis: University of Minnesota Press.

Dunn, Kevin C. 2008. "Historical Representations." In Audie Klotz and Deepa Prakash (eds.), *Qualitative Methods in International Relations: A Pluralist Guide*. New York: Palgrave Macmillan.

Dunn, Kevin C. and Iver B. Neumann. 2016. *Undertaking Discourse Analysis for Social Research*. Ann Arbor: University of Michigan Press.

Dussel, Enrique. 박병규 역. 2011. 『1492년 타자의 은폐: '근대성 신화'의 기원을 찾아서』. 서울: 그린비.

Eun, Yong-Soo. 2016. *Pluralism and Engagement in the Discipline of International Relations*. Singapore: Springer.

_____. 2018. *What is at Stake in Building "Non-Western" International Relations Theory?* New York: Routledge.

Fairclough, Norman. 1992. *Discourse and Social Change*. Cambridge: Polity Press.

Finnemore, Martha and Kathryn Sikkink. 2001. "Taking Stock: The Constructivist Research Program in International Relations and Comparative Politics." *Annual Review of Political Science* 4(1): 391-416.

Foucault, Michel. 1970. *Archaeology of Knowledge*. London: Tavistock Publications.

_____. 1973. *The Order of Things*. New York: Pantheon.

_____. 1977. *Discipline and Punish: The Birth of the Prison*. New York: Pantheon.

_____. 1984. "Nietzsche, Genealogy, History." In Paul Rabinow (ed.), *The Foucault Reader*. New York: Pantheon.

_____. 1990. *The History of Sexuality: An Introduction, Volume 1*. Tran. Robert Hurley. New York: Vintage Books.

_____. 2000. "Truth and Power." In James D. Faubion (ed.), *Power*. New York: The New Press.

George, Jim. 1994. *Discourses of Global Politics: A Critical (Re)Introduction to International Relations*. Boulder: Lynne Rienner Publishers.

Ghica, Luciana Alexandra. 2013. "Discourse Analysis and the Production of Meaning

정치학 방법론 핸드북

in International Relations Research: A Brief Methodological Outline." *Annals of the University of Bucharest* 15(2): 3-9.

Godinho, Luísa. 2016/2017. "Discourse and International Relations: A Theoretical and Methodological Approach." *Janus.Net: e-Journal of International Relations* 7(2): 1-13.

Grovogui, Siba N. 1996. *Sovereigns, Quasi Sovereigns, and Africans: Race and Self-Determination in International Law*. Minneapolis: University of Minnesota Press.

_____. 2010. "Postcolonialism." In Tim Dunne, Milja Kurki, and Steve Smith (eds.), *International Relations Theories: Discipline and Diversity*. 2nd ed. New York: Oxford University Press.

Hamati-Ataya, Inanna. 2013. "Reflectivity, Reflexivity, Reflexivism: IR's 'Reflexive Turn'—and Beyond." *European Journal of International Relations* 19(4): 669-694.

Hansen, Lene. 2012. "Discourse Analysis, Post-Structuralism, and Foreign Policy." In Steven Smith, Amelia Hadfield, and Tim Dunne (eds.), *Foreign Policy: Theories, Actors, Cases*. 2nd ed. New York: Oxford University Press.

_____. 이정환 역. 2015. "탈구조주의." John Baylis et al. 하영선 外 역. 『세계정치론』(제6판). 서울: 을유문화사.

Hardy, Cynthia, Nelson Phillips, and Bill Harley. 2004. "Discourse Analysis and Content Analysis: Two Solitudes?" *Newsletter of the APSA's Organized Section on Qualitative Methods* 2(1): 19-22.

Herrera, Yoshiko M. and Bear F. Braumoeller. 2004. "Symposium: Discourse and Content Analysis." *Newsletter of the APSA's Organized Section on Qualitative Methods* 2(1): 15-19.

Hobson, John M. 2012. *The Eurocentric Conception of World Politics*. Cambridge: Cambridge University Press.

Hodges, Adam. 2018. "Discursive Underpinnings of War and Terrorism." In Ruth Wodak and Bernhard Forchtner (eds.), *The Routledge Handbook of Language and Politics*. New York: Routledge.

Hoffmann, Stanley. 1977. "An American Social Science: International Relations." *Daedalus* 106(3): 41-60.

Hollis, Martin and Steve Smith. 1991. *Explaining and Understanding International Relations*. Oxford: Clarendon Press.

Holzscheiter, Anna. 2014. "Between Communicative Interaction and Structures of Signification: Discourse Theory and Analysis in International Relations." *International Studies Perspectives* 15(2): 142-162.

Hopf, Ted. 1998. "The Promise of Constructivism in International Relations Theory." *International Security* 23(1): 171-200.

_____. 2002. *Social Construction of International Politics: Identities & Foreign Policies, Moscow, 1955 and 1999*. Ithaca: Cornell University Press.

_____. 2004. "Discourse and Content Analysis: Some Fundamental Incompatibilities." *Newsletter of the APSA's Organized Section on Qualitative Methods* 2(1): 31-33.

_____. 2013. "Common-Sense Constructivism and Hegemony in World Politics." *International Organization* 67(2): 317-354.

Jackson, Richard. 2007. "Constructing Enemies: 'Islamic Terrorism' in Political and

Academic Discourse." *Government and Opposition* 42(3): 394-426.

Katzenstein, Peter J. (ed). 1996. *The Culture of National Security: Norms and Identity in World Politics*. New York: Columbia University Press.

Keller, Reiner. 2013. *Doing Discourse Research: An Introduction for Social Scientists*. Los Angeles: Sage.

_____. 2018. "Michel Foucault: Discourse, Power/Knowledge and the Modern Subject." In Ruth Wodak and Bernhard Forchtner (eds.), *The Routledge Handbook of Language and Politics*. New York: Routledge.

Kendall, Gavin and Gary Wickham. 1999. *Using Foucault's Methods*. Thousand Oaks: Sage Publications.

King, Gary, Robert O. Keohane, and Sidney Verba. 1994. *Designing Social Inquiry: Scientific Inference in Qualitative Research*. Princeton: Princeton University Press.

Klotz, Audie and Cecelia Lynch. 손혁상·이주연 역. 2011. 『구성주의 이론과 국제관계 연구 전략』. 서울: 경희대학교 출판문화원.

Laclau, Ernesto and Chantal Mouffe. 이승원 역. 2012. 『헤게모니와 사회주의 전략: 급진 민주주의 정치를 향하여』. 서울: 후마니타스.

Laffey, Mark and Jutta Weldes. 2004. "Methodological Reflections on Discourse Analysis." *Newsletter of the APSA's Organized Section on Qualitative Methods* 2(1): 28-30.

Lapid, Yosef. 1989. "The Third Debate: On the Prospects of International Theory in a Post-Positivist Era." *International Studies Quarterly* 33(3): 235-254.

Lapid, Yosef and Friedrich V. Kratochwil. (eds.), 1997. *The Return of Culture and Identity in IR Theory*. Boulder: Lynne Rienner Publishers.

Layne, Christopher. 2017. "The US Foreign Policy Establishment and Grand Strategy: How American Elites Obstruct Strategic Adjustment." *International Politics* 54(3): 260-275.

Liu, Yongtao. 2010. "Discourse, Meanings and IR Studies: Taking the Rhetoric of 'Axis of Evil' as a Case." *CONfines* 6(11): 85-107.

Mearsheimer, John J. 2014. *The Tragedy of Great Power Politics*. updated ed. New York: W.W. Norton.

Milliken, Jennifer. 1999. "The Study of Discourse in International Relations: A Critique of Research and Methods." *European Journal of International Relations* 5(2): 225-254.

Min, Byoung Won. 2016. "Not so Universal? The Search for Indigenous International Relations Theories in South Korea." *The Korean Journal of International Studies* 14(3): 461-487.

Müller, Martin. 2011. "Doing Discourse Analysis in Critical Geopolitics." *L'Espace Politique* 12: 1-21.

Neumann, Iver B. 1999. *Uses of the Other: "the East" in European Identity Formation*. Minneapolis: University of Minnesota Press.

_____. 2008. "Discourse Analysis." In Audie Klotz and Deepa Prakash (eds.), *Qualitative Methods in International Relations: A Pluralist Guide*. New York: Palgrave Macmillan.

Oren, Ido. 2018. "International Relations Ideas as Reflections and Weapons of US Foreign Policy." Andreas Gofas, Inanna Hamati-Ataya, and Nicholas Onuf (eds.),

The SAGE Handbook of the History, Philosophy and Sociology of International Relations. London: Sage Publications.

Pan, Chengxin and Oliver Turner. 2017. "Neoconservatism as Discourse: Virtue, Power and US Foreign Policy." *European Journal of International Relations* 23(1): 74-96.

Parsons, Craig. 2007. *How to Map Arguments in Political Science*. New York: Oxford University Press.

Rabinow, Paul and William M. Sullivan (eds). 1987. *Interpretive Social Science: A Second Look*. Berkeley: University of California Press.

Ruggie, John Gerard. 1998. *Constructing the World Polity: Essays on International* Institutionalization. New York: Routledge.

Said, Edward W. 2003. *Orientalism*. 25th Anniversary ed. New York: Vintage Books.

Scott, Joan W. 1991. "The Evidence of Experience." *Critical Inquiry* 17(4): 773-797.

Shepherd, Laura. 2008. *Gender, Violence, and Security*. London: Zed Books.

Spivak, Gayatri Chakravorty. 1988. "Can the Subaltern Speak?" In Cary Nelson and Lawrence Grossberg (eds.), *Marxism and the Interpretation of Culture*. London: Macmillan.

Todorov, Tzvetan. 1984. *The Conquest of America: The Question of the Other*. New York: Harper & Row.

Wæver, Ole. 2002. "Identity, Communities and Foreign Policy: Discourse Analysis as Foreign Policy Theory." In Lene Hansen and Ole Wæver (eds.), *European Integration and National Identity: The Challenge of the Nordic States*. New York: Routledge.

Weber, Cynthia. 2010. *International Relations Theory: A Critical Introduction*. 3rd ed. New York: Routledge.

Wendt, Alexander. 1998. "On Constitution and Causation in International Relations." *Review of International Studies* 24(5): 101-118.

_____. 1999. *Social Theory of International Politics*. Cambridge: Cambridge University Press.

Wodak, Ruth and Bernhard Forchtner. (eds). 2018. *The Routledge Handbook of Language and Politics*. New York: Routledge.

## 제6장

과정 추적 방법

안두환 서울대학교

이 장에서는 1980년대 이래 질적 연구 분야에서 양적 연구의 파상공세에 대항하기 위한 무기로 주목받고 있는 과정 추적 방법을 소개하고자 한다. 특정 사회현상의 인과관계의 파악을 핵심 목표로 한다는 점에서 과정 추적 방법은 사회과학의 본질적인 질문에 맞닿아 있는 연구 수단이라 할 수 있다. 이 장에서는 근래 미국 정치학계의 과정 추적 방법에 대한 논의를 대략적으로 정리한 뒤 구체적인 사례로서 양차 세계대전의 기원에 관한 대표적인 두 역사학 연구를 재구성해 보고자 한다.

특정 사회현상의 인과관계의 파악을 명시적인 핵심 목표로 채택한다는 점에서 "과정 추적 방법"(prcoess tracing method)은 사회과학의 본질적인 질문에 맞닿아 있는 연구 수단이라 할 수 있다. 달리 말해, 어떠한 사건이 어떠한 이유로 일어났는지, 즉 Y라는 종속변수 혹은 결과의 원인에 대한 독립변수 X의 영향은 무엇인지 또 양자를 묶어주는 매듭은 무엇인지 파악하는 것을 주된 목적으로 한다는 점에서 과정 추정 방법은 사회과학의 원형적인 모습을 담고 있다. 과정 추적 방법은 이에 더해 근래 베이지안 추론(Bayesian inference)을 위시한 양적 연구 수단과의 다양한 협업 시도에도 불구하고 여전히 개별 사례를 중심으로 이루어지고 있는 질적 연구를 대표하는 수단으로 여겨지고 또 활용되고 있다는 점에서도 사회과학의 전통적인 접근을 계승하고 있다고 할 수 있다(Mahoney 2016; Kreuzer 2016; Bennett & Checkel 2015; Bennett 2008; George & Bennett 2005, 205-232; Levy 2002).

하지만, 잘 알려져 있듯이, 과정 추적 방법은 본래 1980년대 인지심리학에서 개인의 의사결정 과정을 탐구하기 위한 목적으로 처음 고안되었다(Ford et al. 1989). 과정 추적 방법이 사회과학 연구에서 첫선을 보인 것은 이 무렵 미시간대학교 정치학과의 로랜스 모어(Lawrence B. Mohr)가 『조직 행동의 이해(*Explaining Organizational Behavior*)』(1982)에서 조직 행동을 연구하기 위한 수단으로 검토하면서부터라 하겠다. 모어가 과정 추적 방법에 주목한 까닭은 조직 내 변화를 분석함에 있어서 시계열 분석(time series analysis)과 사례연구(case study)의 차이를 분명히 하기 위해서였다(Mohr 1982). 즉, 전자가 시간에 따른 변동에 초점을 둔다면, 후자는 과정에 있어서 순서에 초점을 둔다는 점을 명확히 보여주기 위해서였던 것이다(Van de Ven & Pool 2005).

정치학 분야에서 과정 추적 방법이 본격적으로 등장한 것 역시 비슷한 시기였다. 선봉에는 스탠포드대학 정치학과에서 미국 대외정책사를 연구하던 알렉산더 조지(Alexander L. George)가 있었다(Caldwell 2019). 미·소 냉전 시기 미국 외교정책을 역사적인 관점에서 연구하던 조지는 독립변수와 종속변수 사이의 통계상의 상관성이 인과적인 관계를 맺고 있는지 아닌지 판단하기 위한 하나의 방편으로 "역사학자가 하는 것처럼"(as the historian would do) 접근해 볼 것을 정치학자에게 제안했다(George 1979a, 46). 조지의 이러한 권고는 20여 년 전 자신의 부인 줄리엣 조지(Juliette L. George)와 공저한 『우드로 윌슨과 콜로넬 하우스: 인물 연구(*Woodrow Wilson and Colonel House: A Personality Study*)』(1959)에 뿌리를 두고 있었다. 조지 부부는 이 책에서 패권국으로서 미국의 등장을 알린 제1차 세계대전 참전 결정에서부터 베르사유 조약(Treaty of Versailles)과 국제연맹(League of Nations) 조인 거부에 이르는 일련의 모순으로 점철된 과정을 대통령 우드로 윌슨과 윌슨의 조언자로 맹활약한 에드워드 하우스(Edward M. House)의 성격 발달과 심리 상태에 대한 분석을 통해 설명하고자 했다(George & George 1956). 바꿔 말해, 조지는 정치인 개인의 사적인 신념이 어떻게 정치인 개인의 공적인 행동, 즉 정부 정책과 연결되는지를 구체적인 상황, 즉 역사적인 맥락 속에서 이해하고자 했던 것이다(George 1979b). 국가 정책을 담당한 인물에 대한 세밀한 탐구를 통해 국가 정책의 수립과 집행의 과정을 면밀히 조명해보고자 했다는 점에서 조지의 정치심리학적인 접근은 분명 역사학, 특히 당시 한창 유행하던 일대기 중심의 정치사 연구와 많은 부분 맥을 같이 하고 있었다(Blanning & Cannadine 1996).

과정 추적 방법은 1980년대 이래 많은 발전을 거듭해 왔다. 무엇보다 적용 범위에서 괄목할 만한 확장이 일어났다. 과정 추적 방법은 이제 사회과학 전반, 즉 개인 의사결정 과정에 관한 연구만 아니라 조직 행동 결정 과정에 관한 연구 더 나아가 정부 정책 결정에 관한 연구에서 명시적으로 또 암묵적으로 널리 그리고 흔히 활용되고 있다. 이에 더해 개리 킹(Gary King), 로버트 커헤인(Robert O. Keohane), 시드니 버바(Sidney Verba)의 『사회 탐구 디자인: 질적 연구에서 과학적 추론(*Designing Social Inquiry: Scientific Inference in Qualitative Research*)』(1994)의 출판과 그에 따른 양적 연구와 질적 연구 사이의 격렬한 사회과학 방법론 논쟁 속에서 과정 추적 방법 자체에 초점을 맞춘 논의 역시 쏟아져 나오고 있는 실정이다(King, Keohane, & Verba 1994; Goertz & Mahoney 2012; Trampusch & Palier 2016; Falleti 2016; Beach 2016; Mayntz 2016; Morgan 2016; Hay 2016; Bennett & Checkel 2015; Mahoney 2015; Beach & Pederson 2013; Mahoney 2012; Collier 2011; Bennett 2010; Gerring 2007).

과정 추적 방법 자체에 대한 최근의 폭증하는 관심은 날로 거세

지고 있는 추상화와 이론화의 열망을 반영하는 것이기도 하지만, 역설적으로 과정 추적 방법이 여전히 다른 사회과학 방법에 비해 미개발된 상태에 머물러 있다는 반증이기도 하다. 대부분의 논자 역시 과정 추적 방법이 다른, 특히 양적 사회과학 방법에 비해 "엄밀한 사회과학"(riogros social science)의 기준에 아직 도달하지 못하고 있는 것은 아닌가 하는 의심을 품고 있다. 단적으로, 몇 해 전 앤드류 베넷(Andrew Bennett)과 제프리 체켈(Jeffrey T. Checkel)은 적지 않은 경우에서 여전히 "은유"(metaphor)에 머물고 있는 과정 추적 방법을 시급히 "분석 도구"(analytic tool)로 정교화할 것을 강력하게 요구한 바 있다(Bennett & Checkel 2015).

이 글의 일차적 목적은 과정 추적 방법의 대강을 소개하는 데 있다. 양적 연구의 틈 사이에서 질적 연구의 새로운 도약을 목표로 한 노력의 일환으로서 과정 추적 방법에 대한 관심은 근래 들어 미국학계에서도 나날이 높아지고 있지만, 과정 추적 방법을 집중적으로 다루거나 이를 적극적으로 활용한 국내 연구는 아직은 미비한 형편이다(정성철 2017; 김선희 2017; 권혁용 2015; 민병원 2015). 미국학계에서의 과정 추적 방법에 대한 논의를 대략적으로나마 정리해 보고자 하는 이 글이 갖는 기본적 의의는 여기에서 찾을 수 있다. 이 글이 만약 추가적인 의의를 지닌다면 두 가지 구체적인 사례를 직접 발굴하여 과정 추적 방법을 거칠게나마 적용해 보았다는 점에 있다고 하겠다.

이 글은 크게 다음의 두 부분으로 이루어져 있다. 우선 킹, 커헤인, 버바에 의해 불붙은 사회과학 방법론 논쟁 이래 진행된 과정 추적 방법 논의를 과정 추적 방법의 정의와 종류 그리고 기준으로 나누어서 요약해 보고자 한다. 다음으로 양차 세계대전의 기원에 관한 대표적인 두 역사학 연구를 과정 추적 방법을 이용해 재구성해 보고자 한다. 구체적으로, 제1차 세계대전의 원인과 관련해서는 흔히 "피셔

논쟁"(Fischer Controversy or thesis)이라 칭해지는 논쟁을 촉발한 프리츠 피셔(Fritz Fischer)의 해석을, 제2차 세계대전의 원인과 관련해서는 소위 "테일러 논쟁"(Taylor Controversy or thesis)이라 불리는 논쟁을 낳았던 앨런 테일러(Alan J. P. Taylor)의 해석을 사례로 삼고자 한다. 끝으로 결론에서는 이 두 가지 역사적인 사례에 비추어 국제정치 분야에서 과정 추적 방법이 연구 수단으로서 지니는 강점과 약점 그리고 잠재성과 위험성을 나름대로 평가하고 마무리 짓고자 한다.

과정 추적 방법의 이론

정의

과정 추적 방법은 연구 대상으로 선택된 사건이나 현상의 인과관계를 파악하는 것을 목표로 한다. 따라서 종속변수와 독립변수의 관계 설정 문제는 과정 추적 방법을 정의하는데 있어 가장 핵심적인 요건이 된다. 이러한 점에서 과정 추적 방법에 대한 논의는 인과관계를 둘러싼 과학 철학 논의를 필수적으로 수반한다.

우리가 어떻게 다른 시간과 장소에서 일어난 현상이나 사건을 인과관계로 얽혀져 있는 것으로 인식하고 논하는가 하는 문제는 상당히 오래되었지만 여전히 해결되지 못하고 있는 난제 중 하나다. 인과성(causality) 또는 인과적 설명(causal explanation)에 대한 체계적인 논의는 18세기 스코틀랜드의 경험주의 철학자이자 역사학자 데이비드 흄(David Hume)에 의해 시작되었다고 할 수 있다. 경험주의 철학 전통의 기초를 다진 흄에 의하면, 인간은 경험을 통해 지식을 축적하고 사고하기에 서로 다른 장소와 시간에서 일어난 사건이나 현상은 각기 서로 다른 사건이나 현상으로 우선 파악된다(Hume 1987). 기존의 논자가 모든 사건과 현상은 신의 뜻에 의해 예정된 것으로 필연적으로 연결되어 있을 수밖에 없다고 가정하고 접근을 했다면, 흄은 어떠한 전제도 하지 않고 인간이 서로 다른 사건과 현상을 연관 짓는 방식을 탐구했다. 흄은 이로써 르네 데카르트(René Descartes)에 이어 회의주의 인식으로의 전환을 이끌면서 근대 철학의 기틀을 놓았다. 구체적으로 살펴보자면, 우리는 감각을 통해서 사건이나 현상을 경험하는데, 흄은 이를 인상(impression)이라 칭했다. 최초의 인상(primary impression)은 감각 인상이지만, 흄은 이것이 이후 일련의 사고 과정을 거쳐서 관념(idea)으로 자리 잡게 된다고 보았다. 우리가 서로 다른 현상이나 사건을 인과관계로 묶는 것은 감각된 최초의 인상에서 발전된 관념과 관념을 연관 짓는 것으로 흄은 이를 추론(reasoning) 행위라고 규정했다. 흄에 따르면, 추론에는 추상적인 관념을 서로 논리적으로 연결 짓기에 확실한 지식이 될 수 있는 논증적 추론(demonstrative reasoning)과 관념의 대상 간의 관계를 설정하고자 하는 개연적 추론(probable reasoning) 두 가지가 있었다. 흄은 "관념 사이의 관계"(relations of ideas)를 다루는 전자와 달리, 후자는 "사실의 문제"(matter of fact)를 다루기에 절대로 확실한 지식이 될 수 없다고 주장했다(Hume 1987). 달리 말해, 서로 다른 시간이나 공간에서 발생한 사건이나 현상 사이의 관계를 맺는 과정 추적 방법의 인과추론은 기본적으로 확실한 지식이 될 수 없는 개연성의 영역에서 진행되는 것이라 하겠다. 후술하겠지만, 흄의 이러한 제한된 지식으로서 인과관계에 대한 강조는 과정 추적 방법을 활용하고자 하는 연구자라면 반드시 명심해야 할 사항 중 하나다.

흄은 우리가 두 대상 사이에 인과관계가 성립한다고 언명할 수 있기 위해서는 (1) 두 대상이 진정으로 서로 필연적으로 연결되어 있거나, 아니면 (2) 원인이 결과에 대해 우선하거나, 그도 아니면 (3) 공간상에서나 시간상에서 두 대상이 근접한 경우여야 한다고 정리했다. 하나 두 관찰의 대상이 실제로 필연적으로 연결되어 있는 것은 가능하지 않기에 결국 서로 다른 현상이나 사건의 관계에서 발견되는 "인과관계(causal connection)는 불변적 결합(constant conjunction)"이라고 흄은 정의했다(Hume 1902). 풀이하자면, 인과추론이 정당한 것이 되기 위해서는 두 탐구의 대상이 반복적으로 나타나 상당한 수준에서 서로 연관되어 있다고 지각할 수 있어야 한다는 것이다. 즉, 인위적인 요소의 개입 없이 자연적인 이유로 원인과 결과가 "자주 반복"(frequent repetition)되어 인지되고 이후 서로 연관된 두 관념으로 자리를 잡아야 된다는 것이 흄의 설득력이 있는 인과추론의 핵심이라 하겠다. 킹, 버바, 커헤인의 실증주의 표현을 빌리자면, 인과관계란 "인과적인 효과"(causal effect)인 것이다(King, Keohane, & Verba 1994, 75-97).

탈근대 비판 이론의 등장과 유행의 여파로 흄의 인과추론이나 인과관계 자체에 대한 다양한 논쟁이 여러 수준에서 격렬하게 진행되고 있지만, 큰 틀에서 볼 때, 과정 추적 방법은 아직 흄의 개연적 추론으로서 인과추론의 정의를 벗어나지 못하고 있다고 판단된다(Jackson 2011). 단적으로, 흄이 원인과 결과로 각기 가정된 사건이나 현상이 어느 정도로 연속되어 보여져야 규칙이 있다고 할 수 있는가의 문제로 고민했듯이, 과정 추적 방법을 사용해 단일 사례를 분석하고자 하는 연구자는 여전히 설명변수의 변화가 어느 정도로 종속변수의 변화를 설명할 수 있는가의 문제로 고민하고 있다(Collier, Brady, & Seawright 2010).

종류

조지와 베넷이 사회과학에서 사례 연구의 중요성을 설득하며 누차 강조하고 있듯이, 과정 추적 방법은 연구를 위한 "방법(method)이지 이론(theory)이 아니다"(George & Bennett 2005). 엄밀히 말해서, 과정 추적 방법은 독립변수와 종속변수의 인과관계를 수많은 매개변수의 복잡한 작동을 파악함으로써 가능한 정확히 확정짓고자 하는 다양한 시도를 아우르는 개념 또는 통칭하는 용어에 지나지 않는다. 당연히 학계의 관심은 과정 추적 방법이란 무엇인가라는 질문보다 과정 추적 방법을 어떻게 활용할 것인가라는 질문에 집중될 수밖에 없다.

조지와 베넷, 잭 레비(Jack S. Levy) 등을 비롯한 다수의 논자에 의하면, 과정 추적 방법은 크게 두 개의 상이한 목적을 위해 활용될 수 있다(George & Bennett 2005; Levy 2002). 첫째로 과정 추적 방법은 기존의 이론을 검증하기 위한 수단으로 쓰일 수 있다(theory-testing process-tracing). 기존의 이론에 근거해 구축된 인과관계에 대한 분석이 옳은지 그른지 과정 추적 방법은 구체적인 사례에 대한 면밀한 조사를 통해서 밝힐 수 있다. 국제정치학을 비롯한 사회과학 내에서 생산된 무수히 많은 이론이 모두 정밀한 검증을 받은 것은 아니기에 개별 사례에 적용을 해서 확인하는 일은 여전히 남아 있다. 과정 추적 방법은 선택된 이론에 의거해 수립한 가설이 특정한 경우에서도 유효한지 여부를 조사하는 데 대단히 유용하다. 즉, 해당 이론이 주장하는 가설에 따른 인과관계가 구체적인 상황에서 명확히 드러나는지 살펴봄으로써 해당 이론을 검증할 수 있는 것이다. 둘째로 과정 추적 방법은 기존의 이론을 보완하거나 새로운 이론을 개발하는 데서도 중요한 역할을 담당할 수 있다(theory-building process-tracing).

기존의 이론을 보완하는 경우는 대개 앞서서 실시한 검증의 결과가 부정적이거나 만족스럽지 못한 경우가 될 것이다. 예를 들어, 과정 추적 방법은 독립변수와 종속변수 사이에 존재하는 매개변수 중 간과된 것을 찾아내어 가설을 수정하고 더 나아가 이론을 보완하는 데 도움을 줄 수 있다(Mahoney 2015). 반면 과정 추적 방법을 고용하여 새로운 이론을 개발하는 것은 이에 비해 매우 드물 수밖에 없다(Beach & Pederson 2013). 이유인즉, 특정한 사례에서 발견되는 인과관계가 다양한 사례에서 공통으로 발견되는 인과관계라는 점을 입증해야 하는 어려움이 있기 때문이다. 즉, 최소한 유사한 사례를 모두 취합한 뒤 우선 설정된 가설의 성립을 분석하고 대조하는 비교정치의 영역으로 과정 추적 방법을 확장, 적용해야 하기에 상당한 시간과 노력을 투여한다고 해도 위험한 도약이 될 가능성이 농후하다(Mahoney 2015; George & Bennett 2005).

데렉 비치(Derek Beach)와 라스무스 부른 페더슨(Rasmus Brun Pederson)은 이론 검증 과정 추적 방법과 이론 구축 과정 추적 방법에 더해 유발된 결과를 설명하는 수단으로서 과정 추적 방법이 있다고 주장한다(explaining-outcome process-tracing)(Beach & Pederson 2013). 비치와 페더슨은 질적 연구를 수행하는 연구자가 모두 이론 지향적(theory-oriented)이지는 않다고 지적한다. 이들에 따르면, 적지 않은 경우 질적 연구는 개별 사례에 대한 설득력 있는 분석을 제시하는 것을 주된 목표로 삼으며, 이에 사례 중심적(case-centric)이다. 달리 말해, 상당수의 질적 연구자의 경우, 조지와 베넷 역시 인정하듯, 인과관계가 상식적인 차원에서 손쉽게 파악되는 전형적인 사례보다 인과관계가 직관에 반하는 일탈적인 사례를 체계적으로 분석하는 데 훨씬 더 흥미를 가진다(George & Bennett 2005). 물론 특이한 사례에 대한 질적 연구는 입증하기 어려운 사례(hard case)에 대한 연구로 기존의 이론을 강화하거나 혹은 보완하는 데 지대한 도움을 줄 수도 있다. 하지만 비치와 페더슨의 결과 설명 과정 추적 방법은 단일한 일탈 사례 분석(deviant case analysis) 또는 부정 사례 분석(negative case analysis)이 질적 연구에서는 여전히 강세인 이유를 고려한 분류라고 하겠다.

기준

"엄밀한 사회과학"이라는 눈높이에 걸맞은 수준으로 과정 추적 방법을 향상시키고자 하는 최근의 노력은 관찰된 인과관계의 타당성 여부를 확인하고, 더 나아가 타당성 정도도 측정하기 위한 공정한 검증의 방법을 고안하는 것으로 모여지고 있다(Brady & Collier 2010). 가능한 많은 연구자가 공히 인정할 수 있는 기준을 정립하고, 약속된 기준에 의거해 분석을 제대로 했는지 평가를 하자는 제안인 것이다. 양적 연구와 달리 질적 연구의 경우 학계에서 공히 인정하는 엄격한 평가의 기준이 뚜렷이 마련되어 있지 않은데다가 사용된 자료가 공개되어 있지도 않고 다시금 분석을 해보는 것도 어렵다보니 당연하게 제기되는 비판에 대한 대응이라 할 수 있다(Bennett 2010; Van Evera 1997).

과정 추적 방법을 제대로 적용해 독립변수와 종속변수 사이의 인과성에 대한 추론을 적절한 수준에서 행했는지 확인하는 척도를 만들고자 하는 대표적인 시도로는 데이비드 콜리에(David Collier)의 충분조건(sufficient condition)과 필요조건(necessary condition)에 대한 근래의 논의를 꼽을 수 있을 것이다(Collier 2011). 콜리에는 베넷과 스테판 반 에베라(Stephen Van Evera)의 가설 검증 유형 정리를 참고로 하여 인과관계 추론을 위한 과정 추적 방법의 척도로 다음의 네 가지를 제시한 뒤 상세한 해설을 더하고 있다(Bennett & Checkel 2015; Collier 2011; Bennett 2010; Van Evera 1997).

첫째는 "이중 결정"(doubly decisive)이라 명명한 경우로 확인 대상이 필요조건이자 충분조건이라면 가설이 입증된 것으로, 아니라면 가설을 폐기해야 하는 경우다. 둘째는 "후프"(hoop)로 이름 붙인 경우로 확인 대상이 충분조건은 아니지만 필요조건이라면 가설이 입증된 것은 아니지만 어느 정도 적절한 것으로 판단할 수 있는, 하지만 아니라면 가설을 폐기해야 하는 경우다. 셋째는 "연기 나는 총"(smoking gun)이라 칭한 경우로 확인 대상이 필요조건은 아니지만 충분조건이라면 가설이 입증된 것으로, 아니라면 가설을 폐기할 것까지는 없지만 가설이 흔들리는 경우다. 넷째는 "바람 속 지푸라기"(straw in the wind)라고 부르는 경우로 확인 대상이 필요조건도 충분조건도 아니지만 이를 만족시킨 경우 가설이 입증된 것은 아니지만 어느 정도 적절한 것으로, 아니라면 가설을 폐기할 것까지는 없지만 가설이 흔들리는 경우다.

콜리에는 과정 추적 방법을 통한 인과관계 검증의 네 가지를 아서 코난 도일(Arthur Conan Doyle)의 셜록 홈즈(Sherlock Holmes)를 주인공으로 한 단편 추리 소설 『실버 블레이즈의 모험(*The Adventure of Silver Blaze*)』(1892)을 예로 삼아 부연해 설명한다(Collier 2011; Doyle 1892). 이해 증진을 위해 이를 자세히 살펴보자. 홈즈는 어느 날 영국 남서부 마을에서 우승한 경력이 다수 있는 경주마 실버 블레이즈는 실종되고 실버 블레이즈를 돌보던 훈련사는 살해된 사건의 수사를 도와줄 것을 요청받았다. 현장에 도착한 홈즈가 사건을 담당한 경찰로부터 들은 기본적인 정보는 이러했다. 훈련사는 두개골이 부서질 정도로 강한 충격에 의해 사망했으며, 훈련사의 주머니에서는 부인이 전혀 알지 못하는 고가의 여성복을 구입한 영수증이 발견되었다. 날카로운 수술용 칼도 근처에서 발견되었다. 경찰은 우선 경주마 실버 블레이즈의 상태를 알아내고자 마구간을 지팡이를 짚고 서성거리던 왜소한 체구에다 소심한 성격의 도박꾼을 용의자로 체포해 둔 상태였다. 콜리에는 여기서 변수는 다음과 같다고 풀이를 했다. 독립변수는 가난한 훈련사와 그가 고가의 여성복을 선물로 사준 사치스러운 모종의 여인과의 관계와 훈련사와 마구간 주변 인물의 관계이며, 종속변수는 도박꾼이 훈련사를 죽였거나 훈련사가 자살을 했거나 아니면 실버 블레이즈가 훈련사의 목숨을 앗아간 경우다. 매개변수는 자신의 연인에게 줄 선물을 사기 위해 훈련사가 다가오는 경기의 결과를 조작하고자 실버 블레이즈를 숨겼거나 아니면 실버 블레이즈를 다치게 하려고 했다는 것이다.

여기에 위에서 다룬 네 가지 시험을 대입하자면, 첫째, "바람 속 지푸라기"는 훈련사가 자신의 숨겨둔 연인을 위해 목돈을 마련하고자 실버 블레이즈를 이용하려고 했다는 가설에 해당된다. 훈련사의 주머니에서 발견된 고가의 여성복을 구입한 영수증은 충분조건도 필요조건도 아니지만, 즉 결정적인 증거는 아니지만 사건의 실마리를 제공하는 나쁘지 않은 증거라 할 수 있다. 둘째, "후프"는 마구간을 염탐하던 도박꾼이 훈련사를 죽였다는 가설에 해당된다. 경찰이 생각한 대로 도박꾼은 분명한 동기를 가지고 있었다. 도박꾼은 하지만 지팡이를 강하게 휘둘러 훈련사를 일격에 쓰러뜨릴 만큼 건장하지도 대범하지도 않아 보였다. 범행 동기와 범행 도구의 측면에서 필요조건은 충족했지만 그렇다고 도박꾼을 범인으로 확정할 필요조건이 모두 충족된 것은 아니다. 셋째, "연기 나는 총"의 단계에 이르면 홈즈는 두 가지 정보를 더 얻는다. 하나는 마구간 양치기 소년이 실버 블레이즈가 사라진 날 저녁 훈련사 집 식모가 준 양고기 커리를 먹고 잠이 들었다는 것이고, 다른 하나는 몇몇 양이 최근 다리를 절뚝거리기 시작했다는 것이다. 훈련사와 마구간 주변 인물이 범행을 계획했다는 것이 가설이라고 할 때, 필요조건은 아니지만 충분조건은 만족시켰다고 할 수 있다. 홈즈는 추가로 앞서 훈련사 시체 옆에서 발견된 날카로운 수술용 칼의 용도를 몇몇 양이 최근 다리를 절뚝거리기 시작했다는 사실에 비추어 추리해 볼 수 있었으며, 도박꾼이라는 대안적인 설명에 대해서도 동일한 이유로 다시 생각해 볼 수 있게 되었다. 넷째, "이중 결정"은 필요조건과 충분조건을 모두 만족해야 하는 단계로 이를 통과한 경우 여러 가설 중 하나를 확정하고 나머지를 제거하게 되는 단계이다. 홈즈에게 이제 주어진 종속변수는 실버 블레이즈가 훈련사의 목숨을 앗아간 경우이다. 훈련사의 시체 상태로 미루어 볼 때 자살일 가능성은 일치감치 제거되었고, 도박꾼일 가능성은 "바람 속의 지푸라기", "후프", "연기 나는 총"에 의해 현저히 낮아졌다. 홈즈는 이미 제공된 정보에 더해 양치기 소년이 먹고 잠에 든 양고기 커리에 아편이 들어가 있었고, 훈련사 집 식모는 이를 전혀 모르고 있었다는 사실과 함께 실버 블레이즈가 사라진 날 저녁 마구간을 지키던 개가 전혀 짖지 않았다는 사실도 추가로 알게 된다. 홈즈는 훈련사를 죽인 범인은 사라진 실버 블레이즈며, 훈련사는 사건 당일 실버 블레이즈의 발에 날카로운 수술용 칼로 보이지 않게 상처를 내어 다가올 경기에서 목돈을 챙길 의도로 마구간에서 몰래 데리고 나갔다가 실버 블레이즈의 뒷발에 차이는 사고를 당했으며, 실버 블레이즈는 고삐가 풀린 채로 야산으로 도망을 쳤다고 말하며 자신의 추리 과정을 풀어놓는다.

콜리에는 홈즈가 과정 추적 방법을 어떻게 활용해야 하는지 명쾌하게 보여주고 있다고 극찬한다. 콜리에는 특히 셜록 홈즈가 범인을 잡기 위해 택했던 "제거의 방법"(method of elimination)을 고민해 볼 것을 강력히 조언한다(Collier 2011). 연구자가 독립변수와 종속변수 사이의 인과관계에 대한 모든 그럴듯한 추론을 제거하면 결국 마지막에 남아 있는 추론이 옳은 추론이라는 주장이다. 홈즈가 다른 수많은 사건에서도 즐겨 사용한 이와 같은 추론의 방식은 영국의 철학자 존 스튜어트 밀(John Stuart Mill)의 유명한 다섯 가지 귀납적 추론 방법 중 "잔여의 방법"(method of residue)과도 일치한다(Mill 1843, 455). 콜리에는 밀의 "잔여의 방법"과 마찬가지로 홈즈의 "제거의 방법"이 사회과학 연구자가 일반적으로 상상조차 하지 않는 예외적인, 심지어는 완전히 예상을 빗나가는 설명을 발견하는 데 있어서 대단히 효과적이며, 바로 이것이 오늘날 정치학에서 필요한 도구라고 누차 강조한다. 정리하자면, 콜리에의 과정 추적 방법의 네 가지 시험에 대한 논의는 단일 사례 연구, 사례 내 연구, 소수 사례 연구(small-N)로 상징되는 질적 연구의 신뢰성을 높이는 동시에 다수 사례 연구(large-N)에 기초한 이론의 검증이나 구축에 중대한 기여를 할 수 있는 방안을 친절히 안내하고 있다고 할 수 있다(Bennett & Checkel 2015).

베넷과 체켈은 한 발 더 나아가 과정 추적 방법을 실제 제대로 적용하려면 메타 이론적인 면에서, 맥락적인 면에서, 그리고 방법론적인 면에서 제기되는 기준을 함께 고려해야 할 것이라고 덧붙인다(Bennet & Checkel 2015). 우선 메타 이론적인 면에서 좋은 과정 추적 방법은 철학적으로 말해 과학적인 현실주의(scientific realism)의 입장에서 사회현상에 접근하지만, 이와는 다른 인식론적 입장에도 열려 있어야 할 것이다. 다음으로 맥락적인 면에서 좋은 과정 추적 방법은 사회현상에 대한 다른 이해가 존재할 수도 있다는 자세로 원인과 결과 간의 관계에 대한 가설을 주의하여 세우고 또 더 광범위한 구조와 담론의 맥락 속에서 이를 살펴볼 수 있어야 할 것이다. 마지막으로 방법론적인 면에서 좋은 과정 추적 방법은 원인은 차이가 있지만 결과는 동일한 경우(equifinality)가 있을 수 있다는 것을 기억하고 결과에 이르는 다른 과정이 있을 수도 있다는 것을 고려해야 할 것이다. 베넷과 체켈의 과정 추적 방법에 따른 연구 결과에 대한 유연한 자세는 앞서 흄의 인과관계의 불확정성에 대한 강조와도 맥을 같이한다.

베넷과 체켈은 이러한 세 가지 기준에 기초해 과정 추적 방법을 체계적이고 투명하게 사용하기 위해서는 최소한 다음의 열 가지 사항을 명심할 것을 조언한다(Bennett & Checkel 2015).

(1) 대안적인 설명을 가능한 많이 제시하라.

(2) 대안적인 설명에 대해 동일한 잣대로 평가하라.

(3) 증거가 되는 자료의 잠재적인 편향을 고려하라.

(4) 해당 사례가 대안적인 설명을 위한 가장 쉬운 사례인지 아니면 가장 어려운(most likely or least likely) 사례인지 판단하라.

(5) 과정 추적 방법을 어느 시점에서부터 시작할 것인지 신중하게 생각하라.

(6) 다양한 관련 자료를 사정없이 수집하되, 타당하다고 판단되는 때에 중단하라.

(7) 연구의 목표에 도움이 되고 또 할 수만 있다면 과정 추적 방법과 사례 비교를 합쳐라.

(8) 귀납에 따른 통찰을 인정하라.

(9) "만약 내 설명이 옳다면, 결과에 이르는 과정은 어떠할까?"라는 질문을 통해서 연역을 해보라.

(10) 확정적인 과정 추적 방법은 좋지만, 모든 괜찮은 과정 추적 방법이 확정적인 것은 아니라는 점을 기억하라.

이를 순차적으로 부연하자면, 첫째, 과정 추적 방법을 활용해 인과관계를 분석하고자 하는 연구자는 해당 현상이나 사건에 대한 기존의 연구를 가능한 많이 숙지하고 있어야 한다. 이유인즉, 과정 추적 방법을 활용한 사례 연구가 설득력이 있기 위해서는 대안적인 설명이 가능한 적어야 하기 때문이다. 기존의 연구에서 제시된 수많은 설명을 새로운 증거나 새로운 인과관계를 통해 완전히 폐기하는 연구야말로 가치가 있는 연구가 되는 것이다. 이를 위해 연구자는 해당 현상이나 사건의 구조적 측면이나 물질적 측면 또는 개인적 측면이나 사회적 측면 혹은 제도적 측면이나 규범적 측면 등등 모든 측면을 면밀히 살펴봐야만 한다.

둘째, 베넷과 체켈은 연구자가 모든 대안적인 설명을 동일한 잣대로 검증하지 않는 경향이 있다는 점을 경고한다. 모든 기존 연구가 세밀한 수준에서 검토해야만 하는 정도로 가치가 있는 것은 분명 아니다. 새로운 증거나 새로운 인과관계 설정을 통해서 별다른 어려움 없이 제거할 수 있는 설명도 많이 있다. 하지만, 예를 들어, 어떤 연구의 경우 해당 사건이나 현상을 처음으로 분석했기에 소위 선점자의 우위(first mover advantage)를 부당하게 누리는 경우도 적지 않다. 베넷과 체켈은 시간이 지나면서 이 연구를 참고로 하거나 추가적인 증거로 이 연구를 확장 또는 심화하는 연구가 축적되면서 연구자 사이에서 확증편향(confirmation bias)이 발생하는 경우가 종종 있다고 경고한다. 바로 이러한 경우에 맞서기 위해서 연구자는 과정 추적 방법의 핵심 원칙을 숙지하는 것이 필요하다.

셋째, 연구자는 자신이 과정 추적 분석을 위해 수집한 증거 자료가 편향된 것일 수도 있다는 점을 명심해야 한다. 특히 인터뷰나 설문조사를 하는 경우 이를 조심해야 한다. 인터뷰나 설문조사 대상자가 자신의 이해관계를 떠나 완전히 중립적인 자세를 취하기가 대단히 어렵기 때문이다. 신문이나 서적 등의 형태로 기록된 자료의 경우에도 크게 다르지 않다. 따라서 연구자는 자신이 수집한 증거가 형성된 구체적인 맥락과 이를 형성한 이의 구체적인 이해관계 역시 따져봐야 한다. 베넷과 체켈은 이것이 1차 문헌에 주로 의존하는 역사학자가 관련된 주제에 대한 다양한 2차 문헌을 섭렵해야 하는 이유이기도 하다고 지적한다.

넷째, 연구자는 사례 선정에서 해당 사례가 대안적인 설명을 제시하기 쉬운 사례인지 아니면 어려운 사례인지 따져봐야 한다. 기존의 분석이나 이론이 바로 적용이 가능하다고 생각되는 사건이나 현상을 제대로 설명하지 못할 때 해당 분석이나 이론의 가치는 현저하게 낮아진다. 반대로 적용이 어렵다고 추측이 되는 현상이나 사건을 체계적으로 설명했을 때 해당 분석이나 이론의 가치는 높아진다. 따라서 연구자는 가능한 자신이 선택한 이론이나 관점이 입증하기 어렵다고 일반적으로 생각이 되는 사례를 선택하여 이를 반증하려는 용기와 노력이 필요하다고 베넷과 체켈은 조언한다.

다섯째, 선정 사례에 내재된 인과관계를 확정짓고자 하는 과정추적 방법은 해당 사건이나 현상의 원인을 찾아 어디까지 거슬러 올라갈 것인가를 신중히 결정해야만 한다. 사회과학의 탐구 대상이 되는 사회현상은 역사 속에서 존재하기에 원인을 찾고자 한다면 시간을 거슬러 올라가야만 한다. 문제는 어느 시점까지 추적해야 하는가다. 오늘날 환경 위기의 원인을 둘러싼 논쟁에서 볼 수 있듯이, 확실한 정답은 존재하지 않는다. 기존의 분석이나 설명을 반박하기 위해 제시된 원인의 원인을 찾아 시간을 거슬러 올라가는 시도가 적지 않은 것도 이 때문이다.

베넷과 체켈은 분석의 대상으로 삼은 제도나 실천이 행위자나 다른 외적 요소에 의해 다른 방향으로 발전될 수도 있는 다양한 가능성이 공존하는 "중대 국면"(critical juncture)을 찾아 택할 것을 제안한다. 이러한 중요한 전환의 시점은 사건이나 현상이 발발한 이후에 파악될 수 있는 것이지만, 과정 추적 방법을 활용한 연구는 기본적으로 과거를 탐구의 대상으로 하기에 기존의 문헌에 대한 검토와 새로운 증거 자료의 수집을 통해 충분히 가능하다. 역사사회학자 윌리엄 시웰(William H. Sewell)이 제안한 역사의 경로를 바꾼 사건을 주되게 살피고 논하는 "파란만장의 사회학"(eventful sociology)은 이러한 점에서 상당한 도움을 제공한다(Sewell 2005). 또한, 최근 제임스 마호니(James Mahoney) 등이 주도적으로 밝히고 있듯이, 과정 추적 방법이 역사사회학에서 경로의존성(path dependence) 이론의 발전과도 많은 부분 궤를 같이하는 이유도 여기에 있다고 하겠다(Mahoney 2000; Mahoney & Schensul 2006). 추가로 연구의 출발점이 되는 중대 국면을 확정짓는 데 있어 반사실적 사고 실험(counterfactual thinking experiment) 역시 많은 도움을 제공할 수 있다. 가정된 독립변수와 종속변수 사이의 관계가 인과관계가 아니라 상관관계에 불과한 것은 아닌지 파악하고자 "만약 이러했더라면"(what if)이라는 사실에 반하는 조건 질문을 제기하여 조사하는 반사실적 사고 실험은 중요한 전환의 시점을 결정하는 데 상당히 유용하다(Morgan & Winship 2015; Lewis 1973; 1985). 일례로, 근래 리처드 네드 르보(Richard Ned Lebow), 니얼 퍼거슨(Niall Ferguson), 폴 슈뢰더(Paul Schroeder) 등은 반사실적 사고 실험을 통해 양차 세계대전의 기원을 새로운 관점에서 조명하고 있기도 하다(Lebow 2010; Ferguson 1997; Schroeder 2004; Tetlock, Lewbow, & Parker 2006; Tetlock & Belkin 1996; Black 2015; Harvey 2012; Hawthorn 1991).

여섯째, 연구자는 당연히 관련된 자료를 가능한 많이 수집한 뒤 서로 비교하고 대조하며 정리해야 한다. 인과관계를 입증할 가능성이 있는 증거일 경우라면 더더욱 그러하다. 베넷과 체켈은 여기서 "연기 나는 총", "이중 결정", "바람 속의 지푸라기", "후프"의 검증을 참고로 삼을 수 있다고 조언한다. 어느 시점에서 자료 수집을 중단할 것인가의 문제에 있어 베넷과 체켈은 연구 지원이나 연구 시간에 따른 제한에 더해 수집된 자료가 반복된 정보를 전달할 때가 가장 적절하다고 주장한다.

　일곱 번째, 과정 추적 방법을 사용해 단일 사례 연구를 진행한다고 하더라도 다른 사례와의 비교를 통해 많은 도움을 받을 수 있다. 단일 사례 연구가 갖고 있는 여러 장점에도 불구하고 단점도 적지 않다. 특히 단일 사례 연구는 비교 사례 연구에 비해 추론을 통한 이론적인 함의 도출의 여지가 적다. 베넷과 체켈은 또한 최대 유사 체계 분석을 별도로 진행하거나 참고한다면 선정된 단일 사례 내 독립변수와 종속변수에 대한 중요한 추가 정보를 얻을 수도 있을 것이라고 조언한다. 보 벵쏜(Bo Bengtsson)과 하누 루오나바라(Hanu Ruonavaara)는 최근 과정 추적 방법을 사용한 두 개 이상의 단일 사례 연구의 비교를 위한 "비교 과정 추적 방법"(comparative process tracing method)이 각각의 사례에서 인과관계를 파악한 다음 이를 이상형(ideal-type)으로 변형시켜 비교하는 두 단계로 구성될 수 있다고 논한 바 있다(Bengtsson & Ruonavaara 2017). 물론 이러한 시도의 선구는 역사사회학의 하위 분야로 근래 마호니 등의 주도하에 발전을 거듭하고 있는 비교역사분석(comparative historical analysis)이라 할 수 있다(Mahoney & Rueschemeyer 2003; Mahoney & Thelen 2015).

　여덟 번째, 과정 추적 방법이 가진 큰 장점 중 하나는 다양한 자료를 수집, 분석, 비교함으로써 연구 개시 전 수립했던 가설이나 기존의 설명에 반하는 인과관계를 보여주는 잠재적인 증거를 접하게 되는 경우가 많다는 것이다. 예상하지 못한 증거 자료를 접하면 연구자는 이를 무시하거나 부정하지 말고 적극적으로 고려해야 할 것이다.

아홉 번째, 연구자는 귀납적인 통찰을 열린 자세로 대해야 하지만 또 연역적인 질문도 병행해야 한다. 만약 새로운 증거에 기반한 설명이 옳다고 한다면, 다른 관찰 가능한 함의는 무엇인지 파악하고 고려해 확증편향을 사전에 제거해야 하는 것이다.

끝으로 열 번째, 과정 추적 방법을 통한 단일 사례 분석에 있어 인과관계의 설명이 일관될수록 또 증거가 합치될수록 연구자는 이에 맞지 않는 자료나 가설을 제거하거나 무시하고자 하는 경향을 보인다. 베넷과 체켈은 발전의 여지가 없는 확정적인 분석보다는 발전의 여지가 있는 투명한 분석이 오히려 더 좋은 연구라는 점을 모든 연구자가 명심해야 할 것이라 강조한다. 흄이 정확히 포착했듯이, 복잡한 사회현상이나 그 안에서 벌어지는 사건의 인과관계에 대한 우리의 이해는 결코 완벽할 수 없는 것이다.

요약하자면, 베넷과 체켈이 제시한 위의 열 가지 주의 사항에서도 알 수 있듯이, 과정 추적 방법은 단일 사례 연구를 위한 방법이지 이론이 아니다. 다수 사례가 아니라 단일 사례를 분석의 대상으로 채택한 연구자가 연구 수행 과정 중 마주칠 수밖에 없는 여러 문제를 체계적으로 정리할 수 있다면, 이를 기준으로 삼아 엄밀하게 연구를 수행할 수도 또 공정하게 연구를 평가할 수도 있다는 것이 과정 추적 방법을 정교하게 발전시키고자 하는 이들의 기본 전제인 것이다 (Trampusch & Palier 2016). 바꿔 말해, 양적 연구의 비약적인 발전에 자극되어 질적 연구를 과학적으로 발전시키고자 하는 노력이 과정 추적 방법인 것이다. 콜리에가 제시한 인과관계 검증의 네 가지 시험 역시 마찬가지 문제의식에서 비롯되었다. "푸딩의 맛은 먹어봐야 알 수 있다"(the proof of the pudding is in the eating)는 영국의 옛 속담처럼, 과정 추적 방법의 성공은 그렇기에 이를 활용한 구체적인 사례 연구의 분석이 얼마나 우수한가에 달려 있다고 할 수 있다. 거꾸로 말해서, 과정 추적 방법을 성공적으로 활용하길 원하는 연구자는 연구 수행의 열 가지 주의 사항과 인과관계 검증의 네 가지 시험을 기계적으로 암기할 것이 아니라 해당 주제만 아니라 관련 주제에 대한 뛰어난 분석을 가능한 많이 접해 이를 어느 정도 사전에 체득해 두는 것이 필요하다.

과정 추적 방법의 실제

과정 추적 방법은 본격적으로 논의가 개시된 1980년대부터 오늘날에 이르기까지 역사학으로부터 많은 영감을 지속적으로 받아오고 있다(George & Bennett 2005). 체켈과 베넷 또한 강조한 바 있듯이, 시간과 공간 그리고 주제의 측면에서 경계가 명확히 한정된 단일 사례 연구에서 과정 추적 방법을 활용해 인과관계를 파헤치는 것은 기본적으로 역사학 분야의 접근 방식과 크게 다르지 않다(Bennett & Checkel 2015, 8-9). 역사학 연구가 역사를 추동하는 일반 법칙(general law)을 찾아내는 데 있다는 독일의 과학철학자 칼 구스타브 헴펠(Carl Gustav Hempel)의 전통적인 정의는 이제 잘못된 것으로 판명되었다(Hempel 1942). 영국사학자 클레이턴 로버츠(Clayton Roberts)가 『역사적 설명의 논리(*The Logic of Historical Explanation*)』(1996)에서 체계적으로 정리하고 있는 것처럼, 역사학 연구는 거시변수 간의 상관관계(macro-correlation)의 분석이 아니라 미시변수 간의 상관관계(micro-correlation)의 분석에 적합하며 실제로도 후자에 집중되어 이루어지고 있다(Roberts 1996). 설령 역사학자가 일반적인 수준에서 과거의 사건이나 현상에서 미래의 방향을 안내하는 교훈을 도출하고자 할지라도, 역사학자의 연구는 구체적인 사건이나 현상의 인과관계를 파악하고 이를 상세히 설명하는 서술(explanatory narrative)로 특징된다(굴디·아미티지 2018). 즉, 과정 추적 방법에 대한 논의가 역사학 연구 방법의 도움을 받았다면, 이는 역사학이 일련의 사건 혹은 사건의 순서(sequence of events)의 단순한 기술이 아니라 과정 추적 방법과 마찬가지로 이들 사이의 인과적인 상관관계를 나름의 방식대로 면밀하게 따지고 있기 때문이다.

하지만 역사학 연구의 경우 인류학자 클리포드 기어츠(Clifford Geertz)가 "중층 기술"(thick description)이라 명명한 것에 집중해 연구자의 가설이나 이론은 물론이거니와 인과관계에 대한 분석적 설명이 다분히 이야기에 묻히는 경향이 있다(Geertz 1973, 3-30). 반면 과정 추적 방법을 활용하는 사회과학 연구는 후자를 명확히 드러내는 데 목적을 둔다(Bennett & Checkel 2015, 8-9). 달리 말해, 역사학자가 맥락(context)을 다층적으로 구현해 대상에 대한 이해를 증진하는 데 목표를 둔다면, 과정 추적 방법을 이용하는 사회과학자는 가설의 수립과 가설의 검증을 통해 이의 정수로서 인과관계를 파악하고, 만약 가능하다면, 이의 이론적 함의를 추출하는 데 역점을 둔다. 역으로, 연구자마다 차이는 있지만, 과정 추적 방법은 찰스 틸리(Charles Tilly)나 데이비드 렌즈(David Landes)와 같은 일군의 역사사회학자가 야심차게 주창한 "사회과학으로서 역사학"(history as social science) 기획과 유사하지만 중요한 차이를 노정한다(Landes & Tilly eds. 1971). 명시적으로 사회 이론의 고안에 목표를 두는 "사회과학으로서 역사학"(social science history)과 달리 과정 추적 방법은 구체적인 인과관계를 드러내고 명확히 하는 데 우선 집중한다는 측면에서, 달리 말해, "분석적 서술"(analytic narrative)을 중시한다는 측면에서 오히려 역사학에 가깝다고 할 수 있다(Mahoney, Kimball, & Koivu

2009; Bates et al. 1998).

　국제정치학의 경우, 연구 방법으로서 과정 추적 방법의 등장 및 성장과는 별개로 과정 추적 방법이 명칭 없이 흔히 사용되어 왔는데, 이는 국제정치학 분야에서 명실공히 가장 중요한 연구 대상이라 할 수 있는 국가의 사활이 걸린 무력 충돌로서 전쟁이 갖는 독특한 속성 때문이라 할 수 있다(Elman & Elman eds. 2001). 패배의 원인을 신속하고 철저하게 파악해야 국가의 핵심 이익을 수호할 수 있을 뿐만 아니라 전쟁의 원인을 밝혀야만 전쟁의 책임을 물을 수 있고 또 이의 재발을 방지하기 위한 조치도 취할 수 있기 때문이다(Tannenwald 2015). 또한 전쟁이 종종 정치, 경제, 사회, 문화 영역에서 중대한 전환점으로 작동했다는 사실과 더불어 여타의 역사 속 현상이나 사건보다 발생되고 종결되는 시점이 명확하다는 사실도 인과관계의 규명에 흥미를 갖는 연구자를 자극했다. 게다가 대부분의 전쟁의 경우 시작과 끝이 분명하기에 단일 사례 연구에서 핵심적인 위치를 점하는 연구의 범위를 한정시키는 문제로 고민할 필요가 확실히 적다는 것역시 한몫을 했다.

　헤아릴 수 없을 정도로 많은 연구가 적지 않은 수의 전쟁의 원인을 밝히고자 이루어졌지만, 여기서는 국가 간 관계에서만 아니라 모든 영역에서 근대에서 현대로의 이행을 촉진했다는 평가를 받고 있는 양차 세계대전의 기원에 대한 두 연구를 과정 추적 방법의 구체적인 예로 조명해보고자 한다. 어렵지 않게 예상할 수 있듯이, 양차 세계대전의 원인을 둘러싼 논의는 분쟁 발발 직후부터 오늘날까지 쉬지 않고 열띠게 진행되고 있다. 이 장에서는 각각의 세계대전의 원인 분석에 있어 획기적인 사고의 전환을 이끌었던 두 대표적인 역사학 연구만 다루기로 한다. 제1차 세계대전의 경우에는 프리츠 피셔의 해석을 정리해 볼 것이며, 제2차 세계대전의 경우에는 앨런 테일러의 해석을 정리해 볼 것이다. 구체적인 논의에 앞서 피셔와 테일러가 새로운 분석을 내놓을 1960년대 당시 학계의 분위기를 간략히 소개하자면, 제1차 세계대전에 대한 학계의 관심은 전쟁의 원인을 규명하는 데 쏠려 있었고, 제2차 세계대전에 대한 학계의 관심은 전쟁의 과정을 분석하는 데 쏠려 있었다. 이유인즉, 제1차 세계대전의 과정은 참호전으로 인해서 너무나 지루했고, 제2차 세계대전의 원인은 아돌프 히틀러(Adolf Hitler)로 인해서 너무나 자명했기 때문이다. 피셔와 테일러는 각각 제1차 세계대전과 제2차 세계대전에 대한 도발적인 해석으로 이러한 기존의 경향을 완전히 뒤집어 놓았다.

제1차 세계대전의 경우

제1차 세계대전의 기원에 대한 해석은 역사학계에서만 아니라 국제정치학계에서도 다양한 수준과 관점에서 이루어져왔으며, 현재에도 새로운 해석은 꾸준히 제시되고 있다. 제2차 세계대전의 경우, 어쨌든 히틀러라는 명확한 공분의 대상이 존재할 뿐만 아니라 무력한 국제연맹과 대공황(Great Depression)으로 상징되는 전간기의 대혼란이 존재했지만, 제1차 세계대전의 경우, 발칸 반도의 민족주의와 유럽 열강의 복잡한 동맹 관계라는 표면상 별개의 두 요인이 작동하고 있었다. 제2차 세계대전이 나치 독일의 오스트리아 병합, 체코슬로바키아 점령, 폴란드 침공의 순서로 진행되어 전쟁의 직접적인 책임 소재를 논할 이유가 없었다고 한다면, 제1차 세계대전은 오스트리아 황태자 부부의 사라예보에서의 암살 사건과 이와는 별다른 관련이 없는 사건처럼 보이는 독일의 프랑스 침공으로 시작되는 열강 간의 대격돌을 설득력 있게 연결 지어야 하는 난제가 있었다. 당연히 제1차 세계대전의 원인에 대한 해석은 분분할 수밖에 없었다. 하지만 제1차 세계대전의 원인을 둘러싼 가장 첨예한 논쟁을 촉발시킨 것은 의심의 여지 없이 독일의 역사학자 피셔의 『제1차 세계대전에서 독일의 전쟁 목표, 1914-1918(*Griff nach der Weltmacht: Die Kriegsziel-politik des kaiserlichen Deutschland, 1914-1918*)』(1961)과 8년 뒤 나온 후속작 『전쟁의 환영: 1911년에서 1914년 사이 독일의 정책(*Krieg der Illusionen: Die deutsche Politik von 1911-1914*』(1969)이라 할 수 있다(Fischer 1967; 1975).

피셔가 위의 두 문제작을 내놓을 즈음 역사학계의 지배적인 해석은 오스트리아-헝가리와 독일만이 아니라 러시아와 프랑스 그리고 영국까지 제1차 세계대전에 참여한 유럽의 열강 모두가 책임이 있다는 소위 "편안한 합의"(comfortable consensus)라 불리는 집단 책임론이었다(이내주 2014). 물론 처음부터 이렇지는 않았다. 잘 알려져 있다시피, 승전국 영국과 프랑스는 패전국 독일에게 전쟁의 모든 책임이 있다는 점을 베르사유 조약, 제231항 전범 조항(War Guilt Clause)을 통해 공식적으로 확정지었으며, 제1차 세계대전의 원인에 대한 서유럽 역사학계의 해석은 이를 반영했다. 독일이 전범국이라는 분석은 1945년 제2차 세계대전의 종전 때까지 지배적인 지위를 누렸다. 그도 그럴 것이 소위 '7월 위기'(July Crisis) 이후 갑작스럽게 유럽 전역이 휘말리게 된 제1차 세계대전과 달리 제2차 세계대전의 발발 과정은 점진적이었다. 히틀러의 프랑스 침공은 오스트리아, 체코슬로바키아, 그리고 폴란드 점령에 이은 영국과 프랑스의 선전포고와 곧이은 나치 독일의 덴마크와 노르웨이 침공 이후 이루어졌다. 중부 및 동유럽에서의 전쟁이 북유럽과 서유럽으로 확대되는 과정은 히틀러와 나치 세력만이 아니라 독일이라는 국가 자체의 호전적인 본질을 보여주는 증거로 간주되었다. 제1차 세계대전과 제2차 세계대전은 모두 독일에 의한 전쟁이었다. 독일 이외의 다른 곳에서 양차 세계대전의 원인을 찾는다는 것은 이의 발발 자체를 부인하는 것과 다를 바 없었다.

그러나 제2차 세계대전의 종전과 더불어 시작된 미·소 냉전은 이와 같은 기존의 해석을 송두리째 바꾸도록 강제했다. 독일을 소련에 맞선 이른바 자유세계(Free World)의 일원으로 만들기 위해서는 독일의 양차 세계대전 책임이란 막중한 부채를 덜어줄 필요가 있었던 것이다. 쉽게 말해, 제2차 세계대전의 책임은 독일 국민 전체가 아니라 히틀러와 일부 나치 추종 세력에게 있는 것으로, 반면 제1차 세계대전의 책임은 독일이 아니라 19세기 후반 유럽에 구축된 복잡한 동맹관계에 있는 것으로 분석되기 시작했던 것이다. 한국전쟁의 발발 직후 프랑스 측에서는 피에르 르누벵(Pierre Renouvin)이 그리고 독일 측에서는 게하르트 리터(Gehard Ritter)가 주도해 성사된 제1차 세계대전의 원인에 대한 양국의 역사학자 간 합의(Agreement of the Franco-German Historians of 1951)는 유럽을 미국이 지휘하는 자유세계의 중심된 축으로 세우기 위한 노력의 일환이었다(Chagnon & Irish 2017). 자유 유럽은 모두가 공히 책임을 질 수밖에 없는 과거의 실수에 대한 공통된 기억을 기반으로 공산주의 소련에 맞서 단결할 터였다.

피셔의 『제1차 세계대전에서 독일의 전쟁 목표, 1914-1918』과 『전쟁의 환영: 1911년에서 1914년 사이 독일의 정책』은 바로 이러한 다분히 정치적인 의도에서 형성된 학문적 합의를 겨냥했다. 제1차 세계대전의 발발 책임이 독일에 있다는 피셔의 해석의 핵심은 사라예보 사태로 인해 유럽의 열강 간 관계가 악화되기 훨씬 이전부터 독일은 전 유럽을 상대로 한 전쟁을 기획하고 준비하고 있었다는 것이다. 피셔가 보기에, '7월 위기'는 이미 결론이 정해져 있는 외교적인 혼란에 불과했다. 오스트리아-헝가리의 세르비아에 대한 선전포고 이후 러시아와 프랑스 그리고 영국의 대응과는 상관없이 독일은 애시당초 물러날 의향이 전혀 없었다는 것이 피셔의 주장이다(Fischer 1967, xxi-xxiv, 391-404). 기존의 해석이 독일을 비롯한 모든 유럽의 열강은 공격적인 의도를 전혀 가지고 있지 않았으며 방어적인 이유로 부지불식간에 —크리스토퍼 클라크(Christopher Clark)의 최근의 비유를 들자면, "몽유병자"(sleepwalker)처럼 —제1차 세계대전에 휘말렸다는 것이었다면, 피셔는 독일만은 예외였다고 반박했다(Clark 2012). 구체적으로, 『제1차 세계대전에서 독일의 전쟁 목표, 1914-1918』에서 피셔는 자신이 포츠담 문서고에서 발굴한 제1차 세계대전 발발 직후인 1914년 9월 초 제국 수상 테오발트 폰 베트만홀베크(Theobald von Bethmann-Hollweg)가 주도한 회의록을 주된 근거로 삼아 독일은 오스트리아-헝가리에 의해 이끌려서 어쩔 수 없이 전쟁에 휘말린 것이 아니라 사라예보 사태를 기회로 삼아 유럽과 더 나아가 세계 제패를 향한 오랜 계획을 집행한 것이라고 주장했다(Fischer 1967, 3-92). 책의 제목에도 드러나 있듯이, 피셔는 유럽의 다른 열강과는 달리 독일은 뚜렷한 전쟁 목표를 가지고 있었다고 확신했다. 영국의 상업 제국에 대한 도전 그리고 이를 달성하기 위한 첫 단계로서 대륙에서의 패권 장악이 독일의 전쟁 목표였으며, 유럽의 다른 열강이 수세적인 입장에서 싸웠다면, 독일은 이와 같은 목표를 위해 싸웠다는 주장인 것이다(Fischer 1974). 『전쟁의 환영: 1911년에서 1914년 사이 독일의 정책』에서 피셔는 여기서 한 발 더 나아가 제1차 세계대전이 발발하기 2년 전부터 이미 빌헬름 2세(Wilhelm II)와 독일의 군부는 영국의 세계 패권에 도전하기 위한 준비를 착수했으며, 이는 독일의 산업 주도 세력의 여론이기도 했다는 사실을 방대한 정부 및 언론 자료에 대한 조사를 통해 밝혔다(Fischer 1975). 즉, 제1차 세계대전의 발발 최소한 십 수년 전부터 독일의 핵심 지도부는 여론의 강력한 지지를 받으며 다가올 대격돌을 위한 준비를 하고 있었던 것이다.

우선 피셔의 제1차 세계대전의 원인 분석에서 베넷과 체켈이 제시한 열 가지 과정 추적 방법의 지침을 따르고 있다고 할 수 있는 몇 가지만 언급해 보자면 다음과 같다. 피셔가 기존의 분석의 한계를 지적할 수 있었던 가장 큰 이유는 무엇보다 과정 추적 방법을 어느 시점에서 시작할 것인지의 문제에 있어서 앞서의 연구자에 비해 훨씬 더 긴 시간 범위를 살펴보았다는 데서 찾을 수 있다. 기존의 연구가 사라예보 사태 전후의 시기만 조사 대상으로 삼았다면, 피셔는 독일의 경우에 한정된 것이기는 하지만 2년 이상 뒤로 거슬러 올라갔다. 또한 기존의 연구가 이미 출판된 정부 외교 자료를 근거로 분석을 수행했다면, 피셔는 새로운 증거를 찾고자 미발간 외교 문서는 물론이거니와 신문과 잡지 등 언론 자료와 개인 서간까지 확인했다. 이렇게 연구 대상의 범위를 확장한 피셔는 제1차 세계대전의 기원을 시간을 거슬러 올라가 포착할 수 있었다. 베넷과 체켈의 여섯 번째 지침인 가능한 관련된 주요 자료를 모두 검토할 것과 여덟 번째 지침인 귀납에 따른 통찰을 인정할 것을 성실하게 따른 대가로 피셔는 제1차 세계대전의 원인을 둘러싼 새로운 논쟁을 촉발할 수 있었던 것이다. 물론 피셔는 연구가 축적되면서 연구자 사이에서 발생한 확증편향에 맞설 용기도 있었다.

다음으로 콜리에의 네 가지 인과관계에 대한 검증을 적용해 보자면, 독일을 비롯한 유럽의 열강 모두가 얽히고설킨 동맹관계와 더불어 동원령의 위협 속에서 전쟁에 뛰어드는 것 이외에 별다른 도리가 없었다는 기존의 해석은 어떤 개별 국가에게도 책임을 묻지 않고 의도치 않은 상황의 발생에 책임을 전가하고 있기에 "바람 속 지푸라기"와 "후프"만 충족한다고 할 수 있다. 국가 간 동맹이나 동원령은

제1차 세계대전 발발의 필요조건일 수는 있지만 충분조건은 결코 아니었다. 피셔는 여기서 반사실적 사고 실험을 시행했다. 즉, 사라예보 사태가 발생하지 않았다면 어떻게 되었을까? 독일을 제외한 오스트리아-헝가리, 러시아, 프랑스, 그리고 영국은 도발 행위를 하지 않았을 것이라고 피셔는 확신했다. 동원령과 동맹관계에 따른 의무에도 불구하고 독일을 제외한 나머지 유럽의 열강은 먼저 공격을 감행할 이유가 없었다. 영국은 상황에 만족하고 있었고, 오스트리아-헝가리는 독일이 지원이 있을 경우에만 군사 조치를 고려했다. 물론 러시아와 프랑스는 독일을 경계했지만, 내부 사정으로 인해 전면전에 대한 부담을 강하게 느끼고 있었다. 오직 독일만이 유럽 대륙을 제패하고 영국의 세계 패권에 도전하고자 하는 구체적인 목표를 품고 있었을 뿐만 아니라 이를 쟁취할 수단으로서 막강한 군사력까지 보유하고 있었던 것이다. 다시 말해, 피셔에 따르면, 독일의 팽창적인 대외 정책은 설령 "이중 결정"은 아니더라도 "연기 나는 총"이 분명했다. 피셔는 이에 더해 사라예보 사태 이후 오스트리아-헝가리가 세르비아에 대한 강경한 기조를 유지하며 유럽의 열강을 하나둘씩 제1차 세계대전의 소용돌이 속으로 끌어당길 수 있었던 까닭은 무엇보다 독일의 든든한 지원 약속 덕분이라는 점을 강조하며 독일의 팽창 정책이 제1차 세계대전의 필요충분조건으로 작동했다고 분석했다. 피셔는 이로써 "이중 결정"까지 밝힌 셈이다. 피셔의 반사실적 사고 실험은 콜리에가 강력히 추천한 홈즈의 "제거의 방법" 또는 밀의 "잔여의 방법"이기도 하다.

피셔의 제1차 세계대전의 독일 책임론은 독일의 자료에 한에서만 탐구의 범위를 넓혔다는 명확한 한계에도 불구하고 냉전의 정치적인 고려에 기반한 "편안한 합의"의 구속에서 벗어나 제1차 세계대전의 원인에 대한 연구를 새롭게 시작할 수 있도록 도왔다(Mombauer 2002; 2007). 피셔의『제1차 세계대전에서 독일의 전쟁 목표, 1914-1918』과『전쟁의 환영: 1911년에서 1914년 사이 독일의 정책』덕택에, 독일만 아니라 영국과 프랑스, 오스트리아-헝가리와 러시아의 외교 문서와 언론 자료 그리고 개인 서한에 대한 방대한 조사가 진행되었으며, 이로써 '7월 위기'가 해결되지 못하고 폭력 사태로 발전하게 될 수밖에 없었던 동인을 밝히기 위한 한층 더 다각적인 분석이 현재에도 심도 있게 이루어지고 있는 것이다(Levy & Vasquez eds. 2014).

제2차 세계대전의 경우

테일러가 자신의 문제작『제2차 세계대전의 기원(*The Origins of the Second World War*)』(1961)을 내놓을 당시 학계 안팎의 분위기는 여전히 홀로코스트(Holocaust)로 상징되는 히틀러의 나치 독일이 저지른 반인륜적이고 반문명적인 전쟁 범죄에 대한 기억이 지배하고 있었다(안두환 2019). 제1차 세계대전과 달리 제2차 세계대전의 경우 전쟁의 책임 소재에 대해 더 이상의 어떠한 논의도 필요하지 않다고 생각되었다. 히틀러의 나치 독일은 제2차 세계대전 발발의 필요조건이자 충분조건이었다. 제2차 세계대전의 원인을 히틀러와 나치 독일 이외의 다른 인물이나 국가에서 찾는다는 것은 히틀러와 나치 독일에게 면죄부를 주는 행위에 다름이 아니라고 여겨졌다.

이와 같은 상황, 테일러가 "제2차 세계대전의 기원"이라는 대단히 단순하고 명료한 제목을 자신의 연구서에 붙인 것 자체가 기존의 이해에 대한 정면 도전이었다. 도저히 기원이 있을 수 없는 사건의 기원을 논하겠다는 것을 테일러는 책의 제목을 통해서 천명하였다. 테일러의 핵심 연구 질문은 왜 우리는 제1차 세계대전과 제2차 세계대전을 다르게 다루고 있는 것일까였다. 왜 전자의 경우 원인에 집중한 반면 후자의 경우 과정에 집중하는 것이며, 이러한 상이한 접근이 정말로 타당한 것일까가 테일러의 물음이었다. 테일러는 제2차 세계대전의 모든 책임을 히틀러 한 개인에게 돌리는 것은 과거를 대하는 연구자의 올바른 자세가 아니라고 확신했다. 테일러는 "역사학자의 책무는 어떤 일이 벌어졌어야 했는지 알려주는 것이 아니라", "어떤 일이 벌어졌으며 왜 다른 일이 아니라 그 일이 벌어졌는지 밝히는데 있다"고 반박했다(Taylor 1996, xi, xxviii).

테일러의 『제2차 세계대전의 기원』은 이러한 점에서 체켈과 베넷의 과정 추적 방법 연구의 주요 지침을 충실히 따르고 있다고 할 수 있다. 몇 가지 예를 들자면, 테일러는 제2차 세계대전에 대한 연구를 개시하기 이전 19세기 유럽 외교사 연구를 오랫동안 진행해 왔기에 히틀러와 나치 독일의 등장에만 주목하는 대다수 연구자에 비해 제2차 세계대전의 장기적인 원인까지도 고려할 충분한 능력을 보유하고 있었다. 또한 도덕적이거나 윤리적인 이유로 인해서 연구의 방향이 왜곡되는 것에 대해서도 테일러는 강하게 반발했다. 테일러는 확증편향의 문제를 직시하고 있었다. 다음으로 테일러가 택한 제2차 세계대전의 원인은 윤리적이고 도덕적인 이유와 더불어 학계 내 확증편향 등으로 인해서 대안적인 설명을 제시하기가 대단히 어려운 사례였다. 심지어 『제2차 세계대전의 기원』을 내놓고 상당 기간 동안 테일러는 히틀러에게 면죄부를 준 나치 동조자로 신문지상에서 공개적으로 비판을 받기도 했다.

구체적으로, 테일러는 히틀러를 세계 전쟁을 목표로 삼은 형연할 수 없을 정도로 사악한 인간으로 치부하지 않았다. 테일러는 히틀러가 제2차 세계대전을 획책한 것을 입증하는 명백한 증거로 당시 자주 거론된 독일의 생활권에 대한 생각이 담긴 자서전 『나의 투쟁(*Mein Kampf*)』(1925)이나 히틀러의 부관 프리드리히 호스바흐 (Friedrich Hossbach)가 남긴 1937년 11월 5일 열린 전략회의 기록이나 모두 구체성이 결여된 몽상에 지나지 않는다고 주장했다(Taylor 1996, xxii-xxvi, 131-134). 테일러는 만약 히틀러가 프랑스와 영국과의 일전을 오랫동안 치밀하게 준비했다고 한다면 어째서 재무장을 일관되고 확실하게 추진하지 않았냐고 되물었다(Taylor 1996, xix-xxii). 테일러는 히틀러의 전략의 본질이 대규모 전쟁을 준비하는 척하면서 사실상 준비하지 않는 데 있다고 분석했다. 테일러는 히틀러는 자신에게 주어진 기회를 놓치지 않고 포착하는 "도박꾼"(gambler)에 훨씬 더 가까운 인물로 묘사했다(Taylor 1996, 134). 테일러는 당시 유럽 정치의 주도권을 쥐고 있던 것은 히틀러의 나치 독일이 아니라 제1차 세계대전의 전승국 영국과 프랑스였는데, 왜 영국과 프랑스의 책임은 하나도 묻지 않는지 따져 캐물었다.

콜리에가 체계화한 베넷과 반 에베라의 가설 검증 유형을 적용하자면, 테일러가 보기에, 『나의 투쟁』이나 호스바흐 메모나 "바람 속 지푸라기"에 불과했다. 이 두 증거물은 사건의 실마리는 제공하지만 필요조건도 충분조건도 아니었다. 전자는 히틀러의 정치 선전에 지나지 않고 후자는 공식 문서도 아닌 쪽지에 불과하다고 테일러는 강조했다. 독일의 전쟁 준비 정도를 고려해 볼 때에도 히틀러와 나치 독일의 팽창 야욕은 필요조건이지 충분조건이 아니었다. "후프"를 통과했지만 확실한 물증은 아니었다.

마지막으로 "연기 나는 총"과 "이중 결정"과 관련된 테일러의 분석을 살펴보자면 다음과 같다. 테일러의 기본 가정은 히틀러와 나치 독일이 다른 국가와 크게 다르지 않다는 것이었다. 테일러는 제2차 세계대전의 원인을 히틀러 개인이 아니라 국가 간 관계의 문제로 접근했다. 테일러는 전후 히틀러의 나치 독일에 대한 비판과 더불어 유행했던 국제정치의 무정부적인 특성과 이로 인한 세력 균형 원칙의 작동을 제2차 세계대전을 비롯한 모든 주요 전쟁의 원인으로 파악하는 분석에 대해서도 마찬가지로 경계했다. 내연기관의 발명이 교통사고를 가능하게 한 일반적인 원인이지만 교통사고의 구체적인 원인은 운전자의 과실이나 제동장치의 고장 혹은 불량한 노면 상태와 같은 일면 사소해 보이는 것에 있는 것처럼, 무정부적인 국제정치 구조 내 세력 균형 원칙의 작동이 전쟁을 가능하게 하기는 하지만 확실하게 일어나게 만드는 것은 아니라고 테일러는 주장했다(Taylor 1996, 102-103). 테일러는 제1차 세계대전 종전 이후 베르사유 조약을 통해 구축된 유럽 정치 질서의 구조에서 제2차 세계대전의 원인을 찾고자 했다. 우선 테일러는 독일에 대한 처벌 조항이 담긴 베르사유 조약에도 불구하고 독일이 여전히 모든 면에서 강대국으로 남아 있었다는 사실에 주목했다. 즉, 제1차 세계대전의 승리 이후 영국과 프랑스는 동유럽 영토 조정과 배상금 등 다양한 방법으로 독일에 대한 처벌을 강제했지만 독일은 인구와 산업 능력에서 폴란드와 체코슬로바키아를 비롯한 모든 동부 유럽 국가보다 월등히 앞서 있었다고 테일러는 강조했다. 이에 더해 테일러는 제1차 세계대전의 와중에 공산주의 혁명으로 인해 베르사유 체제의 구축과 유지에서 제외된 소련의 부재에 주목했다. 테일러는 이전 세기 독일의 팽창이 억제될 수 있었던 것은 프랑스와 러시아의 협력 덕분이란 사실을 상기시키며, 공산화된 러시아의 부재로 인해 프랑스의 안보가 제1차 세계대전의 승리에도 불구하고 위태로운 상황에 처하게 되었다고 분석했다(Taylor 1996, 21-36). 마치『실버 블레이즈의 모험』에서 홈즈가 사건 당일 짖지 않은 개에서 암시를 얻은 것과 유사하게 테일러는 베르사유 체제에서 소련의 부재 또는 마지막까지 소련과의 협력을 고려하지 않은 영국과 프랑스의 태도에서 제2차 세계대전의 원인의 실마리를 발견했다. 정리하자면, 『제2차 세계대전의 기원』에서 테일러가 "연기 나는 총"으로 필요조건은 아니지만 충분조건으로 삼은 것은 무정부적인 유럽 질서 하에서 독일은 특히 동유럽 영토와 관련된 베르사유 조약의 개정을 통해 강대국으로서의 지위를 인정받고 행동하고자 할 것이라는 것이며, 충분조건까지 포함되는 "이중 결정"은 폴란드와 체코슬로바키아의 안보가 위험한 상황 하에서도 프랑스와 영국은 독일을 견제할 가장 현실적이고 확실한 방안인 소련과의 협력을 최후의 순간에서야 추진했다는 것이다(Taylor 1996, 248-278). 테일러는 이로써 제2차 세계대전의 책임이 히틀러의 나치 독일에게만 있는 것이 아니라 프랑스와 영국에게도 공히 있다는 것을 입증하며 제2차 세계대전의 원인에 대한 본격적인 탐구에 불씨를 당겼다(Robertson ed. 1971; Martel ed. 1986; Boyce & Maiolo eds. 2003).

맺음말

최근 과정 추적 방법에 대한 관심은 양적 연구의 성장 속에서 질적 연구의 미래는 어디에 있을 것인가에 대한 본질적인 질문에서 출발한 것이라 해도 과언이 아니다. 빠른 속도로 분석의 방법을 심화, 발전시키고 있는 양적 연구에 비해 질적 연구는 전통적인 방법에 집착하기에 뒤처지고 있는 것처럼 보였던 것이다. 특히 문제가 되는 것은 분석의 결과에 대한 검증이었다. 양적 연구라고 해서 모두 과학적인 것은 절대 아니었지만 다른 연구자에 의해 결과가 검증될 수 있다는 것은 양적 연구의 분명한 강점이었다. 양적 연구에 있어 연구 방법의 체계화 역시 분석의 결과에 대한 검증을 용이하게 했다. 반면 질적 연구는 분석의 결과를 검증하기가 어려울 뿐만 아니라 다양한 연구자가 공유하는 체계화된 연구의 방법을 보유하지 못했다. 베넷과 체켈, 콜리에와 마호니 등의 주도하에 이루어지고 있는 과정 추적 방법에 대한 근래의 논의는 질적 연구의 이러한 한계를 나름대로 극복해 보고자 하는 처절한 시도라 하겠다.

안타깝게도 과정 추적 방법에 대한 현재까지의 논의는 만족스럽지 못한 부분이 적지 않다고 판단된다. 단적으로 과정 추적 방법에 대한 관심을 주도적으로 환기하는 데 성공한 베넷과 체켈을 들 수 있을 것이다. 이 장에서 상세히 소개한 베넷과 체켈의 과정 추적 방법을 체계화하고자 하는 시도는 제대로 된 질적 연구자라면 익히 알고 있고 또 실천하고 있는 연구의 지침을 풀어놓은 것에 지나지 않는다. 예를 들어, 체켈과 베넷이 과정 추적 방법을 활용해 연구를 하고자 하는 이를 위해 나열한 열 가지 사항은 사실 사회과학 입문자를 위한 안내서(handbook)에서 설명되어야 할 내용에 지나지 않는다. 대단히 중요한 내용인 것은 분명하지만 전문적인 연구자에게 기대했던 것만큼 영감을 주거나 깨우침을 주는 내용이라 할 수는 없다. 콜리에가 정리한 인과관계 검증의 네 가지 방법 역시 특별한 내용이 있는 것은 아니다. 충분조건과 필요조건에 대한 면밀한 검토는 서로 다른 사건이나 현상 사이의 인과관계를 확정짓고자 단일 사례를 탐구하는 연구자라면 당연히 밟아야 하는 절차인 것이다. "후프"나 "바람 속 지푸라기" 또는 "이중 결정"이나 "연기 나는 총"은 은유이지 사회과학적인 분석의 도구 또는 개념이라고 하기에는 여전히 무리가 있다.

그럼에도 과정 추적 방법 자체에 대한 논의가 아무런 의미나 소득이 없었던 것은 결코 아니다. 베넷이나 체켈 그리고 콜리에 등에 의한 과정 추적 방법의 체계화 시도는 인과추론이 사회과학의 본질적인 질문이라는 점을 다시 한 번 일깨워주었다. 또한 다수 사례 연구에 비해 단일 사례 연구가 갖는 강점은 무엇인지 확실히 부각시킨 것도 중요한 기여라 할 수 있다. 연구 방법을 중심으로 분야의 발전이 이루어지기에 연구자 간 교류가 활발한 양적 연구에 비해 개별 사례를 중심으로 분야의 발전이 이루어지기에 연구자 간 교류가 상대적으로 적을 수밖에 없었던 질적 연구에 교류의 기반을 마련한 것 역시 과정 추적 방법을 둘러싼 최근 논의의 소중한 성과라고 할 수 있을 것이다.

하지만 대부분 논자가 지적하고 있듯이 과정 추적 방법의 미래는 결국 연구의 수단의 체계화가 아니라 구체적인 연구 결과의 질에 달려 있다고 하겠다. "푸딩의 맛은 먹어봐야 알 수 있고", "악마는 디테일에 있는"(the devil is in the detail) 것이다. 문제는 여기에 있다. 기존의 이론을 검증하는 것이든 새로운 이론을 고안하는 것이든 일탈 사례를 분석하는 것이든 과정 추적 방법을 활용한 단일 사례 분석이 성공하기 위해서는 무엇보다 연구자가 자신이 선택한 사례에 "흠뻑 젖어야"(soaking) 하는데, 이에 필요한 상당한 시간과 노력을 들일 여유가 제도적으로 주어질 수 있을까? 또한 원활하고 생산적인 학제 간 연구는 차치하더라도 다양한 사례에 대한 역사학과 비교정치 분야의 선행 연구가 착실히 제공될 수 있을까? 오늘날 양차 세계대전의 원인에 대한 영미 국제정치학계의 심도 있는 논의는 이 장에서 사례로 다룬 피셔와 테일러의 역사 연구가 아니었다면 가능하지 않았을 것이다.

핵심 용어

과정 추적 방법(prcoess tracing method) (205쪽)

인과적인 효과(causal effect) (211쪽)

이론 검정 과정 추적(theory-testing process-tracing) (212쪽)

이론 구축 과정 추적(theory-building process-tracing) (212쪽)

결과 설명 과정 추적(explaining-outcome process-tracing) (213쪽)

이중 결정(doubly decisive) (215쪽)

후프(hoop) (215쪽)

연기 나는 총(smoking gun) (215쪽)

바람 속 지푸라기(straw in the wind) (215쪽)

제거의 방법(method of elimination) (217쪽)

잔여의 방법(method of residue) (218쪽)

반사실적 사고 실험(counterfactual thinking experiment) (222쪽)

중대 국면(critical juncture) (222쪽)

비교 과정 추적 방법(comparative process tracing method) (223쪽)

분석적 서술(analytic narrative) (226쪽)

참고문헌

권혁용. 2015. "한국 정치학 방법론과 인과추론." 『평화 연구』 23(1): 383-412.

김선희. 2017. "인과적 과정 추적(Causal Process Tracing)을 활용한 정책학 연구 방법 고찰: 이론적 함의를 중심으로." 『정책분석평가학회보』 27(4): 123-147.

민병원. 2015. "국제정치의 인과성과 메커니즘: 방법론적 고찰." 『한국정치연구』 24(2): 451-476.

안두환. 2019. "테일러의 근대 유럽 외교사 연구: 1848년 혁명에서 미·소 냉전까지." 『국제정치논총』 59(2): 281-321.

이내주. 2014. "제1차 세계대전 원인 논쟁: 피셔 논쟁 이후 어디까지 왔는가?" 『영국 연구』 32(12월): 319-351.

정성철. 2017. "사례 연구 방법론의 발전과 동향: 국제 및 비교 정치 연구를 중심으로." 『담론 201』 20(1): 39-67.

조 굴디, 데이비드 아미티지. 2018. 『역사학 선언』. 안두환 역. 서울: 한울 아카데미.

Bates, Robert H., Grief, Avner, Levi, Margaret, Rosenthal, Jean-Laurent, & Weingast, Barry R. 1998. *Analytic Narratives*. Princeton: Princeton University Press.

Beach, Derek. 2016. "It's All About Mechanisms – What Process-Tracing Case Studies Should Be Tracing." *New Political Economy* 21(5): 463-472.

Bengtsson, Bo & Ruonavaara. 2017. "Comparative Process Tracing: Historical Comparison Structured and Focusted." *Philosophy of the Social Sciences* 47(1): 44-66.

Bennett, Andrew & Checkel, Jeffrey T. 2015. "Process Tracing: From Philosophical Roots to Best Practices." in Andrew Bennett & Jeffrey T. Checkel (eds.), *Process Tracing: From Metaphor to Analytic Tool*. Cambrdge: Cambridge University Press. 3-37.

Bennett, Andrew. 2008. "Process-Tracing: A Bayesian Perspective." in Janet M. Box-Steffensmeier, Henry E. Brady, & David Collier (eds.), *The Oxford Handbook of Political Methodology*. Oxford: Oxford University Press. 702-721.

_____. 2010. "Process Tracing and Causal Inference." in Henry E. Brady and David Collier (eds.), *Rethinking Social Inquiry: Diverse Tools, Shared Standards*. Lanham: Rowman & Littlefield. 207-219.

Black, Jeremy. 2015. *Other Pasts, Different Presents, Alternative Futures*. Bloomington & Indianapolis: Indiana University Press.

Blanning, T. C. W. & Cannadine, David. 1996. *History and Biography: Essays in Honour of Derek Beales*. Cambrigdge: Cambridge Univesity Press.

Boyce, Robert & Maiolo, Joseph A. eds. 2003. *The Origins of World War Two: The Debate Continues*. New York: Palgrave Macmillan.

Brady, Henry E. & Collier, David ed. 2011. *Rethinking Social Inquiry: Diverse Tools, Shared Standards*. Lanham: Rowman & Littlefield

Caldwell, Dan ed. 2019. *Alexander L. George: A Pioneer in Political and Social Sciences. With a Forward by Dan Caldwell*. New York, NY: Spinger.

Chagnon, Marie-Eve & Irish, Tomás. 2017. *The Academic World in the Era of the Great War*. London: Palgrave Macmillan.

Clark, Christopher. 2012. *The Sleepwalkers: How Europe Went War in 1914*. New York: Harper Perennial.

Collier, David. 2011. "Understanding Process Training." *PS: Political Science and Politics* 44(4): 823-830.

Collier, David, Brady, Henry E., and Seawright, Jason. 2011. "Sources of Leverage in Causal Inference: Toward an Alternative View of Methodology." in Henry E. Brady and David Collier (eds.), *Rethinking Social Inquiry: Diverse Tools, Shared Standards*. Lanham: Rowman & Littlefield. 161-199.

Collins, John, Hall, Ned, & Paul, L. A. eds. 2004. *Causation and Counterfactuals*. Cambridge, MA: The MIT Press.

Doyle, Arthur Conan. 1955. "Silver Blaze." in *A Treasury of Sherlock Holmes*. New York: Nelson Doubleday. 380-399.

Elman, Colin & Elman, Meriam Fendus eds. 2001. *Bridges and Boundaries: Historians, Political Scientists, and the Study of International Relations*. Cambridge, MA: The MIT Press.

Falleti, Tulia. 2016. "Process Tracing of Extensive and Intensive Processes." *New Political Economy* 21(5): 455-462.

Ferguson, Niall. 1997. *Virtual History: Alternatives and Counterfactuals*. New York: Basic Books.

Fischer, Fritz. 1967. *Germany's Aims in the First World War*. trans. Hajo Holborn & James Joll. London: Norton & Company.

_____. 1974. *World Power or Decline: The Controversy over Germany's Aims in the First World War*. trans. Lancelot L. Farrar, Robert Kimber, and Rita Kimber. New York: W. W. Norton & Company.

_____. 1975. *War of Illusions: German Policies from 1911 to 1914*. trans. Marian Jackson. New York: W. W. Norton & Company.

Ford, J. Kevin, Schmitt, Neal, Schectman, Susan L., Hills, Brain M., & Doherty, Mary L. 1989. "Process Tracing Methods: Contributions, Problems, and Neglected

Research Questions." *Organizational Behavior and Human Decision Processes* 43(7): 75-117.

Geertz, Clifford. 1973. "Thick Description: Toward an Interpretive Theory of Culture." in *The Interpretation of Cultures*. New York: Basic Books, 1973.

George, Alexander L. 1979a. "Case Studies and Theory Development: The Method of Structured, Focused Comparison." in Paul G. Lauren (ed.), *Diplomacy: New Approaches in History, Theory, and Policy*. New York: Free Press. 43-68.

_____. 1979b, "The Causal Nexus between Cognitive Beliefs and Decision-Making Behavior: The 'Operational Code' Belief System." in Lawrence S. Falkowski (ed.), *Psychological Models in International Politics*. Boulder, CO: Westview Press. 95-124.

George, Alexander L. & Bennett, Andrew. 2005. *Case Studies and Theory Development in the Social Sciences*. Cambridge, MA: The MIT Press.

George, Alexander L. & George, Juliette L. 1956. W*oodrow Wilson and Colonel House: A Persaonlity Study*. New York: John Day Company.

Gerring, John. 2007. *Case Study Research: Principles and Practices*. Cambridge: Cambridge University Press.

Goertz, Gary & Mahoney, James. 2012. *A Tale of Two Cultures: Qualitative and Quantitative Research in the Social Sciences*. Princeton, NJ: Princeton University Press.

Harvey, Frank P. 2012. *Explaining the Iraq War: Counterfactual Theory, Logic and Evidence*. Cambridge: Cambridge University Press.

Hawthorn, Geoffrey. 1991. *Plausible Worlds: Possibility and Understanding in History and the Social Sciences*. Cambridge: Cambridge University Press.

Hay, Colin. 2016. "Process Tracing: A Laudable Aim or a High-Tariff Methodology?" *New Political Economy* 21(5): 500-504.

Hempel, Carl G. 1942. "The Function of General Laws in History." *The Journal of Philosophy* 39(2): 35-48.

Hume, David. 1902. *Enquiries concerning the Human Understanding and concerning the Principles of Morals*. ed. Lewis Amherst Selby-Bigge. Oxford: Clarendon Press.

_____. 1987. *A Treatise of Human Understanding*. ed. Lewis Amherst Selby-Bigge. Oxford: Oxford University Press.

Jackson, Patrick T. 2008. *The Conduct of Inquiry in International Relations: Philosophy of Science and Its Implications for the Study of World Politics*. London: Routledge.

King, Gary, Keohane, Robert O., Verba, Sidney. 1994. *Designing Social Inquiry: Scientific Inference in Qualitative Research*. Princeton, NJ: Princeton University Press.

Kreuzer, Marcus. 2016. "Assessing Casual Inference Problems with Bayesian Process Tracing: The Economic Effects of Proportional Representation and the Problem of Endogeneity." *New Political Economy* 21(5): 473-483.

Landes, David & Tilly, Charles eds. 1971. *History as Social Science*. Englewood Cliffs, NJ: Prentice-Hall.

Lebow, Ricahrd Ned. 2010. *Forbidden Fruit: Counterfactuals and International Relations*. Princeton: Princeton University Press.

Levy, Jack S. 2002. "Qualitative Methods in International Relations." in Frank P. Harvey and Michael Brecher (eds.), *Evaluating Methodology in International Relations*. Ann Arbor: The University of Michigan Press. 131-160.

Levy, Jack S. & Vasquez, John A. eds. 2014. *The Outbreak of the First World War: Structure, Politics, and Decision-Making*. Cambridge: Cambridge University Press.

Lewis, David. 1973. *Counterfactuals*. Oxford: Blackwell.

_____. 1986, *The Plurality of Worlds*. Oxford: Blackwell.

Mahoney, James. 2000, "Path Dependence in Historical Sociology." *Theory and Society* 29(4): 507-548.

_____. 2012. "The Logic of Process Tracing Tests in the Social Sciences." *Sociological Methods & Research* 41(4): 570-597.

_____. 2015. "Process Tracing and Historical Explanation." *Security Studies* 24(2): 200-218.

_____. 2016, "Mechanisms, Bayesianism, and Proces Tracing." *New Political Economy* 21(5): 493-499.

Mahoney, James, Kimball, Erin, & Koivu, Kendra. 2009. "The Logic of Historical Explanation in the Social Sciences." *Comparative Political Studies* 42(1): 114-146.

Mahoney, James & Rueschemeyr, Dietrich. 2003. *Comparative Historical Analysis in the Social Sciences*. Cambridge: Cambridge University Press.

Mahoney, James & Schensul, Daniel. 2006. "Historical Context and Path Dependence." in Robert E. Goodin & Charles Tilly (eds.), *The Oxford Handbook of Contextual Political Analysis*. Oxford: Oxford University Press.

Mahoney, James & Thelen, Kathleen. 2015. *Advances in Comparative-Historical Analysis*. Cambridge: Cambridge University Press.

Martel, Gordon ed. 1986. *The Origins of the Second World War Reconsidered: The A. J. P. Taylor Debate after Twenty-Five Years*. Boston: Allen & Unwin.

Mayntz, Renate. 2016. "Process Tracing, Abstraction, and Varieties of Cognitive Interest." *New Political Economy* 21(5): 484-488.

Mill, John Stuart. 1843. *A System of Logic, Ratiocinative and Inductive*, 2 Vols. Vol. 1. London: John W. Parker.

Mohr, Lawrence B. 1982. *Explaining Organizational Behavior*. San Francisco: Jossey-Bass.

Mombauer, Annika. 2002. *The Origins of the First World War: Controversies and Consensus*. London: Longman.

_____. 2007. "The First World War: Inevitable, Avoidable, Improbable, or Desirable? Recent Interpretations on War Guilt and the War's Origins." *German History* 25(1): 78-95.

Morgan, Kimberly J. 2016, "Process Tracing and the Casual Identification Revolution." *New Political Economy* 21(5): 489-492.

Morgan, Stephen L. & Winship, Christopher. 2015. *Counterfactuals and Casual Inference: Methods and Principles for Social Research*, 2nd edition. Cambridge: Cambridge University Press.

Roberts, Clayton. 1996. *The Logic of Historical Explanation*. University Park, PA: Pennsylvania State University Press.

Robertson, Esmonde ed. 1971. *The Origins of the Second World War*. London: The

Macmillan Press.

Schroeder, Paul. 2004. "Embedded Counterfactuals and World War I as an Unavoidable War." in David Wetzel, Robert Jervis, & Jack S. Levy (eds.), *Systems, Stability, and Statecraft: Essays on the International History of Europe.* New York: Palgrave Macmillan.

Sewell, William H. 2005. *Logics of History: Social Theory and Social Transformation.* Chicago: The University of Chicago Press.

Tannenwald, Nina. 2015. "Process Tracing and Security Studies." *Security Studies* 24(2): 219-227.

Taylor, A. J. P. 1996. *The Origins of the Second World War.* New York: Touchstone.

Tetlock, Philip E. & Belkin, Aaron. eds. 1996. *Counterfactual Thought Experiments in World Politics: Logical, Methodological, and Pscychological Perspectives.* Princeton, NJ: Princeton University Press.

Tetlock, Philip E., Lebow, Richard Ned, & Parker, Geoffrey. eds. 2006. *Unmaking the West: "What-If?" Scenarios that Rewrite World History.* Ann Arbor: The University of Michigan Press.

Trampusch, Christine & Palier, Bruno. 2016. "Between X and Y: How Process Tracing Contributes to Opening the Black Box of Casuality." *New Political Economy* 21(5): 437-454.

Van de Ven, Andrew H. & Poole, Marshall S. 2005. "Alternative Approaches for Studying Organizational Change." *Organization Studies* 26(9): 1377-1404.

## 제7장

베이지안 분석

박종희 서울대학교

빅데이터와 기계학습/인공지능에 대한 관심이 고조되면서 그 인식론적 기반이 되는 통계모형과 확률이론에 대한 관심이 높아지고 있다. 그 중에서도 자료와 모형을 관통하는 일관된 확률론적 추론을 가능하게 하는 베이지안 분석이 많은 주목을 받고 있다. 그 동안 국내 학계에서 베이지안 분석에 대한 개괄적 소개는 많이 진행되었지만 사회과학자들이 쉽게 이해하고 활용할 수 있는 실제 분석 사례에 기초한 구체적인 소개는 매우 부족했다. 이로 인해 프로그래밍과 통계이론에 능통한 연구자가 아니라면 베이지안 분석을 시도하는 것이 매우 어려웠다. 이 장에서는 세계 여자 피겨스케이팅 채점에서 개최국효과(host effect)의 추정이라는 사례를 통해 베이지안 분석이 연구 질문에 대한 확률론적 답변을 찾는 데 어떻게 활용될 수 있는지 구체적으로 논의할 것이다.

내일 당장 중간선거가 실시된다면 대통령이 재선될 가능성은 어느 정도인가? 현재 한국의 정치제도가 박정희의 제3공화국과 같은 권위주의 체제로 바뀐다면 경제성장률은 어떻게 변화할 것인가? 경험적 사회과학 연구의 대부분은 이와 같은 반사실적 질문(counter-factual question)으로부터 시작한다. 구체적인 연구 설계와 연구 방법은 다양하지만 연구의 시작이 반사실적 질문이라는 점은 곧 경험적 사회과학 연구의 결론 역시 이러한 "반사실적 질문에 대한 답변"이 되어야 함을 의미한다.

반사실적 질문의 출발점이 현재의 사실과는 다른 세계를 가정한 것이기 때문에 반사실적 질문에 대한 답변은 결정론적일 수 없다. 20세기 자연과학과 사회과학은 모두 결정론적 세계관과 결별하고 확률론적 세계관으로 이동하였다. 확률론적 세계관은 물리적 세계의 근본적 불확실성과 인간 인식의 불완전성을 반영하고 있다는 점에서 결정론적 세계관과 근본적으로 구분된다.

베이지안 분석은 확률론적 세계관을 가장 체계적으로 반영하고 있는 통계분석 패러다임이라고 볼 수 있다. 베이지안 분석은 확률론적 틀을 통해 기지의 정보로부터 미지의 정보를 가장 일관되게 설명할 수 있으며 이를 이용해 모든 과학적 질문에 대해 확률론적 답변을 추구한다.

여기서 "확률론적"이라는 수식어가 갖는 중요성을 강조할 필요가 있다. 확률론적 접근의 가장 큰 강점은 연구자가 가진 불확실성을 가장 체계적인 형태로 종합할 수 있는 틀이라는 점이다. "체계적"이라는 말은 연구자와 자료, 그리고 모형에 존재하는 불확실성의 요소들을 연구결과에 일관되고 효율적으로 반영하는 방식을 지칭한다. 분석상의 오류를 오차제곱(squared error)으로 측정할 때, 베이지안 분석은 불확실성을 가장 효율적으로 종합하는 분석 방법이다.[1]

확률론적 접근의 두 번째 강점은 연구결과를 매우 직관적인 답변 형태로 요약할 수 있다는 것이다. 통계학과 확률이론에 대한 지식이 취약한 독자들이라 하더라도 확률론적 답변을 이해하는 것은 어렵지 않다. 내일 비가 올 확률이 60%라는 일기예보가 보편적으로 이해되는 것이 그 대표적인 예이다.

그러나 확률론적 접근이 항상 장점만 있는 것은 아니다. 베이지안 분석은 확률분포에 의존적이다. 모형이나 분포에 의존하지 않는 답변을 찾고자 한다면 베이지안 분석은 많은 한계를 가지고 있다. 예를 들어 엄격하게 잘 기획된 실험결과를 분석할 때, 연구자는 실험기획 이외의 다른 가정이 분석결과에 영향을 주는 것을 원하지 않을 수 있다. 확률론적 접근이 가진 두 번째 약점은 모든 불확실성(예: 연구

---

1   베이지안 분석의 추정치를 대표하는 사후분포의 평균은 최소평균제곱오차(minimum mean square error, MMSE)의 특징을 갖는다.

자가 가진 불확실성, 자료가 가진 불확실성, 모형이 가진 불확실성)이 매우 정확하게 확률분포의 형태(예: 0과 1 사이의 값을 취하는 임의변수)로 표현되어야 한다는 점이다.[2] 민감성 검증(sensitivity test)과 같은 사후 검증 방법으로 확률분포 및 모수선택에 따른 편향의 존재 여부를 어느 정도는 확인할 수 있지만 우리가 가진 다양한 믿음과 배경지식을 확률분포로 정확하게 표현하는 것은 매우 어려운 문제이다.

통계학을 접하지 않은 대부분의 독자들에게 "베이지안"이라는 이름은 낯설게 느껴질 수 있지만, 사실 베이지안 분석은 전통적 통계학과 완전히 이질적인 분석 방법이 아니다. 전통적 통계학 방법 안에 이미 베이지안적 접근법이 상당수 내재해 있다고 보는 것이 옳다. 예를 들어 많은 연구자들이 p값(p-value)을 해석할 때 확률론적 표현을 사용하여 이해하는 것(예: "영가설이 참이라면 관측자료 또는 이보다 더 극단적인 자료를 관측할 가능성은 어느 정도인가?")이나 가설검정의 결과나 회귀분석 계수추정의 결과를 확률론적으로 이해하는 것(예: "다른 변수의 영향을 통제할 때 독립변수가 한 단위 증가하면 종속변수가 이에 따라 증가할 가능성은 어느 정도인가?")은 확률론적 해석이 자료 분석 결과를 이해하는 매우 직관적인 프레임이라는 점을 잘 보여준다. 이런 이유로 베이지안 방법은 확률론적 해석을 전제하는 다른 통계적 분석 방법과 동일한 인식론적 기반을 가지고 있다.

이 장에서는 베이지안 분석모형을 대표하는 다층모형(multilevel model)을 사례로 선택하여 사회과학적 질문에 대한 확률론적 답변을 찾는 과정을 소개하고자 한다. 분석 방법의 소개를 위해 복잡한 질문보다는 쉽고 직관적인 질문을 선택하였다. 분석 방법 소개를 위해 선

----

2   연구자의 확률분포 선택의 어려움을 줄일 수 있는 다양한 방법들(예: 비모수, 모형선택, 앙상블접근 등)이 존재한다. 그러나 이러한 방법들도 확률분포의 선택에서 오는 한계와 선택의 어려움을 완전히 제거해주지는 못한다.

택한 질문은 "2014년 러시아 소치에서 개최된 동계올림픽 여자 피겨 스케이팅 채점 결과에 편향이 존재하는가?"이다.

베이지안 분석

베이지안 분석이란 무엇인가

베이지안 분석이란 "확률이라는 수학적 언어를 이용해 인식론적 불확실성을 체계적으로 기술"(a system for describing epistemological uncertainty using the mathematical language of probability)하는 과학적 접근법으로 정의될 수 있다. 잘 알려진 바대로 베이지안 분석은 베이즈 정리로 알려져 있는, 아래와 같은 조건부 확률분포의 특징을 이용하여 미지(未知)의 분포(사후분포)에 대한 정보를 기지(旣知)의 분포들로부터 유추해 내는 통계분석 방법이다. 베이지안 분석을 정의하는 베이즈 정리는 다음과 같다:

$$\underbrace{p(\theta|y, M)}_{posterior\ distribution} = \frac{\overbrace{p(y|\theta, M)}^{likelihood}\overbrace{p(\theta|M)}^{prior}}{\underbrace{p(y|M)}_{marginal\ density\ of\ data}}.$$

수식 1 베이즈 정리

먼저 베이즈 정리는 조건부확률에 대한 정의와 다르지 않다는 점을 기억할 필요가 있다. 사건 B에 대한 A의 조건부확률은 A와 B가 동시에 일어날 확률을 B가 일어날 확률로 나눠준 값이다:

$$P(A|B)=\frac{P(A \cap B)}{P(B)}.$$

이를 확률변수에 적용하면 우리가 알고자 하는 모수의 분포를 자료분포로부터 유추하는 조건부확률을 위와 같이 쓸 수 있다. 이것이 수식 1의 베이즈 정리이다. 왼쪽 항이 우리가 알고자 하는 모수의 사후분포(posterior distribution)이며 오른쪽은 사후분포를 도출하기 위해 구비되어야 할 세 가지 서로 다른 확률분포이다.

가장 먼저 분자의 첫 번째 항인 자료분포(likelihood 또는 data density)는 다양한 모수값에 대해 관측된 자료의 확률을 보여주는 분포이다. 이 자료분포만 따로 떼어내어서 모수의 전 구간에 걸쳐 자료의 관측 가능성을 가장 잘 예측하는 모수값을 구하면 이를 최대우도추정값(maximum likelihood estimate)이라고 부른다. 베이지안 통계에 매우 적대적이었던 피셔(Ronald Fisher)에 의해 완성된 추론방법이 바로 최대우도추정법이다.

오른쪽 분자의 두 번째 항은 사전분포(prior density)이다. 과학적으로 유의미한 모수값의 범위를 정하고 사전지식을 반영하기 위해, 그리고 모수의 움직임을 확률분포로 반영하기 위해 사전분포가 필요하다. 좀 더 근본적으로 사전분포가 필요한 이유는 사전분포 없이는 자료의 결합분포를 조건부확률분포의 곱으로 표현하는 것이 불가능하다는 드 피네티의 정리(de Finetti's theorem)에서 찾을 수 있다. 자료가 모수를 전제로 한 조건부확률분포의 곱으로 표현되어야만 통계적 추론이 가능하기 때문이다.

그렇다면 전통적 통계학과 베이지안 분석의 차이점은 무엇인가? 빈도주의(frequentist)라고 불리는 근대 통계학의 주류 방법론은 자료를 모집단(population)의 표본(sample data)으로 보고 고정된 모수값(fixed parameter values)을 찾는 것을 목적으로 한다. 사실 우리가 일반적으로 사용하는 통계적 추론(statistical inference)이라는 개념은 모집단-표본에 대한 구분으로부터 등장한 개념이다. 따라서 통계적 추론에 대한 교과서적 정의는 빈도주의적 해석에 더 가깝다. 통계적 추론의 교과서적 정의는 표본자료의 수리적 정리인 통계값(statistic)을 이용해서 모집단의 모수(parameter)에 대한 정보를 학습하는 것이다. 그 학습을 가능하게 하는 것이 바로 확률이론(예: 중심값 극한정리)이다. 이렇게 확률이론은 전통적 통계학에서 표본 자체가 아니라 표본과 모집단을 잇는 다리 역할을 하고 있다.

반면 베이지안 분석에서는 모집단-표본의 이분법을 사용하지 않는다. 베이지안 통계에서 통계적 추론이란 주어진 자료를 이용해서 모수에 대한 정보를 학습하는 것이다. 이 학습은 연구자의 사전지식을 업데이트하는 방식으로 진행되는데 이때 자료의 정보를 사전지식과 체계적으로 결합하기 위해 확률이론을 사용한다. 즉 베이지안 분석에서 확률이론의 역할은 모수와 통계값을 연결하는 다리 역할이 아니라 정보를 체계적으로 업데이트하는 정보처리 방법이 된다.

20세기 후반 대부분의 통계학 교과서는 이 빈도주의 통계학의 핵심 개념(최소제곱추정법ordinary least squares method, 영가설검정null hypothesis test, 점추정치point estimate, 신뢰구간confidence interval 등)을 소개하고 이해시키는 것을 목표로 삼았다. 오늘날 고등교육 과정 전반에 걸쳐 진행되는 통계학 교육과 통계분석 강의는 모두 이 빈도주의 통계학의 핵심 개념을 중심으로 진행되고 있다.

하나의 과학적 패러다임으로서 빈도주의 통계학은 그 동안 많은 비판에 직면해 왔다. 그 비판을 모두 여기서 소개하기는 어렵지만, 비판의 핵심은 가설검정과 점추정치, 신뢰구간 등의 개념이 자료의 효과적 분석, 이론검증, 불확실성의 체계적 종합, 그리고 연구자들 간의 소통 등에서 많은 약점을 가지고 있다는 데에 있다. 대표적인 비판의 예로는 p값에 대한 해석의 어려움, 95% 컷오프의 자의성, 표본이 모집단 자체인 자료의 해석 문제, 이론을 확증하지 못하는 영가설 검정의 비직관적 설정 등이다.

　무엇보다도 빈도주의 통계학 패러다임에 대한 더 심각한 도전은 자료 분석을 추정된 계수에 대한 가설검정이라는, 매우 협소한 틀로 한정해 버렸다는 점이다. 이런 이유로 연구자들에게는 회귀분석을 통해 계수에 대한 통계값(예: t-statistics)을 찾는 것이 연구의 종착점처럼 간주되었고 가설검정을 통과하기만 하면 실질적 중요성과 무관하게 연구 성과물의 출판이 가능하다는 출판편향(publication bias)을 만들어 내게 되었다.

　개인용 컴퓨터의 발달과 정보기술의 비약적 발전, 그리고 분석 가능한 자료의 폭발적 증가라는 자료 분석 환경의 변화는 빈도주의 패러다임의 한계를 더 극명하게 부각시켰다. 베이지안 통계는 이러한 한계에 대한 하나의 대안적 패러다임으로 1990년대 이후 급속하게 확산되었다. 특히 마르코프 체인 몬테 카를로 방법(MCMC method)이라는 시뮬레이션 기반 추정 방법의 재발견으로 다양한 모형에 대한 베이지안 추론이 가능하게 되었다. 시뮬레이션 기반 추정 방법은 베이지안 방법 외에도 다양한 통계 분야에서 사용되어 왔지만 MCMC 방법으로 가장 극적인 발전을 이루었다고 볼 수 있다. 오늘날 진행되고 있는 대부분의 기계학습/인공지능 연구가 시뮬레이션 기반 추정 방법을 사용하고 있다는 점에 주목하면, 베이지안 통계학이 시뮬레이션 기반 추정 방법의 잠재력을 일찍 파악하고 이에 집중해 온 것은 매우 현명한 선택이었다고 볼 수 있다.[3]

....

3　물론 시뮬레이션 기반 추정법은 아니지만 빈도주의 통계학에서도 오랫동안 수치대입법

베이지안 분석의 정치학적 응용

베이지안 분석의 정치학적 응용의 가장 성공적인 사례이자 가장 많은 연구가 진행된 분야는 바로 정치인들의 이념점 추정 연구이다. 이념점 추정 연구는 Poole and Rosenthal(1997)에 의해 본격화되었다. 이들은 투표 자료를 이용하여 미국의 상하원 국회의원들의 이념점(ideal point) 추정이 가능하다는 점을 입증했다. 여기서 이념점이란 공간투표 모형에서 국회의원들이 제안된 법안을 판단할 때 고려하는 자신의 이념적 좌표라고 볼 수 있다. 일차원 모형으로 생각하면 이 좌표는 보수와 진보라는 축으로 설명 가능하다. Poole and Rosenthal이 개발한 노미네이트(NOMINATE)는 투표 자료를 이용하여 국회의원들의 이념점을 1-2차원에 효과적으로 투사하였지만 모수의 식별 가능성(identifiability), 연산 효율성, 그리고 모형의 확장성 등에서 한계를 가지고 있었다.

노미네이트의 한계를 개선하기 위해 일군의 학자들이 교육학에서 개발된 문항-응답 모형(item-response theory (IRT) model)과 베이지안 통계를 결합하여 이념점 추정에 대한 베이지안 분석 방법을 개발하였다(Jackman 2001; Martin and Quinn 2002; Clinton, Jackman, and Rivers 2004; Park 2011a; Quinn 2004; Bafumi et al. 2005; Barberá 2015; Imai, Lo, and Olmsted 2016). 이들은 단순히 모형과 추정 방법의 개선에 그치지 않고 사용하기 쉬운 소프트웨어의 개발에도 적극적으로 관여하여 pscl, MCMCpack, wnominate와 같은 R 패키지를 개발/보급하였다. 또한 WinBUGS, jags, STAN과 같이 쉽게 사용할

(numerical method)을 활용한 추정 방법이 사용되어 왔다. 예를 들어 피셔에 의해 정리된 최대우도추정법의 대표 추정 방법인 뉴튼-랩슨 알고리듬이 그 대표적인 예이다.

수 있는 베이지안 소프트웨어들이 보급되면서 이념점 추정에서 베이지안 분석법이 기존 최대우도추정법(maximum likelihood method, MLE)을 대체하는 대안적인 분석 방법으로 등장하게 되었다.

베이지안 방법의 도입은 비단 연산속도의 개선과 추정 방법의 효율성 개선에 그치지 않고 보다 다양한 정치학적 질문에 대한 경험적 추정을 가능케 했다. 그 대표적인 예가 바로 Martin and Quinn(2002)의 동적 이념형 모형이다. 최근 Imai, Lo, and Olmsted(2016)는 변분적 베이지안 추정법(variational Bayes method)을 이용하여 베이지안 이념형 추정 모형의 연산속도를 효과적으로 개선하는 논문을 발표하였다.

이념형 추정에서의 베이지안 방법의 성공은 다른 영역으로 급속히 확장되었다. 은닉모형을 이용한 민주주의 지표 측정이 그 대표적인 예이다(Treier and Jackman 2008; Pemstein, Meserve, and Melton 2010). 또한 Schnakenberg and Fariss(2013)는 인권 지표의 개발에 동적 서수형 베이지안 모형을 사용하여 새로운 인권 지표를 개발한 바 있다.

베이지안 분석이 적용된 대표적인 두 번째 사례는 시계열 모형이다. Western and Kleykamp(2004)는 전환점 모형이 사회과학의 역사적 연구와 결합될 수 있음을 제시하였고 이를 이어 Spirling(2007)이 다양한 정치학 연구에 Carlin, Gelfand, and Smith(1992)의 베이지안 전환점 연구를 접목한 논문을 발표하였다. Park(2010)은 미국 대통령의 무력사용 결정 방식을 베이지안 푸와송 전환점 모형으로 설명하는 모형을 제시하였고 Park(2011b)은 이분형 서수형 자료에서 전환점 분석을 수행할 수 있는 베이지안 전환점 모형을 개발하였다. 최근 Blackwell(2018)은 디리클레이 과정 사전분포(Dirichlet process prior)를 이용하여 전환점 수에 제한이 없는 베이지안 전환점 모형을 다양한 사건 자료에 대해 개발하여 발표하였다.

시계열 모형 중에서도 국가 간 시계열 자료는 종단적 그리고 횡단적 종속성이 교차하여 존재하기 때문에 특히 분석이 까다로운 영역으로 간주된다. Brandt and Freeman(2006)과 Brandt and Freeman(2009)은 베이지안 시계열 중에서 벡터형 시계열 모형을 소개하고 이를 정치학 연구에 적용한 연구를 발표하였다. 또한 Pang(2010)은 일반선형 모형에 대한 국가 간 시계열 자료 분석 방법을 개발하여 발표하였으며 Pang(2014)은 다층-복수요인 모형을 이용하여 국가 간 시계열 자료 분석에서 나타나는 동적 잔차를 처리하는 모형을 개발하였다. Park(2012)은 국가 간 시계열 자료에서 변수가 시간에 따라 변화하는 패널 전환점 모형을 개발하여 소개하였다.

국가 간 시계열 자료와 같은 횡단적 자료의 경우 다양한 하위 집단으로부터 오는 정보를 종합하는 것이 매우 까다롭다. 그 가장 효과적인 방법 중의 하나가 바로 베이지안 위계 혹은 다수준 모형(Bayesian hierarchical/multilevel model)이다. Western(1998)은 베이지안 위계 모형이 다른 패널 모형에 비해 그룹 간의 정보와 그룹 내의 정보를 종합하는 데에 매우 우수한 성능을 가지고 있음을 보여주었다. Gelman et al.(2007)은 베이지안 다수준 모형이 부분모음(partial pooling)이라는 속성으로 인해 미국의 각 주들에서 나타나는 특징을 미국 전체의 특징과 매우 균형 있게 종합하도록 해준다고 강조하였다.

이러한 다층 모형의 부분모음은 특히 여론조사를 이용하여 선거 결과를 예측하거나 조사기관의 편향을 측정하는 데에 매우 효과적이라는 점이 밝혀졌다. Jackman(2005)은 선거여론조사 기관의 조사결과를 묶는 베이지안 다층 모형을 개발하였고 이를 통해 조사기관의 편향을 측정할 수 있음을 보여주었다. Lock and Gelman(2010)는 다양한 자료로부터 선거결과를 종합적으로 예측할 수 있음을 보여주었다. Linzer(2013)는 유사한 베이지안 다층 모형을 이용하여 실제 선거를 매우 정확하게 예측할 수 있음을 실증적으로 보여주었다.

마지막으로 베이지안 모형을 네트워크 자료에 적용한 연구들이 대거 등장하였다. Hoff and Ward(2004)는 은닉 모형을 이용한 고차원 네트워크 종속성 모형을 개발하였고 후속 연구에서 이 모형을 이용해 국제관계 자료를 직접 분석하였다(e.g. Ward and Hoff 2007; Minhas et al. 2016). Park and Sohn(2020)은 베이지안 전환점 모형을 네트워크 모형과 결합하여 국제정치에서의 방어동맹 구조가 언제, 어떻게 변화하는지를 추적한 논문을 발표하였다.

최근 베이지안 모형은 빅데이터와 기계학습/인공지능의 등장으로 더욱 주목을 받고 있다. Grimmer(2010)는 베이지안 위계 모형을 이용하여 국회의원들이 만들어내는 텍스트 자료에서 어젠다를 추출하는 토픽 모형을 개발하였다. Roberts et al.(2016)은 메타정보를 독립변수로 사용하여 토픽 분석을 진행할 수 있는 구조적 토픽 모형(structural topic model, STM)을 개발하여 이를 사회과학 연구에 적용하였다(Roberts et al. 2014; Lucas et al. 2015).

또한 베이지안 방법을 이용하여 변수선택과 같은 모형 정규화(regularization)의 문제를 해결하는 연구가 등장했다. 정규화란 모수 추정이 어려운 고차원 분석에서 일정한 벌칙함수를 첨가하여 모수에 대한 해를 구하는 방법이다. Ratkovic and Tingley(2017)는 베이지안 적응적 라쏘(adaptive lasso)와 유사한 정규화 모형을 제시하였고 Park and Soichiro(2020)는 베이지안 브릿지 모형(Bayesian brige model)을 전환점 모형과 결합한 베이지안 브릿지 전환점 모형을 개발하였다.

사례분석: 피겨스케이팅 개최국효과

베이지안 분석을 실제 연구에서 어떻게 활용할 수 있는지 쉽게 설명하기 위해 이 장에서는 피겨스케이팅 채점에서 개최국효과의 측정이라는 매우 직관적인 연구 질문을 선택했다. 개최국효과란 개최국의 출전 선수가 오로지 개최국 출신이라는 이유만으로 얻게 되는 추가점수를 말한다.

이러한 연구 질문을 택하게 된 이유는 2014년 러시아 소치에서 진행된 동계올림픽에서 제기된 채점 부정에 대한 논란과 관련이 있다. 경기 직전 당시 세계 여론은 여자 피겨스케이팅 세계 1위인 한국의 김연아 선수가 밴쿠버 올림픽에 이어 올림픽 2관왕을 차지할 수 있을 것인가에 주목하였다. 그러나 경기 결과 모두의 예상을 뒤집고 러시아의 아델리나 소트니코바가 김연아 선수를 제치고 금메달을 차지하였다. 김연아 선수는 쇼트 프로그램에서 74.92점, 그리고 프리스케이팅 프로그램에서 144.19점을 확보한 반면 소트니코바는 쇼트 프로그램에서 74.64점, 프리스케이팅 프로그램에서 149.95를 받아서 총점 224.59점으로 총점 219.11인 김연아 선수보다 5.48 더 높은 점수를 획득하였다.

여자 피겨스케이팅은 쇼트 프로그램과 프리스케이팅 프로그램으로 나누어 2일에 걸쳐 진행되고 각각의 점수를 합산하여 메달을 결정한다. 각각의 프로그램 채점은 예술점수와 기술점수로 나뉘는데, 예술점수는 표현력과 같은 주관적 평가 요소가 강한 반면 기술점수는 선수들이 구성한 기술요소에 대해 기술구현의 수준을 평가한다. 김연아 선수의 경우 예술점수가 다른 선수들에 비해 탁월한 반면 기술점수에서는 실수를 줄이고 두 발 착지와 같은 감점요소를 줄여 다른 선수들과의 격차를 벌리는 전략을 주로 사용했다. 그런데 〈그림

소트니코바 149.95

기술점수 75.54			예술점수 74.41	
연기순서	기본점수	수행점수	스케이팅 기술	9.18
트리플 러츠+트리플 토루프	10.10	1.00	동작사이의 연결	8.96
트리플 플립	5.30	1.50	연기력	9.43
트리플 루프	5.10	1.60	안무	9.50
플라잉 카멜 스핀	3.20	1.36	곡의해석	9.43
더블악셀+트리플 토루프	8.14x	1.80		
트리플 플립+더블 토루프+더블루프	9.24x	-0.90	쇼트프로그램	74.64
트리플 살코	4.62x	1.20	기술점수	39.09
더블 악셀	3.63x	1.07	예술점수	35.55
레이백 스핀	2.70	1.07		
스텝 시퀀스	3.90	1.70	총점	224.59
코레오 시퀀스	2.00	1.50		
체인지 풋 콤비네이션 스핀	3.50	1.21		

김연아 144.19

기술점수 69.69			예술점수 74.50	
연기순서	기본점수	수행점수	스케이팅 기술	9.21
트리플 러츠+트리플 토루프	10.10	1.60	동작사이의 연결	8.96
트리플 플립	5.30	1.20	연기력	9.43
트리플 살코+더블 토루프	5.50	1.00	안무	9.39
플라잉 체인지 풋 콤비네이션스핀	3.50	0.93	곡의해석	9.57
스텝 시퀀스	3.30	1.14		
트리플 러츠	6.60x	1.00	쇼트프로그램	74.92
더블악셀+더블토루프+더블루프	7.04x	0.79	기술점수	39.03
트리플 살코	4.62x	0.90	예술점수	35.89
레이백 스핀	2.40	0.64		
코레오 그래픽 시퀀스	2.00	1.50	총점	219.11
더블 악셀	3.63x	0.79		
체인지 풋 콤비네이션 스핀	3.50	0.71		

그림 1 김연아 선수와 소트니코바 선수의 소치올림픽 여자 피겨스케이팅 성적 (국민일보 2014년 2월 22일, http://news.kmib.co.kr/article/view.asp?arcid=0008065527)

1〉에서 보이는 바와 같이 소치에서의 결과를 보면, 소트니코바 선수가 예술점수에서 김연아 선수와 거의 근사한 점수를 받고 기술점수에서 상당히 고난도의 기술요소를 배치하여 더 높은 점수를 받은 것으로 해석된다. 이 결과를 둘러싸고 세계 여론은 "홈 어드밴티지가 지나쳤다"는 주장과 "대체로 공정했다"라는 주장으로 양분되었다.

이 장에서는 분석의 초점을 심판의 주관적 평가에 해당하는 예술점수에만 한정하여 "홈 어드밴티지가 지나쳤다"는 주장의 타당성을 검토할 것이다. 이를 위해 먼저 선수들의 성적으로부터 홈 어드밴티지를 추정하는 베이지안 다수준 모형을 설계하고 이를 실제 자료

에 적용하여 소치올림픽 이전까지의 개최국효과(host effect)와 소치
올림픽에서의 개최국효과(Sochi effect)를 각각 추정하여 비교할 것이
다. 만약 소치올림픽에서의 개최국효과가 소치올림픽 이전까지의 개
최국효과에 비해 지나치게 크다면 "홈 어드밴티지가 지나쳤다"는 주
장은 자료로부터 상당한 타당성을 인정받을 수 있을 것이다. 반면 소
치올림픽에서의 개최국효과가 소치올림픽 이전까지의 개최국효과와
거의 유사하거나 이보다 더 적게 측정되면 "홈 어드밴티지가 지나쳤
다"는 주장은 타당성이 약하다고 결론내릴 수 있다.

개최국효과의 "원인"을 규명하는 것은 이 장의 관심사가 아니다.
개최국효과를 "부정한 거래"의 결과로 단정 짓는 것은 개최국효과가
부정한 거래가 아닌 다른 이유에 의해 발생했을 가능성을 배제할 수
없기 때문에 과학적인 태도라고 볼 수 없다.[4] 개최국효과를 발생시킬
수 있는 "정상적" 요인들을 나열해 보면 아래와 같다.

- 심판들의 심리적 압박: 압도적인 관중들의 응원이나 대회 성공에
  대한 심판들의 심리적 압박에 의해 홈 선수들에게 더 유리한 판
  정을 하게 됨
- 선수들의 홈경기 편의성: 평소 연습하던 경기장에서, 장거리 이동
  없이, 홈 관중의 응원 속에 경기를 치르기 때문에 자신의 평소 실
  력보다 더 나은 경기를 펼칠 가능성 높음

이러한 요인들은 모두 "정상적"인 개최국효과의 요인들로 볼 수
있다. 즉 이러한 요인들은 아무리 대회를 공정하게 진행한다 하더라

---

4   2020년 한국 국회의원 선거 결과에서 발견된 사전투표와 본투표의 격차를 두고 이를
"선거부정"이라고 섣불리 판단한 Mebane(2020)의 연구가 통계분석의 결과를 비과학적
인 원인 규명에 사용한 대표적인 예라고 볼 수 있다.

도 완전히 배제할 수 없으며 윤리적으로도 문제 삼기 어려운 효과이다. 성공적인 국제대회 개최가 비용이 많이 드는 것을 고려하면 이러한 "정상적"인 개최국효과는 대회 개최의 긍정적 유인이 될 수 있다. 정상적인 개최국효과와는 구분되는 비정상적이며 비윤리적인 개최국효과의 요인들은 다음과 같다.

- 편파판정: 심판진 구성에 개최국 또는 주변국 심판이 다수 포함되었거나 혹은 직간접적 거래/협상/압력 등으로 판정에 영향을 줌
- 대회 운영상의 편의성: 대기실 위치, 날짜 등 대회 운영과 관련된 결정에서 홈 선수에게 유리하고 원정 선수에게 불리한 대회운영상의 결정으로 인해 선수들의 성적이 영향을 받음

개최국효과가 정상적인 요인으로 인해 야기된 것인지 아니면 비정상적인 요인에 의한 것인지 분석가는 정확히 알 수 없다. 다만 개최국효과의 분포를 비교해 보면 이에 대한 약간의 힌트를 얻을 수 있다. 만약 어떤 대회의 개최국효과가 다른 대회의 개최국효과에 비해 평균적 크기보다 유난히 크다면 우리는 그것이 정상적인 개최국효과만으로는 설명되기 어려운 다른 요인의 개입이 있었을 가능성이 크다고 합리적으로 의심할 수 있다.

이를 위해 우리는 먼저 대회성적에 대한 확률 모형을 디자인할 것이다. 먼저 개별 선수들의 성적은 본인들의 실력과 개최국효과, 그리고 약간의 우연적 요소에 의해 결정된다고 본다. 우연적 요소는 항상 본인에게 불리하지도, 유리하지도 않은 그야말로 우연적 요소이므로 정규분포로 가정하는 것이 합리적이다. 이를 아래와 같이 모형화할 수 있다.

$$개인성적 = 실력 + 개최국효과 + 우연적\ 요소,$$

$$우연적\ 요소 \sim 정규분포\ (식\ 1)$$

〈그림 2〉는 김연아와 소트니코바를 포함한 5명의 대표 선수들의 대회성적(예술점수)을 시각화한 것이다. 선수들의 성적이 우상향하는 경향이 있으며 김연아를 제외한 다른 선수들 대부분이 소치올림픽 (과 그 직전 대회)에서 높은 성적을 거두었음을 확인할 수 있다. 즉 점차 예술점수에서 김연아 선수와 다른 선수들의 격차가 매우 좁혀지고 있는 추세였음을 확인할 수 있다. 따라서 이 점만 놓고 보면 소치올림픽에서의 예술점수 채점결과가 유독 특별했다고 평가하기는 어렵다.

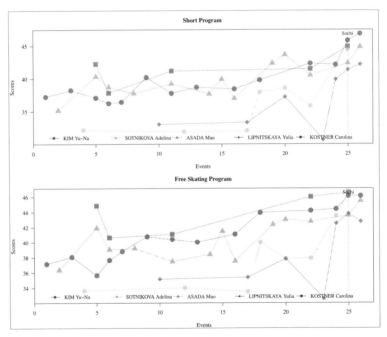

그림 2 주요 여자 피겨스케이팅 선수들의 성적
소치올림픽 이전 24개 주요 대회에서 쇼트프로그램과 프리스케이팅프로그램의 예술점수와 소치올림픽 성적(25회), 그리고 대회 직후 선수권대회(26)의 성적. 저자 작성.

개인선수들의 실력은 개최국효과와 우연적 요소를 배제하고 26개의 대회를 관통하는 평균이라고 가정할 것인데, 그 평균을 고정값(예: 김연아 선수의 역대 성적 평균)으로 구하는 것이 아니라 확률변수로 간주하고 그 확률변수가 취하는 분포를 찾을 것이다. 예를 들면, 김연아 선수의 성적은 김연아 선수의 평균과 다른 선수들의 평균의 가중평균(weighted average)으로 계산한다. 여기서 다른 선수들의 평균이라는 이질적 요소에 가중치를 두는 이유는 김연아 선수가 모든 경기에 출전하지 않았을 경우(실제로 김연아 선수는 자료에서 26개의 대회 중 5번만 참여했다), 다른 선수들의 성적으로부터 정보를 빌려와야 하기 때문이다. 이렇게 선수들마다 출전 횟수가 다르기 때문에 서로 다른 가중치를 이용하여 정보를 빌려오면 극단적 예측의 가능성이 줄어들게 된다. 그 가중치는 개별 선수들이 가진 정보의 양에 의해 결정된다. 이는 통계에서 평균제곱오차(mean squared error)로 표현되는데, 예측적 정확성을 높이기 위해서는 평균제곱오차가 더 작은 예측치를 선택해야 한다. 편향(다른 선수들의 정보)을 집어넣음으로써 예측적 정확성을 높이는 방법은 오늘날 기계학습/인공지능에서 가장 많이 사용되는 과적합(overfitting) 해결 방법 중의 하나이다.

〈표 1〉은 위에서 언급한 모형을 STAN 프로그램으로 코딩한 것이며 오른쪽은 그 결과물이다. 왼쪽 코드는 크게 4개의 블록으로 이루어져 있다. 첫 번째 블록은 자료이다. 두 번째 블록은 모형에 등장하는 모수들이다. 세 번째 블록은 자료의 확률분포 중에서 평균에 해당하는 부분을 모형화한다. 종속변수인 개별 선수들의 성적평균(y_hat)이 선수별 임의절편(a[player[i]])과 개최국효과, 그리고 소치올림픽효과로 합산되어 성적평균을 구성한다는 점을 알 수 있다. 평균은 개별요소들의 합이라는 기계적 결정방식을 따른다는 점에 주목할 필요가 있다. 네 번째 블록은 모형의 확률분포 부분을 표현한 것으로,

표 1 STAN 코드(왼쪽)와 결과물(오른쪽)

```
figure_code <- 'data {
  int<lower=0> N;
  int<lower=0> n_player;
  int<lower=1,upper=n_player> player[N];
  vector[N] y;
  int<lower=0,upper=1> host[N];
  int<lower=0,upper=1> sochi[N];
}
parameters {
  vector[n_player] a;
  real mu_a;
  real b;
  real c;
  real<lower=0,upper=100> sigma_y;
  real<lower=0,upper=100> sigma_a;
transformed parameters {
  vector[N] y_hat;
  for (i in 1:N)
    y_hat[i] <- a[player[i]] + b*host[i] +
c*sochi[i];
}
model {
  mu_a ~ normal(0, 1);
  a ~ normal(10*mu_a, sigma_a);
  b ~ normal(0, 100);
  c ~ normal(0, 100);
  y ~ normal(y_hat, sigma_y);
}
'
```

```
R > fit.shor
tInference for Stan model: ed75d96b56d99c590e6edce1749658cb.
4 chains, each with iter=1000; warmup=500; thin=1;
post-warmup draws per chain=500, total post-warmup draws=2000.

         mean se_mean   sd  2.5%   25%   50%   75% 97.5% n_eff
a[1]    40.33 0.05 1.42 37.53 39.38 40.35 41.27 43.09  823
a[2]    36.17 0.03 1.10 34.02 35.42 36.16 36.89 38.23 1882
a[3]    39.09 0.03 0.95 37.19 38.50 39.09 39.73 40.93  778
a[4]    36.03 0.03 1.17 33.80 35.24 36.01 36.80 38.28 1801
a[5]    39.32 0.02 0.88 37.60 38.72 39.30 39.92 41.09 1393
a[6]    36.40 0.02 0.89 34.63 35.79 36.43 37.01 38.11 1571
a[7]    38.17 0.02 1.19 35.89 37.36 38.14 38.94 40.59 2268
a[8]    36.42 0.03 1.30 33.82 35.57 36.40 37.30 38.95 1848
a[9]    34.83 0.05 1.66 31.77 33.70 34.84 36.00 37.98 1347
a[10]   33.49 0.06 1.42 30.63 32.54 33.49 34.41 36.55  563
mu_a     3.67 0.00 0.11  3.41  3.60  3.68  3.74  3.87 1210
b        2.42 0.03 1.39 -0.20  1.48  2.39  3.39  5.13 1908
c        6.73 0.06 2.46  2.01  5.03  6.71  8.37 11.60 1891
sigma_y  3.30 0.01 0.29  2.80  3.09  3.27  3.47  3.93 1681
sigma_a  2.89 0.05 1.11  1.21  2.17  2.70  3.38  5.68  451
```

먼저 각 모수들의 사전분포를 정의하고 그 다음으로 자료의 확률분포가 정규분포를 취한다는 점을 입력해 주고 있다.

〈표 1〉의 오른쪽 패널은 분석결과를 R에서 출력한 것이다. a[1]은 김연아 선수의 평균 실력이며, a[2]는 소트니코바의 평균 실력이다. mu_a는 전체 자료의 평균이며 b는 소치올림픽 이전의 개최국효과, c는 소치올림픽에서의 개최국효과를 나타낸다. 평균으로만 볼 때, 소치올림픽의 개최국효과가 이전 개최국효과의 거의 3배에 해당한다는 점을 확인할 수 있다. 그러나 평균만으로 개최국효과를 비교하는 것은 점추정치의 비교로, 매우 비(非)베이지안적 추론 방식이다. 베이지안 분석의 결과를 보다 정확하게 해석하기 위해서는 개최

국효과의 사후분포를 비교하는 것이 더 바람직하다.

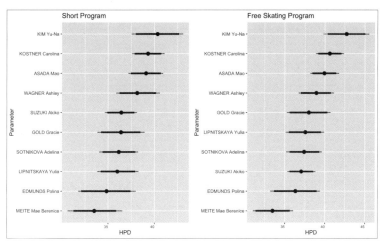

그림 3 임의절편으로 측정된 선수들의 개별 실력

〈그림 3〉은 임의절편모형(random intercept model)에서 임의절편으로 측정된 선수들의 개별 실력을 보여주고 있다. 쇼트와 프리스케이팅 프로그램 모두에서 김연아 선수가 가장 우수한 평균 성적(실력)을 가지고 있으며 그 뒤를 캐롤리나 코스트너 선수가 따르고 있음을 알 수 있다. 그 뒤를 아사다 마오와 애슐리 와그너 선수가 잇고 있다. 소트니코바 선수는 7위에 머물고 있으며 개별 실력의 95퍼센트 HPD(highest posterior density, 최고사후밀도)가 김연아 선수의 HPD와 거의 교차하지 않는다. 즉, 다른 변수에 의한 영향이 없이 순수하게 실력만을 놓고 본다면 김연아 선수와 소트니코바 선수의 순위가 바뀌는 일은 거의 없다고 보아야 한다는 것이 임의절편모형을 통한 추정 결과이다.

그렇다면 개최국효과의 크기는 어떠한가? 〈그림 4〉는 소치에서의 개최국효과의 사후분포를 이전/직후 대회에서의 개최국효과와 비교하고 있다. 〈그림 4〉에서 분명히 확인할 수 있는 바와 같이 쇼트와 프리스케이팅 모두에서 소치올림픽의 개최국효과는 이전/직후

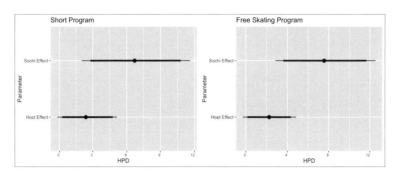

그림 4 임의절편모형으로 측정된 소치올림픽 이전 역대 개최국효과(Host Effect)와
소치올림픽에서의 개최국효과(Sochi Effect)
가로선은 95% (굵은 선)와 99% (가는 선) 베이지안 확신구간(Bayesian credible interval)을 나타냄

대회에서의 그것보다 훨씬 컸음을 알 수 있다. 그러나 95% 베이지안
확신구간에 이 두 효과가 겹치는 영역이 있다는 점에 유의할 필요가
있다. 좀 더 정확하게 소치올림픽에서의 개최국효과가 가진 이례성
의 정도를 측정하기 위해서는 두 개최국효과의 차(差)에 대한 사후분
포를 보아야 한다.

　　소치올림픽에서의 개최국효과가 다른 여느 대회의 그것보다 더
컸을 가능성, 즉 정상적인 개최국효과에 의한 요인 외에 비정상적인
요인의 개입이 있었을 가능성은 어느 정도인가를 찾아야 한다. 즉,
"우리가 가진 관측 자료와 임의효과 모형을 전제로 할 때, 기존 대회
에서의 개최국효과에서는 관측되지 않은 새로운 요인이 소치올림픽
에서 등장하여 개최국효과의 크기가 증가했을 가능성은 어느 정도인
가?" 이를 확률로 표현하면 다음과 같다.

$$\delta = \Pr(\text{Sochi Effect} > \text{Host Effect} \mid \text{자료, 모형})$$

　　이 δ가 0에 가깝다면 소치올림픽에서의 개최국효과에 새로운
요인이 개입하여 크기가 커졌을 가능성은 매우 낮다고 볼 수 있다.

그러나 δ가 0보다 매우 크다면 위에서 제기한 합리적 의심이 자료로 부터 상당한 지지를 받고 있다고 결론 지을 수 있다.

이와 같이 베이지안 분석은 연구자의 반사실적 질문에 대해 매우 직관적인 확률론적 답변을 가능케 한다. δ에 대한 정보는 〈표 2〉에 요약되어 있다.

표 2 사후확률분포를 이용한 비정상적 개최국효과의 가능성

	$\delta=$Pr(Sochi Effect 〉 Host Effect | 자료, 모형)
쇼트 프로그램	0.936
프리스케이팅 프로그램	0.973
쇼트와 프리스케이팅 모두	0.911

〈표 2〉는 쇼트 프로그램에서 채점 결과가 비정상적 개최국효과일 가능성이 0.936이라고 보여주고 있다. 프리스케이팅의 경우 비정상적 개최국효과일 가능성은 0.973으로 매우 높게 계산되었다. 이러한 결과는 채점 결과에 대해 제기된 의혹 중에서 쇼트 프로그램 후 친러시아 심판들이 프리스케이팅 심사에 대거 투입되었다는 의혹과 상당히 일치하는 것이다.[5] 마지막으로 이 두 가지 가능성이 모두 동시에 발생했을 가능성, 즉 쇼트와 프리스케이팅 모두에서 비정상적 개최국효과가 나왔을 가능성은 0.911이라고 볼 수 있다. 즉 통상적인 수준에서 볼 때, 소치올림픽 여자 피겨스케이팅 예술점수에서의 개최국효과는 비정상적으로 컸었다고 결론 지을 수 있으며 이에 대한

....

5 　중앙일보, "ISU '김연아 죽이기?'…"피겨 채점 방식 전혀 문제 없다"" 2014년 2월 22일(https://news.joins.com/article/13972091, 최종접속 2020년 5월 1일); 중앙일보, "'금메달' 소트니코바, 경기 후 러시아 심판과 포옹 장면 '포착'" 2014년 2월 23일(https://news.joins.com/article/13974355, 최종접속 2020년 5월 1일); KBS, "김연아 소치 판정 논란 5년 만에 ISU 규정 개정" 2019년 7월 9일(https://news.kbs.co.kr/news/view.do?ncd=4238284 최종접속 2020년 5월 1일).

의혹은 매우 합리적인 문제제기였다고 결론 지을 수 있다.

맺음말

베이지안 분석은 베이즈 정리를 이용하여 사회과학적 질문에 대한 확률론적 답을 구한다. 베이지안 분석이 기존의 정량적 분석 방법(빈도주의 분석이나 피셔리안적 접근)과 구분되는 가장 중요한 특징은 분석에 사용되는 모든 인풋을 확률분포의 형태로 가정한다는 점이다. 이렇게 확률분포를 이용한 인풋을 이용하여 다시 확률분포의 형태로 답을 찾아내게 됨으로써 사회과학적 질문에 대한 확률론적 표현이 가능해진다. 베이지안 분석의 일관된 확률론적 접근이 갖는 장점은 연구자가 가진 불확실성을 가장 체계적으로 표현할 수 있다는 점이다. 불확실성을 과소평가하여 연구자에게 유리한 결론을 내거나 불확실성을 무시하여 사건의 발생/미발생 가능성을 오판하는 것이 빈번한 사회과학 연구의 현실에서 베이지안 연구 방법은 이를 개선할 수 있는 중요한 처방이라고 볼 수 있다.

그러나 베이지안 분석이 가진 강점은 다시 그 자체의 약점으로 간주될 수도 있다. 확률론적 표현이 애매한 주관적 인식이나 확률론적 인풋이 불필요한 경우에는 베이지안 분석이 오히려 불필요한 노이즈를 첨가할 수 있다. 확률분포는 모두 제각각의 특성을 가지고 있는 경우가 많아서 불필요한 또는 적합하지 않은 확률분포를 사용하면 분석 결과 역시 최적의 결과가 아닐 수 있다. 또한 베이지안 분석을 이용해 사후확률분포 표본을 얻기 위해서는 계산이 쉽지 않은 시뮬레이션 알고리듬을 사용해야 하는 경우가 많다. 연구 목적상 점추정치 정도의 결과만 필요한 경우, 그리고 계산에 드는 비용이 큰 경우 (모형이 복잡하고 자료가 대용량인 경우가 대부분 그렇다) 베이지안 분석의 비용은 편익을 상쇄할 수도 있다.

이러한 한계에도 불구하고 불확실성에 대한 체계적 반영이 자료 분석에서 가지는 중요성은 아무리 강조해도 지나치지 않다. 통계와 확률에 대한 인간의 관심은 바로 이 불확실성에 대한 지적 욕구에서 비롯된 것이다. 과학으로서의 자료 분석이 일상생활에서 접하는 다양한 유사과학적 자료 분석(예: 점성술, 선입견, 혈액형에 의한 성격진단, 프로파일링)과 다른 점은 바로 불확실성에 대한, 인류가 발견한 가장 체계적인 방법을 사용한다는 점이다. 사회과학 자료 분석이 과학적 엄정성을 추구한다면 베이지안 방법을 (유일하지는 않은) 하나의 중요한 근간으로 삼는 것은 당연한 선택이라고 볼 수 있다.

핵심 용어

반사실적 질문(counterfactual question)
  (249쪽)
베이지안 분석 (252쪽)
베이즈 정리 (252쪽)
최대우도추정법(maximum likelihood
  method, MLE) (253쪽)
드 피네티의 정리(de Finetti's theorem)
  (253쪽)
빈도주의(frequentist) 통계학 (253쪽)
통계적 추론(statistical inference) (254쪽)

출판편향(publication bias) (255쪽)
이념점(ideal point) 추정 연구 (256쪽)
시계열 모형 (257쪽)
베이지안 위계 혹은 다수준 모형(Bayesian
  hierarchical/multilevel model) (258쪽)
구조적 토픽 모형(structural topic model,
  STM) (259쪽)
정규화(regularization) (259쪽)
베이지안 브릿지 전환점 모형 (259쪽)

참고문헌

Albert, James H. 1992. "Bayesian Estimation of Normal Ogive Item Response Curves Using Gibbs Sampling." *Journal of Educational Statistics*17 (Fall): 251-69.

Bafumi, Joseph, Andrew Gelman, David K. Park, and Noah Kaplan. 2005. "Practical Issues in Implementing and Understanding Bayesian Ideal Point Estimation." *Political Analysis* 13(2): 171-87.

Barberá, Pablo. 2015. "Birds of the Same Feather Tweet Together: Bayesian Ideal Point Estimation Using Twitter Data" *Political Analysis* 23(1): 76-91.

Blackwell, Mathew. 2018. "Game Changers: Detecting Shifts in Overdispersed Count Data." *Political Analysis* 26(2): 230-39.

Brandt, Patrick T., and John R. Freeman. 2006. "Advances in Bayesian Time Series Modeling and the Study of Politics: Theory Testing, Forecasting, and Policy Analysis." *Political Analysis* 14(1): 1-36.

_____. 2009. "Modeling Macro Political Dynamics." *Political Analysis* 17(2): 113-142.

Brandt, Patrick T., and Todd Sandler. 2012. "A Bayesian Poisson Vector Autoregression Model." *Political Analysis* 20(3): 292-315.

Clinton, Joshua, Simon Jackman, and Douglas Rivers. 2004. "The Statistical Analysis of Legislative Behavior: A Unified Approach." *American Political Science Review* 98(2): 355-370.

CRAN. 2018. Bayesian Task View. https://CRAN.R-project.org/view=Bayesian.

Gelman, Andrew, John B. Carlin, Hal S. Stern, David B. Dunson, Aki Vehtari, and Donald B. Rubin. 2012. *Bayesian Data Analysis*. 3rd ed. New York: CRC Press.

Gelman, Andrew, Boris Shor, Joseph Bafumi, and David Park. 2007. "Rich State,

Poor State, Red State, Blue State: What's the Matter with Connecticut?" *Quarterly Journal of Political Science* 2: 345-67.

Gill, Jeff. 2007. *Bayesian Methods: A Social and Behavioral Sciences Approach.* Second Edition. Chapman; Hall/CRC.

Grimmer, Justin. 2010. "A Bayesian Hierarchical Topic Model for Political Texts: Measuring Expressed Agendas in Senate Press Releases." *Political Analysis* 18(1): 1-35.

_____. 2011. "An Introduction to Bayesian Inference via Variational Approximations." *Political Analysis* 19(1): 32-47.

Hoff, Peter D, and Michael D. Ward. 2004. "Modeling Dependencies in International Relations Networks." *Political Analysis* 12(2): 160-175.

Imai, Kosuke, James Lo, and Jonathan Olmsted. 2016. "Fast Estimation of Ideal Points with Massive Data." *American Political Science Review* 110(4): 632-656.

Jackman, Simon. 1994. "Measuring Electoral Bias: Australia, 1949-93." *British Journal of Political Science* 24(3): 319-357.

_____. 2001. "Multidimensional Analysis of Roll Call Data via Bayesian Simulation: Identification, Estimation, Inference and Model Checking." *Political Analysis* 9(3): 227-241.

_____. 2005. "Pooling thePolls over an Election Campaign." *Australian Journal of Political Science* 40(4): 499-517.

_____. 2009. *Bayesian Analysis for the Social Sciences.* Wiley.

King, Gary, and Andrew Gelman. 1991. "Systemic Consequences of Incumbency Advantage in U.S. House Elections." *American Journal of Political Science* 35(1): 110-138.

Linzer, Drew. 2013. "Dynamic Bayesian Forecasting of Presidential Elections in the States" *Journal of the American Statistical Association.* 108(501): 124-133

Lock, Kari, and Andrew Gelman. 2010. "Bayesian Combination of State Polls and Election Forecasts." *Political Analysis* 18(3): 337-348.

Lucas, Christopher, Richard A. Nielsen, Margaret E. Roberts, Brandon M. Stewart, Alex Storer, and Dustin Tingley. 2015. "Computer-Assisted Text Analysis for Comparative Politics." *Political Analysis* 23(2): 254-277.

Martin, Andrew D., and Kevin M.Quinn. 2002. "Dynamic Ideal Point Estimation via Markov Chain Monte Carlo for the U.S. Supreme Court, 1953-1999." *Political Analysis* 10(2): 134-153.

Mebane, Walter R. Jr. 2020. "Frauds in the Korea 2020 Parliamentary Election." Unpublished Manuscript.

Minhas, Shahryar, Peter D. Hoff, and Michael D. Ward. 2016. "A New Approach to Analyzing Coevolving Longitudinal Networks in International Relations." *Journal of Peace Research* 53(3): 491-505.

Pang, Xun. 2010. "Modeling heterogeneity and serial correlation in binary time-series cross-sectional data: A Bayesian multilevel model with AR(p) errors." *Political Analysis* 18(4): 470-498.

_____. 2014. "Varying Responses to Common Shocks and Complex Cross-Sectional Dependence: Dynamic Multilevel Modeling with Multifactor Error Structures for Time-Series Cross-Sectional Data." *Political Analysis* 22(4): 464-496.

Park, Jong Hee. 2010. "Structural Change in U.S. Presidents' Use of Force."

American Journal of Political Science 54(3): 766-782.

_____. 2011a. "Modeling Preference Changes via a Hidden Markov Item Response Theory Model," Steve Brooks, Andrew Gelman, Galin Jones and Xiao-Li Meng, eds, *Handbook of Markov Chain Monte Carlo Methods* Chapman & Hall/CRC Press.

_____. 2011b. "Change point Analysis of Binary and Ordinal Probit Models: An Application to Bank Rate Policy Under the Interwar Gold Standard." *Political Analysis* 19(2): 188-204.

_____. 2012. "A Unified Method for Dynamic and Cross-Sectional Heterogeneity: Introducing Hidden Markov Panel Models." *American Journal of Political Science* 56(4): 1040-1054.

_____. and Yamauchi Soichiro. 2019. "Lost in Regularization: Introducing Hidden Markov Bayesian Bridge Model" Presented in the MPSA Meeting.

Pemstein, Daniel, Stephen A Meserve, and James Melton. 2010. "Democratic Compromise: A Latent Variable Analysis of Ten Measures of Regime Type." *Political Analysis* 18(4): 426-449.

Poole, Keith T., and Howard Rosenthal. 1997. *Congress: A Political-Economic History of Roll-Call Voting.* Oxford University Press.

Quinn, Kevin M. 2004. "Bayesian Factor Analysis for Mixed Ordinal and Continuous Responses." *Political Analysis* 12(4): 338-53.

R Core Team. 2018. *R: A Language and Environment for Statistical Computing.* Vienna, Austria: R Foundation for Statistical Computing. https://www.R-project.org/.

Ratkovic, Marc, and Dustin Tingley. 2017. "Sparse Estimation and Uncertaintywith Application to Subgroup Analysis." *Political Analysis* 25(1): 1-40

Roberts, Margaret E., Brandon M. Stewart, Dustin Tingley, Christopher Lucas, Jetson Leder-Luis, Shana Kushner Gadarian, Bethany Albertson, and David G. Rand. 2014, "Structural Topic Models for Open-Ended Survey Responses." *American Journalof Political Science* 58: 1064-1082.

Spirling, Arthur. 2007. "Bayesian Approaches for Limited Dependent Variable Change Point Problems." *Political Analysis* 15(4): 387-405.

Treier, Shawn, and Simon Jackman.2008. "Democracy as a Latent Variable." *American Journal of Political Science* 52(1): 201-217.

Ward, Michael D, and Peter D Hoff. 2007. "Persistent Patterns of International Commerce." *Journal of Peace Research* 44(2): 157-175.

Western, Bruce. 1998. "Causal Heterogeneity in Comparative Research: A Bayesian Hierarchical Modelling Approach." *American Journal of Political Science* 42(4): 1233-1259.

Western, Bruce, and Meredith Kleykamp. 2004. "A Bayesian Change Point Model for Historical Time Series Analysis." *Political Analysis* 12(4): 354-374.

## 제8장

네트워크 분석

네트워크 구조 연구방법론을 중심으로[*]

손윤규 와세다대학

네트워크는 사회현상의 다양한 양태를 특징짓는 핵심 개념이다. 하지만 통상적인 통계방법론으로 포섭되는 대부분의 경험 사회과학 연구의 방법론에 비해, 여러 학문 분과에서 동시적으로 급속하게 발전한 네트워크 분석 방법론은 몇 가지 측면에서 기존의 방법론과 상당한 차이가 있다. 또한, 이러한 다학제적 특성 때문에 사회 네트워크 연구방법론에 대한 일목요연한 비교와 형식화는 어려웠다. 이 장은 이론적 가설의 경험적 검증을 목표로 하는 현대 경험 사회과학 연구의 본질적인 형식 안에서 여러 학문적 원류를 갖고 있는 네트워크 구조 분석의 다양한 방법론이 어떻게 이용될 수 있는지, 1) 측정이론, 2) 전통적인 통계방법론에 포섭될 수 있는 방법론, 3) 네트워크 형성 모형으로 분류해 소개한다.

* 원고를 검토해준 권혁용, 이병규, 임동균 교수께 감사를 표한다.

방향과 범위

협력, 갈등, 교환 등, 사회현상의 기본이 되는 행위는 근본적으로 관계적 속성이다. 예를 들어, 국제정치 맥락에서는 각각을 동맹, 전쟁, 무역으로 생각할 수 있다. 네트워크 분석은 국가 간의 공식적인 관계 속성뿐만 아니라, 여론 형성의 주요한 매체로 기능하는 사회 네트워크 서비스 분석에도 쓰일 수 있다. 매 시간 생성되는 정보량과 가시성에서 이전의 매체와는 질적으로 다른 특성을 보이는 사회 네트워크 서비스 상에서의 정보 확산 동역학을 고려하지 않는다면, 설득력 있는 여론 조성 과정 연구는 불가능할 것이다. 네트워크 과학은 이러한 개별 관계와 관계적 현상의 총합인 경험 자료의 형식화를 수학의 그래프 이론에서 차용한 표상 형식론이다(Butts 2009).

네트워크 분석 방법의 발전은 경험적으로 사회과학을 연구하는 연구자들에게 구체적인 응용 사례에서의 유용함을 넘어, 비로소 사회과학의 근본 문제에 답할 수 있는 전환적 기회를 제공해주었다. 이는 사회과학의 분석 대상이 개인을 넘어선 사회현상이며, 인간과학이나 행동과학으로는 적확하게 규정되지 않는다는 것과도 맥을 같이한다. 전통적인 사회과학 방법론은 경험적 분석 대상으로 개인 혹은 단체의 속성을 놓았지만, 이는 사회현상의 본질적인 구성 요소인 관계와 상호작용을 분석하는 데에 분명한 한계를 보이며, 사회과학 기저 이론의 핵심인 관계성에 대한 경험적 이해를 제한했다.

네트워크 분석 방법론의 개발이 본격화되기 전부터 범용적인 계량 사회과학 방법론을 관계 자료에 적용한 연구는 있어왔지만, 기존의 방법론을 수정 없이 네트워크 연구에 적용하기에는 기술적 무리가 따르며, 양화 및 분석 가능한 특성도 제한된다. 이에 따라 20세기 중반부터, 혹은 길게 보면 18세기에 시작된 수학의 그래프 이론에서부터 현재의 통계적 추론과 통계물리학적 접근에 이르기까지, 분석 방법론을 다루는 기초 학문의 거의 모든 분야에서 네트워크 분석 방법론을 개발했고, 자연과학, 공학, 사회과학을 아우르는 거의 모든 응용 학문 분과에서 이 방법론을 다양한 경험 자료에 적용해 왔다. 하지만 이러한 방법론적 다양성은 근본적으로 서로 다른 접근 방식의 연구를 양산했으며, 이러한 다양한 접근 방법의 차용은 각 접근 방법의 기원을 체계적으로 알지 못하는 연구자와 독자에게 상당한 혼란을 초래했다.

이 장에서는 사회과학을 전공하는 입문자와 연구자에게 네트워크의 구조 연구로 분류되는 대부분의 사회과학 경험 연구가 형식적으로 어떠한 연구 설계(research design) 혹은 분석 전략(analytic strategy)의 틀에서 분류될 수 있는지 기술하고, 그 큰 그림과 맥락에 대한 이해를 도모한다. 근본적으로 다학제적 개발 역사를 갖는 네트워크 방법론의 속성상 동시적, 또 분절적으로 여러 분야에서 개발된 방법론을 소수의 종류로 분류하기에는 어느 정도의 추상화가 불가피하지만, 이 중 몇 가지 방법에 대해서는 간단한 분석 예시와 연구자를 위한 분석 전략을 소개하겠다. 이는 발전사의 통시적인 기술이나 사회학, 경제학, 또는 통계물리학 각각의 성과를 따로 전달하는 기존의 리뷰 논문 혹은 교과서와는 상당한 차이를 지닌 시도이다. 사회 네트워크 구조 분석 방법론을 연구 설계의 차원에서 분류하고 개괄하는 시도는 많지 않았다.

경험 사회과학적 네트워크 연구는 이론적 가설의 경험적 검증이라는 현대 경험 사회과학 연구 형식의 큰 틀에서 벗어나지 않는다. 하지만 네트워크 연구를 처음 접하는 독자들은 1) 사전 지식 없이 알기 힘든 측정이론(measurement theory)으로서 네트워크 구조 지표들이 주는 새로움과 2) 단순회귀분석을 기초로 하는 일반적인 사회과학 연구와 다른 네트워크 통계 모형의 이질성, 3) 경험 자료와 간접적인 상관관계만을 밝히는, 자연과학적 전통에서 출발한 네트워크 형성 모형의 생소함 때문에 개별 연구를 이해하고 소화하는 데에 어려움을 느낄 것이다. 이에 따라 이 장에서는 이러한 접근 방법들이 서로 어떻게 다르고, 또 어느 수준에서 동등한지 형식적으로 요약할 것이다.

마지막으로 이 글에서 다루는 네트워크 분석 방법은 구조에 대한 연구, 정확히는 네트워크 구조가 관찰 자료로 주어진 경우만으로 한정함을 밝힌다. 네트워크상의 동역학 및 확산, 네트워크 구조 추론, 인과추론과 실험 설계, 게임 이론 등, 네트워크 자료와 그에 파생된 현상을 다루는 여러 가지 방법론적 주제들이 통계학, 전산학, 물리학, 경제학, 역학 등 여러 분야에서 다루어지고 있지만 이는 결론에서 약술하는 것으로 대신한다. 마지막으로 네트워크 방법론의 구체적인 내용을 담은 좋은 교과서들이 이미 여럿 나와 있으므로, 네트워크 방법론을 공부하기 희망하는 독자들은 말미에 소개된 교과서를 살펴보기 바란다. 또, 지면 관계상 정리하지 못하는 사회 네트워크 연구의 발전사를 사회학 중심으로 정리한 책은 Freeman(2004)을, 유관한 사회학 이론의 정리는 김용학(2007)을, 통계물리학과 복잡계 이론을 큰 틀에서 개괄한 대중서로 Waldrop(1993)을 참고하기 바란다.[1]

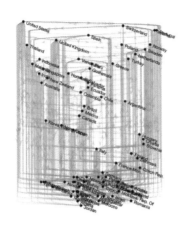
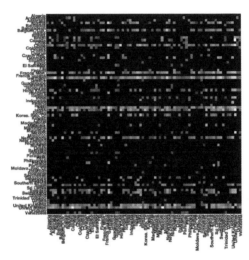

그림 1 1994년 80개 국가 간 금속 제품 수출입 네트워크
왼쪽) 네트워크 그림. 오른쪽) 인접행렬. 연결선의 두께와 인접 행렬 원소의 밝기는 log(미국 달러화로 표시된 수출량)을 나타내며, 연결선 상의 화살표 $i \rightarrow j$는 i 국가가 j 국가로 수출했음을 의미한다.

....

1   네트워크 분석과 관련된 한글 용어집이 공식적으로 존재하지 않기 때문에, 영어 용어를 저자 임의로 번역했음을 알린다.

사회 네트워크 구조 연구의 방향

네트워크 기술 용어 소개

방법론 정리에 앞서 〈그림 1〉을 통해 네트워크를 기술하는 핵심적인 용어를 소개한다. 사용된 자료는 De Nooy et al.(2018)에 소개된 1994년 80개 국가 간 금속을 재료로 한 제품의 수출입 관계를 나타내는 네트워크이다.[2] 주로 기술집약적 품목이 수출입 대상이라고 볼 수 있다. 수출입 자료는 고차원의 정보를 갖고 있는 자료의 특성상, 또한 국가 간 수출입 관계 사이의 근본적 의존성 때문에, 국제정치 분야의 대표적인 네트워크 분석 대상이라고 할 수 있다. 본고에서는 수출입량과 수출입 관계가 중요한 자료의 특성상 가중치(weight)와 방향성(direction)을 갖는 네트워크를 분석에 이용했다.

왼쪽은 직관적으로 쉽게 이해 가능한 네트워크 그림으로, 검게 칠해진 각각의 원은 개별 국가를 나타내는 노드(node) 혹은 꼭지점(vertex)을, 두 개의 노드를 잇는 선은 연결선(link, tie, 혹은 edge)으로 표현된다. 무역 네트워크의 경우 연결선의 크기는 수출량을 나타내는 등 가중치를 표현할 수 있고, 국가 i에서 j로의 수출량이 국가 j에서 i로의 수출량과 다를 수 있기 때문에, 예시된 그림상에서의 화살표로 나타난 것과 같이 방향성을 가질 수 있다. 오른쪽 그림은 인접행렬(adjacency matrix) A라고 표현되는 자료 표시 방법으로, 각 행과 열이 왼쪽 그림의 노드에 해당하는 특정 국가에 대응된다. 왼쪽의 네

----

2 네트워크와 그래프란 지칭이 혼재되어 사용되지만, 일반적으로 그래프는 인접행렬로 정의된 구체적인 수학적 대상을 가리키고, 네트워크는 이보다 더 추상적인 광의의 개념으로 사용되는 경우가 많다(Crane 2018, 5-6). 이 글에서는 이에 대한 명확한 구분 없이 두 용어를 쓰고 있음을 밝힌다.

트워크와 같이 방향성과 가중치를 가지며, 행렬의 각 원소(A_{ij})는 해당 행(i)에 대응하는 국가에서 해당 열(j)에 대응하는 국가로의 수출량을 흑백 스케일상의 밝기(밝아질수록 큰 크기)로 나타낸다. 인접행렬 외에도 연결선 리스트(edge list) 등 몇 가지 다른 자료 표시 방법이 존재하지만, 행렬 연산을 많이 하게 되는 그래프 이론의 특성상 가장 흔히 이용되는 자료 표시 방법이라고 할 수 있다.

〈그림 1〉의 네트워크는 원칙적으로 모든 노드 쌍이 서로 연결될 수 있는 일원(unipartite) 네트워크의 특성을 보인다. 정치인과 정당 간의 정당 소속 네트워크와 같이 서로 다른 두 그룹이 서로 간의 연결만 가질 수 있는 네트워크는 이원(bipartite) 네트워크로 부르며, 다원(k-partite) 네트워크로 확장될 수 있다. 또한 연결선이 색깔(예: 협동, 갈등)을 갖거나, 시계열 네트워크와 같이 여러 개의 네트워크가 다수의 레이어를 통해 배열된 경우도 생각할 수 있다. 마지막으로 이 네트워크는 연결 관계가 두 노드 간의 관계(dyad)로 특정되는 네트워크이지만, 기본 관계가 임의의 수의 노드들 간의 연결 관계로 특정될 수 있는 하이퍼그래프(hypergraph)도 존재한다. 실제 분석에서는 복잡한 자료를 방향성과 가중치가 없는 무방향(undirected) 이진(binary) 네트워크로 근사하는 경우도 많다.

네트워크 분석 방법론은 왜 특수한가

경험 자료를 다루는 현대 사회과학은 이론적 주장의 통계적 검증을 목표한다(King et al. 1994). 다시 말해 양화된 개념, 즉 측정된 변수 간의 함수로 자료를 기술하고, 가설 검증을 통해 이 함수가 이론적 주장이 내포한 관계와 일치하는지 확인하는 과정이라고 할 수 있다. 사회과학 연구에 이용될 수 있는 네트워크 구조 분석 방법론은 크게 측정이론, 기존 통계적 분석 방법으로 포섭될 수 있는 접근, 네트워크 형성 모형을 이용한 방법으로 나눌 수 있으며, 이들 모두 앞서 말한 경험 사회과학 연구 일반 절차의 큰 틀 안에서 이해될 수 있다. 이 절에서는 이러한 근본적인 동질성에도 불구하고, 네트워크 분석 방법론이 통상적인 경험 자료 분석 방법론과 어떤 차원에서 다르고, 왜 달라야 하는지 간단히 언급하고, 각각의 방법론에 해당하는 절에서 그 특성을 상술한다.

첫째로, 네트워크 자료를 변수화하는 데에는 측정의 문제, 혹은 고차원 자료의 차원 축소 문제가 있다. 일반적인 사회과학 연구에서는 직접적으로 측정 가능한 변수가 해석 가능한 양으로 표시되며, 그 자체가 대응되는 관찰 단위의 속성으로 간주되는 데에 무리가 없다. 예를 들어 국가 i의 일인당 GDP x_i는 그 자체로 해석이 가능한 명확한 스칼라양이다. 하지만 네트워크 자료의 기본 단위인 인접행렬 A는 N(노드수)$\times N$개의 숫자(원소)로 표현되는 고차원 변량으로, 일인당 GDP와 같이 자료의 한 원소만 보고 의미 있는 정보를 얻기 힘들다. 국가 간의 동맹 네트워크에서 각 국가의 위계적 우위를 변수화하는 경우를 생각해보자. 이 경우 주어진 인접행렬의 한 원소는 두 국가 간의 동맹 유무를 나타낸다. 하지만 한 쌍의 국가 간의 관계 속성(A_{ij})을 개별적으로 변수화하는 것만으로는 이 네트워크가 내포하는 본질적인 속성을 나타내지 못한다. 뒤에 체계적으로 설명하겠지만, 가장 간단하게 한 나라가 얼마나 많은 나라와 동맹관계를 맺는지 각 행 혹은 열의 모든 원소값을 합하는 경우를 생각할 수 있다. 하지만 과연 모든 국가와의 동맹관계가 동일한 중요도로 여겨질 수 있을까? 즉, 이 개념을 양화하는 충분한 입력값이 해당 노드에 대응하는 인접행렬의 행 또는 열일까? 각 동맹관계의 중요도를 다르게 반영하기 위해서는 동맹 이웃의 중요도를 해당 이웃과 연결된 국가의 중요도, 또 이웃의 이웃과 연결된 동맹 국가의 중요도를 통해 순차적으로 계산해야만 한다. 따라서 이러한 높은 단계의 의존 관계(higher order dependency)를 모두 고려한 고차원 자료 축소를 위한 수학적 방법이 요구된다.

둘째로, 네트워크 자료의 생성 메커니즘이 표준적인 회귀분석의 기본 가정을 위반한다는 사실을 들 수 있다. 모든 통계 모형은 분석 불가능한 수준의 복잡함을 내포한 실제 자료 생성 과정의 근사를 위한 여러 종류의 가정을 요구한다. 이 중 최소 제곱법을 비롯한 통상적인 회귀 모형의 대표적인 가정으로 분석 단위 오차항 간의 독립성을 생각해보자. 예를 들어, 한 국가의 일인당 GDP와 문맹자 비율 간의 관계는 해당 국가의 변수와 해당 국가에만 의존하는 오차항만으로 설명되며, 주변 국가의 영향을 받지 않는다는 가정의 통계 모형을 생각해 볼 수 있다. 하지만 이 가정이 네트워크 자료의 근본적인 특성을 무시하고 있다는 사실은 어렵지 않게 알 수 있다. 예를 들어, 미국이 한국에서 올해 수입하는 자동차의 규모는 해당 두 국가의 특성으로만 설명되지 않는다. 한국의 자동차 회사들과 미국 내 잠재적 소비자 성향을 공유하는 일본 자동차 회사들의 대미국 수출량의 영향을 받을 것이며, 일본 자동차를 수입하는 다른 국가들의 경제 지표 등이 한국 자동차의 대미 수출량에 영향을 줄 수 있다. 이렇게 분석 단위 종속변수 간의 상관이 존재하는 경우, 통상적인 회귀 모형으로는 추정 계수의 불편성을 보장할 수 없다. 따라서 이러한 문제를 보정할 수 있는 통계 모형이 필요하다.

마지막으로, 1990년대 말부터 시작된 네트워크 과학의 폭발적 발전은 통계물리학자들에 의해 견인되어 왔다는 사실을 인지해야 한다. 통계물리학자들은 다체계(many particle system) 연구에서 사용되는 근사 계산 방법을 이용해서 경험적으로 관찰된 네트워크의 구조 지표상의 특성을 재현해 내는 데에 탁월한 네트워크 형성 모형을 많이 발표했다. 이러한 모형이 사회현상의 미시적 메커니즘에 대한 직관적 통찰을 주는 데에 유용할 수도 있지만, 상당한 한계를 갖고 있다는 점을 이어지는 절에서 비판적으로 언급하겠다.

측정이론: 네트워크 구조 지표

이론적 가설의 통계적 검증을 위해서는 해당 이론 안의 개념에 대응되는 네트워크 자료상의 관심 변수들을 효과적으로 측정하는 방법이 불가결하며, 측정된 변량들은 이론적 개념이 내포한 바와 적절히 대응되어야만 한다.[3] 사회과학 이론이 내포하는 중요한 관계적 개념은 여러 가지가 존재하지만, 하나의 예시로서 각 노드의 영향력(power), 지위(status), 우월성(dominance)을 측정하는 경우를 생각해보자. 이러한 이론적 개념에 대응되는 임의의 변량은 $s(\cdot)$라는 측정 함수를 통해 $s(A)$로 계산하는 계산할 수 있다. 즉, $N \times N$ 차원인 인접행렬(A)을 각각의 노드에 대응하는 $N \times 1$ 벡터 변량으로 압축하는 것이다. 이렇게 계산된 변량은 해당 개념을 나타내는 근사량으로서 설명변수 혹은 종속변수로 사용될 수 있다.[4]

....

3   네트워크의 특성에 대한 측정 함수는 네트워크 전체의 특성을 나타내거나, 임의의 노드 집합, 연결선 등의 특성을 나타낼 수 있지만, 이 장에서는 노드에 대응하는 지표만을 예시한다. 전반적인 정보는 Newman(2018)의 6-10장을 참고하고, 노드 중심성 지표에 대한 정리는 Lü et al.(2016)를 보기 바란다. 군집 구조상에서의 중심성 지표는 Guimera & Amaral(2005)을 참고하기 바란다.

4   이어지는 논의에서 전체 네트워크 구조가 관찰된 경우의(sociocentric) 분석 방향만을 다룬다. 개인을 중심으로 한, 연결 관계의 일부만을 입력값으로 하는 개인 중심의(ego-centric) 네트워크 분석은 Perry et al.(2018)을 참고하기 바란다.

먼저, $s(A)$의 가장 단순한 형태로, 노드별 연결의 단순 총합(연결선수, degree)을 이용하여 네트워크에서의 지위를 측정하는 경우를 생각해보자. 이때, 연결선수(degree)는 해당 노드와 연결된 모든 연결선의 개수로 정의된다. 방향이 있는 네트워크의 경우에는 들어오는 연결선수(in-degree)와 나가는 연결선수(out-degree)로 구분될 수 있으며, 이진 네트워크가 아닌 가중치가 있는 네트워크의 경우에는 모든 관계 가중치의 합으로써 가중 연결량(strength)으로 표현된다.

하지만 과연 관계의 단순합으로 네트워크상에서의 영향력과 지위를 제대로 나타낼 수 있을까? 이 기본적인 물음이 현재 널리 이용되는 웹페이지 랭킹 알고리즘의 근간이 되는 구글 페이지랭크(PageRank)의 출발점이 된다. 예를 들어, 국가 i의 동맹 네트워크상의 우위는 단순히 국가 i가 얼마나 많은 국가와 연결되어 있는지를 넘어서, i와 연결된 다른 국가(j)들이 얼마나 많은, 혹은 얼마나 중요한 국가(k)와 연결되어 있는지에 좌우될 수 있다. 여기에서 나타나는 규칙성은 i의 중요성이 j의 중요성, 나아가 직접적인 연결을 갖고 있지 않을 수 있는 k의 중요성의 함수로 나타난다는 점이다. 이러한 특성 때문에 대부분의 중심성 지표는 재귀적(recursive) 형태를 갖게 되며, 이를 행렬과 벡터의 식으로 표현하면 그 가장 간단한 형태가 인접행렬 A의 고유벡터로 표현된다. 따라서 이러한 중심성 지표를 고유벡터 중심성(eigenvector centrality)이라고 부른다.

하지만 고유벡터 중심성 지표는 특정한 네트워크 구조를 가진 네트워크의 노드 전체에, 또는 특정한 국소적 연결 관계를 갖고 있는 노드들에게 적절하지 않은 값을 부여하는 성질이 있다. 이에 따라 몇 가지 간단한 변형을 통해 이런 문제를 해결한 지표들인 Katz 중심성 지표와 HITS 중심성 지표, 페이지랭크 등이 제안되었다.[5] 이러한 지표들은 네트워크상 이웃들의 중요도를 고려해서 각 네트워크상 노드들의 지위를 특정해야 하는 다양한 측정 상황에 이용될 수 있다.

재귀적 중심성 지표를 이용한 대표적인 정치학 연구로 미국 연방대법원 판결의 다수 의견 인용 네트워크를 분석한 연구를 들 수 있다(Fowler & Jeon 2008). 이 연구 이전까지 법정치 연구에서 각 판결의 중요도 측정은 전문가 의견을 통한 정성적인 평가나 단순히 인용수를 세는 것에 머물러 있었다. 하지만 이 연구에 이용된 HITS 중심성 지표는 많이 인용된 판결이 많이 인용한 판결에게 높은 점수를 줌으로써 각 판결의 중요도를 좀 더 정확히 양화할 수 있게 했다. 이 지표를 통해 저자들은 각 판결의 권위(authority)가 통시적으로 어떻게 변했는지 분석했고, 낙태 관련 판결 등, 특정 주제의 판결이 어떻게 선별적 인용을 통해 판례중심주의(stare decisis)의 전통을 지켜나가고 있는지 이해하는 데에 중요한 결과를 제공했다.

힘과 지위 같이 노드의 위계적 특성을 드러내는 지표 이외에도, 각 노드의 특성을 나타내는 다른 종류의 개념으로 기하학적인 중심성(geometric centrality) 지표가 있다. 흔히 가교(bridge) 혹은 중개자(broker)로서의 중요도를 나타낼 수 있는데, 모든 쌍의 최소 거리(shortest path) 연결을 위해 각 노드가 몇 번이나 가교 역할을 하는지 나타내는 사이 중앙성(betweenness centrality)이라는 지표가 있고, 유사한 정의를 갖는 인접 중앙성(closeness centrality), 조화 중앙성(harmonic centrality) 등이 있다. 기하학적 중심성은 한 노드가 꼭 많은 수의 연결선 수를 가지지 않더라도 다양한 그룹의 노드들과 연결되어 있을 때 높아진다. 이러한 특성을 갖는 연결과 연결 상황은 사회학자들에 의해 약한 연결(weak tie)(Granovetter 1977) 혹은 구조적

....

5 전술한 각각의 중앙성 지표는 인접행렬을 기초로 한 특정한 변이 행렬(transition matrix) 상에서의 마르코프 체인(Markov chain)이 수렴하는 정상 분포(stationary distribution)에 대응하며, 따라서 네트워크상에서의 특정한 동역학적 과정을 표상하고 있다.

공백(structural hole)(Burt, 2009)[6]과 같은 개념으로 이론화되어 경영 조직론과 노동경제학 등의 분야에서 널리 쓰인 바 있다.

하지만 전술한 중앙성 지표 모두, 대상 개념을 과연 제대로 양화하고(operationalize) 있는가의 문제가 있다. 예를 들어 대부분의 기하학적 중심성 지표가 기반하고 있는 모든 노드 쌍 간의 최소 거리 연결이 해당 연구의 맥락에서 과연 무엇을 뜻하는지 정당화하기 힘든 경우가 많다. Ballester et al.(2006)와 같이 매우 예외적으로 통상적인 이론적 가정에서 핵심 개념과 직접적인 관련이 있는 특정한 중심성 지표를 해석적으로 도출하는 경우도 있지만, 대부분의 경우에 이러한 정당화는 어렵다. 예를 들어, 품목별 생산 수출 단계를 고려한 국가 간 가치사슬(global value chain) 수준의 정제된 자료없이 각 국가의 지위를 측정하고자 할 때, 수출입 총량만을 표시한 국가 간 무역 네트워크에서 모든 국가 쌍 간의 최소 거리 연결이 현실의 어떤 무역 과정을 표상하는지 비판적으로 생각해볼 필요가 있다. 따라서 연결선의 형성을 통계적으로 모형화하지 않는 네트워크 측정 지표를 사회과학 연구에 적용할 때는 그 지표의 근본 가정이 해당 자료의 맥락에서 무리가 없는지 반드시 고찰해야 한다.

전통적 사회과학 통계 방법론에 포섭될 수 있는 접근법

지수적 무작위 그래프 모형
통계적 네트워크 형성 모형의 발전사는 본질적으로 링크 생성의

....

6   구조적 공백의 일반적인 측정 방법으로는 제약 계수(constraint)가 쓰이지만, 기하학적 중심성과 개념적 연관성을 갖고 있다.

조건부 확률 $\Pr(A_{ij}=1|\cdot)=f(\cdot)$,[7] 즉 조건부 독립성을 어떻게 특정했고 선행 모형의 가정을 어떻게 완화했는가의 역사로 볼 수 있다. 일단 가장 단순한 모형으로 •가 절편($f(\cdot)$가 공통된 모수의 베르누이 무작위수)인 경우를 생각해 볼 수 있다. 즉, 이 모형에서 임의의 노드 쌍 간의 특정 방향의 연결 확률은 상수로서 균등하며 다른 모든 가능한 연결과 독립적이다. 에어디쉬-레니-길버트 모형(Erdös – Rényi- Gilbert Model)이라고 불리는 이 단순한 모형은 1959년에 두 개의 독립적인 논문(Erdös & Rényi 1959; Gilbert 1959)으로 발표되었는데, 대표적인 창발(emergent) 현상 중 하나인 스미기(percolation)를 설명하는 기본 모델로 이용되었다.

　•를 상수가 아닌 변수로 대체하는 가장 쉬운 방법은 이진수를 종속변수로 하는 일반적인 회귀분석 모형을 쓰는 것이다. 예를 들어 로지스틱 회귀분석으로 •를 관찰 가능한 외생변수(X)로 놓게 되는 경우이다. 무역 네트워크의 예로 되돌아가보자. 이 모델에서 한 국가 쌍 간의 연결 관계가 두 나라의 GDP 혹은 지리적 거리로만 기술된다면 일반적인 로지스틱 회귀분석을 써서 각 설명변수가 연결 생성에 어떠한 역할을 하는지 알 수 있다. 하지만 이러한 모형은 연결 간의 의존이라는 네트워크 형성의 근본 특성을 무시하고 있다.

　이제 해당 연결(A_{ij})을 제외한 다른 연결 관계가 •의 일부가 되는 경우를 생각해보자. 여기에서 흔히 지수적 무작위 그래프 모형(exponential random graph models, ergm)이라고 부르는 방법론, 즉 가능한 연결 간의 의존관계를 나타내는 함수 $f(\cdot)$가 지수 함수가 되는 모형이 출발한다.[8] 이 조건부 확률을 특정하는 것이 얼마나 복잡

7　가중치가 없는 이진 네트워크의 경우.

8　에어디쉬-레니-길버트 모형과 로지스틱 회귀분석도 ergm의 정의를 충족한다고 볼 수 있지만, 보통 그렇게 부르지 않는다.

한 문제인지는 자기 연결(self-edge)이 없는 이진 네트워크에서 가능한 연결 조합의 개수가 얼마나 큰지 계산하는 것으로 알 수 있다. 노드 수가 열 개($N=10$)인 매우 작은 네트워크에서조차 $2^{N(N-1)-1}$으로 10^{26}보다 큰 수가 나온다. 그리고 이 경우의 수는 노드가 하나 늘어날 때마다 2^{2N} 배로 늘어난다. 현실적인 통계 모형을 만들기 위해서는 이 많은 경우를 모두 고려할 수 없기 때문에, 제한된 수의 연결 관계만을 고려하는 효과적인 근사 원칙을 생각해야만 한다. 과연 어떤 원칙으로 다른 가능한 연결 관계를 선택적으로 취합해야 가장 이치에 맞는 모델을 설정할 수 있을까? 다시 말해, i에서 j로의 연결 유무는 다른 어떤 잠재적 관계들에 의해 가장 효과적으로 기술될 수 있을까?

이러한 생각에서 나온 최초의 모형 중 하나가 p_1 모형이다(Holland & Leinhardt 1981). p_1 모형은 방향성이 있는 이진 네트워크에서 노드 i에서 노드 j로의 연결이 j에서 i의 연결에 의존한다고 가정한다. 이는 사회관계에서의 상호주의를 나타낼 수 있다. 예를 들어, 국가 i에서 국가 j로의 무역 제재는 i에 대한 j의 무역 제재를 초래할 수 있다. 국회의원 i가 j가 지지하는 법안에 투표를 해줄 때 다시 j가 i에게 호혜성 투표를 하는 것과 같이, 많은 상황에서 이러한 의존 관계를 생각할 수 있다. 하지만 p_1 모형은 다른 설명변수를 포함하지 않았기 때문에, 오직 연결 상호성(reciprocity)의 정도만을 측정할 수 있었고, 뒤이어 나온 p_2 모형은 노드와 노드 쌍 수준의 외생변수를 반영할 수 있게 했다(Van Duijn et al. 2004). 외생변수를 통제했을 때, 노드 쌍 간의 연결 관계 이외에는 구조적 독립성(dyadic independence)을 가정하는 p_1과 p_2 모형은 p^* 모형 등 좀더 높은 단계의 의존성을 갖는 형태의 모델로 발전된다.

p^* 모델은 해당 연결의 구성 노드와 다른 노드들의 연결 관계들까지 고려하는 모형으로 마르코프 의존(Markov dependence) 가정

에 기인한다(Hunter & Handcock 2006). 고려되는 잠재적 연결 관계가 별과 같은 형태를 띠기 때문에 p-star 모형으로 불리며, 외생변수를 반영할 수 있다. 앞서 예로 든 자동차 수출 네트워크의 경우, 미국-한국 간의 수출량이 미국-일본 간의 수출량에 의존한다는 가정은 p_1 모형의 독립성 가정으로 모형화하기 불가능하다. 이렇게 한 연결의 통계적 생성 가능성을 다자 간의 연결 관계를 통해 모형화하려면 p^* 모형 등, 높은 단계의 의존성을 고려한 모형의 사용이 필요하다. 뒤이어 등장한 통계적 모형들은 시계열 정보를 이용해서 자료 생성의 과정을 좀 더 완전히 모형화할 수 있게 했다. 이러한 모형으로는 행위자 중심의 가정을 차용한 통계적 행위자 중심 모형(stochastic actor-oriented models)(Snijders et al. 2010), 분리 가능한 시계열 ergm(separable temporal ergm)(Krivitsky & Handcock 2014), 관계적 사건 모형(relational event models)(Butts 2008) 등이 있다.

ergm의 중요한 문제는 연결선 간의 독립성 가정을 어떻게 하는가에 따라 추정 계수가 매우 다른 값을 가질 확률이 크다는 것에 있다. 따라서 특정한 모형 선택을 뒷받침하는 근거가 필요하다. 또한 매우 높은 차원의 자료 형태 때문에 추정 알고리즘이 안정적인 결과를 내지 못할 수 있다(Schweinberger 2011; Shalizi & Rinaldo 2013). 그리고 통계적 모형임에도 불구하고 계수 추정이 한 네트워크의 구조에 의존하기 때문에, 근래의 연구는 메타분석(meta analysis)을 하는 방향으로 수행되고 있다(McFarland et al. 2014).

잠재변수 모형들

앞서 설명한 ergm이 회귀분석과 같이 연결 존재 유무를 관찰 가능한 변수, 즉 다른 쌍 간의 연결 관계와 외생변수의 함수로 나타낸 것과 달리 잠재변수를 설명변수 혹은 종속변수로 하는 연구 계획도

생각해 볼 수 있다. 사회과학에서 널리 사용되는 문항 반응 이론(item response theory)과 같은 연속형 변수 측정(scaling) 모형과 잠재 범주 분석(latent class analysis) 등의 군집(clustering) 모형 각각과 매우 유사한 잠재변수 모형이 네트워크 분석에도 존재한다. 앞선 형식을 차용하면 조건부 확률 $\Pr(A_{ij}=1|\cdot)$에서 $\cdot$를 Z라는 잠재변수로 나타낸 모형이라고 할 수 있다. 이 모형화는 가능한 연결 간의 의존 관계를 특정한 연결 조합의 조건부 확률로 표현한 것이 아니라, 잠재 공간 혹은 잠재 범주상에서의 노드 간의 관계로 치환한 것으로 볼 수 있다. 외생변수를 추가한 잠재변수 모형도 존재하지만 본고에서 다루지는 않는다(Minhas et al. 2019). 잠재변수 모형의 경우에도 잠재 공간의 차원, 범주의 개수 등 모형 선택(model selection)의 문제가 존재하며, 비모수(nonparameteric) 통계 방법 등을 이용한 기술적 발전이 이루어지고 있다(Peixoto 2017).

첫째로, $z_i \in \mathrm{R}^d$, 즉 잠재변수가 다차원 연속형 변수인 경우를 생각해 볼 수 있다. 네트워크 잠재 공간 모형(latent space model for networks)으로 통칭되는 이 모형의 가장 직관적인 형태는 두 노드 간의 연결 확률이 잠재변수 공간(R^d)상에서 두 노드의 거리가 멀어질수록 낮아지는 관계를 상정한다(Hoff et al. 2002). 이러한 형식화는 연결 정도가 높은 노드의 부분 집합이 가까운 거리에 모이는 결과를 초래한다. 예를 들어, 냉전 시대의 동맹관계 네트워크에서 북대서양 조약 기구와 바르샤바 조약 기구의 소속 국가들은 같은 기구에 속하는 국가들은 인접한 공간에 각각 모여 있고, 서로 다른 기구에 속하는 국가들은 멀리 떨어져 있는 형태를 나타낼 것이다. 따라서 이 연결 모형은 노드 간의 동질성 혹은 유유상종(homphily) 경향을 표상한다. 연결 확률이 거리의 함수가 아니라, 위치곱의 함수인 네트워크 잠재 공간 모델도 상정할 수 있다. 이 경우, 노드의 잠재 공간상 위치는 확률적 등위성(stochastic equivalence)을 나타내는데, 두 형식화의 차이점은 Hoff(2008)를 참고하기 바란다. 최근에 일반적인 시계열 네트워크 자료 분석이 가능한 상태 공간(state space) 잠재변수 모형도 제안되었다(Park & Sohn 2020).

그 다음으로, $z_i \in \{1, 2, \cdots, C\}$, 즉 잠재변수가 범주형 변수인 경우를 생각할 수 있다. 이 경우 두 노드의 연결 확률은 각 노드가 속한 범주 쌍의 함수($\Pr(A_{ij}=1|Z)=f(z_i, z_j)$)로 표현된다. 가장 일반적인 형태는 확률적 블락 모형(stochastic blockmodel)으로 통칭되며, 이 기본적인 모델에 동질성 가정을 부여한 설계된 분할 모형(planted partition model), 같은 범주에 속한 노드들 간의 연결 확률이 서로 다른 범주 간의 연결 확률보다 높거나 낮다는 가정을 기반으로 한 커뮤니티 검출 모형(community detection model) 등이 있다(Holland et al. 1983; Nowicki & Snijders 2001; Fortunato & Hric 2016). 여러 범주형 네트워크 잠재변수 모형 간의 통계학적 비교는 Prokhorenkova & Tikhonov(2019)를 참고하면 좋다. 앞선 예의 동맹 네트워크를 확률적 블락 모형을 통해 분석하면, 각각의 기구 소속 유무에 따른 두 그룹으로 크게 나누어질 것이며, 강한 범주 내 연결 확률과 매우 약한 범주 간 연결 확률로 특징 지어질 것이다.

네트워크 형성 모형

네트워크 형성 모형을 이용한 연구는 관찰된 실제 네트워크가 어떠한 미시적인 연결 과정을 통해서 생성되었는지 추론하는 것을 목표로 한다. 초기의 연구들은 가장 단순한 무작위 네트워크 형성 모형인 에어디쉬-레니-길버트 모형이 생성한 인공 네트워크의 구조적 특성이 현실의 네트워크와 크게 다르다는 점에서 출발했다. 현대 네트워크 과학 연구 중 가장 많이 인용된 멱함수(power law) 혹은 척도 없는 네트워크(scale-free network)와 Barabási-Albert의 부익부 빈익부 네트워크 성장 메커니즘(Barabási & Albert 1999), Watts와 Strogatz의 좁은 세상(small world) 모형(Watts & Strogatz 1998)[9] 등이 이러한 연구에 해당된다. 이 두 모형을 비롯한 대부분의 네트워크 형성 모형은 노드들 간의 연결 관계를 결정하는 근본 요인을 최대한 단순화시켜 수학적으로 표현하기 때문에, 많은 경우에 거시적인 네트워크 지표에 대한 근사 계산이 가능하다. 해석적인 근사 계산이 불가능하다면, 컴퓨터 시뮬레이션을 통해 네트워크를 생성시킬 수도 있다. 따라서 연구자들은 특정 형성 모형을 통해 얻어진 인공적 네트워크의 구조적 특성이 분석하는 실제 네트워크와 유사하다는 사실로부터 해당 실제 네트워크의 생성 메커니즘도 이 형성 모형의 메커니즘과 유사할 것이라는 주장을 할 수 있다.

네트워크 형성 모형을 이용한 사회과학 연구는 자료 생성 함수를 관찰 자료에 대한 조건부 확률로 직접적으로 모델링하지 않는다는 점에서 게임 이론 혹은 행위자 기반 모형(agent based model)과 같이 인공적 모형을 이용하는 연구와 궤를 같이하고 있다. 이러한 접근법 모두 일반적으로 관찰 자료의 속성($s(A)$)과 모형이 생성한 네트워크($\hat{A}$)의 속성($s(\hat{A})$)이 유사($s(A) \approx s(\hat{A})$)한지 간접적인 비교를 한다. 예를 들어, 월드와이드웹의 웹페이지별 연결선수 분포가 특정한 기울기의 멱함수를 나타내는 기반 메커니즘으로 새로 등장하는 노드의 연결 확률이 이미 존재하는 노드들의 이웃 수에 비례하는 성장 모

....

9   좁은 세상 모형은 Barabási-Albert 모형과 같이 노드가 시간에 따라서 추가되는 성장 모형이 아닌, 균일한 구조인 네트워크의 연결선을 재배치하는 교란(perturbation) 모형이다.

형을 제안한 Barabási-Albert 모형은 비교를 위한 구조적 속성으로 연결선수 분포를 이용했다(Barabási & Albert 1999).

하지만 일반적인 회귀분석 방법과 달리, 모델링의 자유도가 매우 높은 네트워크 형성 방법론의 특성상, 모형 선택(model selection)의 문제, 혹은 매우 다른 다수의 형성 모형이 실제 네트워크의 특정한 구조적 특성을 설명할 수 있는 축퇴(degeneracy)의 가능성이 상존한다. 또한, 많은 네트워크 형성 모형들은 실제 네트워크의 특정한 구조적 특성은 재현하는 반면, 다른 근본 특성은 재현하지 못하는 맹점도 갖고 있다. 예를 들어, Barabási-Albert 모형은 실제 네트워크에서 흔히 발견되는 노드들의 강한 군집을 재현해내지 못하는 약점을 갖고 있다. 또한 보편적인 적용에 무리가 있는 형성 모형이 임의의 자료를 기술하는 데에 남용될 위험도 존재한다. 예를 들어, 상당수의 사회과학 저작에서 척도 없는 네트워크와 Barabási-Albert의 부익부 빈익빈 네트워크 형성 모형을 해당 모형이 포괄할 수 없는 임의의 사회현상에 과도하게 적용한 바 있다.[10] 마지막으로, 대부분의 모형은 사회과학에서 중시되는 외생변수를 이용하지 못하는 문제점도 갖고 있다. 따라서 이 방법론을 통한 사회과학 연구에는 한계와 비약이 있을 수 있음을 염두에 두어야 한다.

분석 예시

이 절에서는 회귀분석의 일종으로 여겨질 수 있는 ergm과 네트워크 형성 모형을 제외한 나머지 방법들을 어떻게 연구에 이용할

---

10 척도 없는 네트워크에 대한 기술적 비판은 Broido & Clauset(2019)과 이에 후속한 논의들을 참고 바란다.

수 있는지 간단한 예제를 통해 보여준다. 분석에 사용된 네트워크는 〈그림 1〉의 80개 국가 간 금속을 재료로 한 제품의 수출입 관계를 나타낸 네트워크이다. 직관적인 전달을 위해 엄밀한 분석을 피하고, 그림을 통한 기술적(descriptive) 설명을 시도했기 때문에 상기한 여러 문제점이 지적될 수 있음을 밝힌다. ergm을 이용해 정치 자료 분석을 소개한 논문으로 Cranmer & Desmarais(2011)가, 사회 네트워크 생성의 대표적인 모형으로, 추상적인 사회 공간에서의 네트워크 형성을 모델링하고 실제 사회 네트워크의 구조와 비교한 Boguná et al.(2004)이 있다.

네트워크 구조 지표

분석 절차 1) 상정한 이론 개념을 표상하는 네트워크 구조 지표 ($s(A)$)를 계산한다.

분석 절차 2) $s(A)$와 외생변수 X 간의 상관관계를 확인한다.

[예시 질문] (그림 2) 페이지랭크로 측정된 각 국가의 무역 네트워크상의 지위가 일인당 GDP와 어떠한 상관관계를 보이는가?

[예시 결과] 일인당 GDP와 페이지랭크 중심성 지표가 비교적 큰 상관(피어슨 상관계수 $\rho=0.66$)을 보인다.

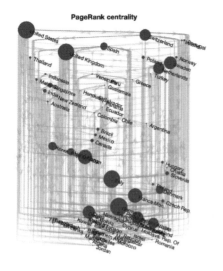
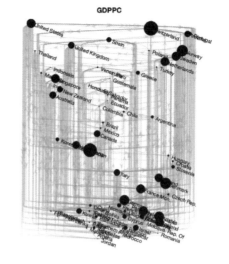

그림 2 (왼쪽) 페이지랭크 크기에 따라 각 국가 노드의 크기를 표시한 네트워크. (오른쪽) 1995년 일인당 GDP에 비례하는 노드 크기로 표시된 네트워크.

잠재변수 모형을 이용한 연구

네트워크 잠재 공간 모델

분석 절차 1) $\Pr(Z|A)$를 추정해서 잠재 공간상 각 노드의 좌표 (Z)를 얻는다.

분석 절차 2) 외생변수 X와 Z의 상관관계를 확인한다.

[예시 질문] (그림 3) 각 국가의 일인당 GDP가 각 국가의 거리 의 존적(distant-dependent) 잠재 공간상 위치와 어떤 상 관관계를 갖는가?

[예시 결과] 다양한 국가와 연결 관계를 갖는 국가일 수록 좌표 공간의 중앙에 (특히 주성분 축인 가로축 중앙에) 위치 하고, 중앙에 가깝게 위치한 국가들이 더 높은 일인 당 GDP를 갖는 경향이 있다.

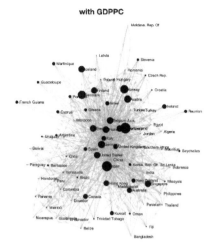

Latent positions

with GDPPC

그림 3 (왼쪽) 거리 의존적 잠재 공간 모형을 이용해 도출된 2차원 노드 좌표로 표시된 무역 네트워크. (오른쪽) 동일한 노드 좌표에 각 국가의 1995년 일인당 GDP를 그에 비례하는 노드 크기로 표시한 네트워크.

확률적 블락 모형

분석 절차 1) $\Pr(Z|A)$를 추정해서 잠재 공간상 각 노드의 범주 (Z)를 얻는다.

분석 절차 2) 외생변수 X와 Z의 상관관계(예: 연속 외생변수가 노드의 범주에 따라 군집된 값을 갖는지, 노드의 범주 분류와 범주형 외생변수의 분류가 유사한지)를 확인한다.

[예시 질문] (그림 4) 각 국가의 지리적 위치(소속 대륙)가 각 국가의 커뮤니티 추출 모형을 통해 추론된 잠재 범주와 어떤 상관관계를 갖는가? 즉 지리적 동질성 혹은 유유상종이 발견되는가?

[예시 결과] 커뮤니티 검출 방법을 통해 나온 국제 무역 커뮤니티와 각 국가의 소속 대륙이 상당히 높은 상관을 갖고 있음을 알 수 있다.[11]

....

11   범주 벡터 간의 정량적 비교를 위한 다양한 정보 이론적 지표들은 Gates & Ahn(2017)

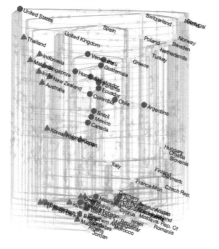

그림 4 (왼쪽) 확률적 블락 모형의 근사 모형인 방향성 있는 커뮤니티 추출 방법을 이용해 추출된 각 나라의 범주로 노드의 모양과 색을 정한 네트워크 그림. (오른쪽) 노드의 모양과 색을 해당 국가가 속한 대륙으로 정한 네트워크.

맺음말

살펴본 바와 같이 사회 네트워크 연구는 몇 가지 차원에서 새로운 분석 방법론에 대한 학습을 요하지만, 경험 사회과학 연구의 틀 안에서 수용될 수 있다. 이러한 통계적 실증 패러다임의 근본적 중요성은 학제적 연구가 필수적인 계산 사회과학 분야 전반에 있어서도 마찬가지일 것이다.

이 장에서는 네트워크 구조를 이용한 연구 방법만을 소개했으며, 다루지 못한 여러 중요한 분야가 있음을 밝힌다. 먼저, 현실적으로 페이스북 네트워크와 같이 광대한 네트워크를 전수 분석하는 것은 불가능한 경우가 많으므로, 이와 같이 큰 네트워크의 일부를 원

....

을 참고하기 바란다.

래 네트워크의 구조적 특성을 보존하는 형태로 샘플링하는 방법론에 대한 연구가 있다. Crane(2018)의 3장에 잘 정리되어 있다. 다음으로 네트워크상의 연결이 노드 i에 대한 처치(treatment)를 노드 j에 전이(spillover)시키는 상황에 대한 인과추론 방법론 연구가 있다. VanderWeele(2015)의 15장이 관련 연구를 잘 정리하고 있다. 또, 네트워크상에서의 확산(diffusion) 과정을 다루는 연구들도 있다. 경험 확산 자료를 쓰지 않고 임의의 네트워크상에서의 전파 과정을 모델링하는 경우는 Newman(2018)의 16장과 17장에 잘 정리되어 있다. 관찰 자료에서 노드의 외생변수로 인한 전파 확률을 통계적으로 추론하는 데에는 여러 근본적인 문제가 따른다(Lee & Ogburn, forthcoming). 이 경우, 매칭(matching) 등 일반적인 인과추론 방법론의 적절한 응용이 필요하다(Aral et al. 2009). 공간 계량경제학 모형을 적용한 전파 현상의 표준적인 분석은 Kline & Tamer(2018) 등을 참고할 수 있다. 중심성 지표를 설명변수로 한 모형을 이용할 수도 있는데, 대표적인 응용 연구로 인도의 여러 마을에서 소액 대출 정보의 자발적인 공유 동역학을 본 실험 연구인 Banerjee et al.(2013)가 있다. 마지막으로 노드의 시계열 반응을 통해 숨겨진 네트워크 구조를 추론하는 통계 방법론도 있는데, Gomez-Rodriguez et al.(2012)와 후속된 연구를 참조하기 바란다. 이 방법론을 쓴 연구로 미국 주정부 간의 정책 확산 과정을 추론한 Desmarais et al.(2015)이 있다.

자습 혹은 수업에서의 활용이 가능한 교과서와 무료로 이용 가능한 네트워크 분석 패키지를 간략히 소개하는 것으로 마무리하고자 한다. 측정 지표와 네트워크 형성 모델을 중심으로 현대 네트워크 이론의 상당 부분을 다루는 학부 및 대학원 교재로 Barabási(2016)와 Newman(2018)이 있다. 두 교재 모두 통계물리학자들에 의해 쓰여졌지만, 사회학의 주요 네트워크 지표들도 대부분 다루고 있다. 행위자의 전략적 행위를 기초로 컴퓨터과학, 경제학에 기반한 네트워크에 관련된 주제를 포괄적으로 정리한 책으로는 Easley and Kleinberg(2010)가 있다. 네트워크 게임 이론의 기본적인 내용도 포함하고 있으며, 학부 및 대학원 개론 교재로 모두 적당하다. 엄밀한 확률론적 기술에 기반한 대학원 수준의 네트워크 통계학 교과서로는 Crane(2018)이 좋다. 네트워크 자료에서의 모집단과 관찰 단위 등에 대한 이론적 논의도 담고 있다. ergm의 다양한 방법을 개괄하기 위해서는 편집본인 Lusher et al.(2013)을 볼 수 있고, 경험 네트워크 자료 구조를 모델링하는 계량경제학적 접근은 리뷰 논문인 Chandrasekhar(2016)를 참고할 수 있다. 한글로 된 입문서로는 김용학·김영진(2016)이 있다. 네트워크 분석과 직접적인 관련은 없지만 네트워크 분석에도 부분적으로 응용 가능한 데이터과학의 최신 분석 방법은 Taddy(2019)를 보는 것이 좋다.

R을 이용하는 독자들은 대부분의 그래프 이론적 분석은 igraph(Csardi et al. 2006)와 sna 패키지(Butts 2008)를 통해서, 다양한 ergm은 ergm 패키지(Hunter et al. 2008)를 통해서, 잠재공간 모형은 latentnet(Krivitsky & Handcock 2008)을 통해서 수행할 수 있다. Python 이용자들은 networkx(Hagberg et al. 2008) 패키지와 다양한 베이지안 네트워크 통계 분석이 가능한 graph-tool(Peixoto, 2014)을 추천한다. 이 외의 패키지와 프로그램, 시각화 소프트웨어는 Huisman & van Duijn(2011)을 참고하기 바란다.

마지막으로 매우 빠른 속도로 발전하는 네트워크 방법론에 대한 관심을 유지하고 싶은 독자들은 사회과학 서적과 논문 이외에도, 일반과학, 통계학, 전산학의 대표 학술지와 학회 자료집을 통해 최신 연구를 접하길 빈다.

핵심 용어

참고문헌

김용학. 2007. 『사회 연결망 이론』. 서울: 박영사.

김용학·김영진. 2016. 『사회 연결망 분석』. 서울: 박영사.

Ahn, Y.-Y. et al. 2007. *Analysis of Topological Characteristics of Huge Online Social Networking Services*. s.l., s.n., 835-844.

Albert, R. & Barabási, A.-L. 2002. "Statistical Mechanics of Complex Networks." *Reviews of Modern Physics* 74(1): 47.

Aral, S., Muchnik, L. & Sundararajan, A. 2009. "Distinguishing Influence-Based Contagion from Homophily-Driven Diffusion in Dynamic Networks." *Proceedings of the National Academy of Sciences* 106(51): 21544-21549.

Ballester, C., Calvó-Armengol, A. & Zenou, Y. 2006. "Who'S Who in Networks. Wanted: The Key Player." *Econometrica* 74(5): 1403-1417.

Banerjee, A., Chandrasekhar, A. G., Duflo, E. & Jackson, M. O. 2013. "The Diffusion of Microfinance." *Science* 341(6144): 1236498.

Barabási, A.-L. 2016. *Network Science*. s.l.: Cambridge University Press.

Barabási, A.-L. & Albert, R. 1999. "Emergence of Scaling in Random Networks." *Science* 286(5439): 509-512.

Boguná, M., Pastor-Satorras, R., Díaz-Guilera, A. & Arenas, A. 2004. "Models of Social Networks Based on Social Distance Attachment." *Physical Review E* 70(5): 056122.

Broido, A. D. & Clauset, A. 2019. "Scale-free Networks are Rare." *Nature Communications* 10(1): 1-10.

Burt, R. S. 2009. *Structural Holes: The Social Structure of Competition.* s.l.: Harvard University Press.

Butts, C. T. 2008. "A Relational Event Framework for Social Action." *Sociological Methodology* 38(1): 155-200.

Butts, C. T. 2008. "Social Network Analysis with Sna." *Journal of Statistical Software* 24(6): 1-51.

Butts, C. T. 2009. "Revisiting the Foundations of Network Analysis." *Science* 325(5939): 414-416.

Chandrasekhar, A. 2016. "Econometrics of Network Formation." *The Oxford Handbook of the Economics of Networks,* 303-357.

Crane, H., 2018. *Probabilistic Foundations of Statistical Network Analysis.* s.l.: CRC Press.

Cranmer, S. J. & Desmarais, B. A. 2011. "Inferential Network Analysis with Exponential Random Graph Models." *Political Analysis* 19(1): 66-86.

Csardi, G., Nepusz, T. & others. 2006. "The Igraph Software Package for Complex Network Research." *InterJournal, Complex Systems* 1695(5): 1-9.

De Nooy, W., Mrvar, A. & Batagelj, V. 2018. *Exploratory Social Network Analysis with Pajek: Revised and Expanded Edition for Updated Software.* s.l.: Cambridge University Press.

Desmarais, B. A., Harden, J. J. & Boehmke, F. J. 2015. "Persistent Policy Pathways: Inferring Diffusion Networks in the American States." *American Political Science Review* 109(2): 392-406.

Easley, D., Kleinberg, J. & others. 2010. *Networks, Crowds, and Markets.* s.l.: Cambridge University Press Cambridge.

Erdös, P. & Rényi, A. 1959. "On Random Graphs I." *Publicationes Mathematicae* 6: 290-297.

Fortunato, S. & Hric, D. 2016. "Community Detection in Networks: A User Guide." *Physics Reports* 659: 1-44.

Fowler, J. H. & Jeon, S. 2008. "The Authority of Supreme Court Precedent." *Social Networks* 30(1): 16-30.

Frank, O. & Strauss, D. 1986. "Markov Graphs." *Journal of The American Statistical Association* 81(395): 832-842.

Freeman, L. 2004. "The Development of Social Network Analysis." *A Study in the Sociology of Science* 1: 687.

Gates, A. J. & Ahn, Y.-Y. 2017. "The Impact of Random Models on Clustering Similarity." *The Journal of Machine Learning Research* 18(1): 3049-3076.

Gilbert, E. N. 1959. "Random Graphs." *The Annals of Mathematical Statistics* 30(4): 1141-1144.

Gomez-Rodriguez, M., Leskovec, J. & Krause, A. 2012. "Inferring Networks of Diffusion and Influence." *ACM Transactions on Knowledge Discovery from Data (TKDD)* 5(4): 1-37.

Goodreau, S. M. et al. 2008. "A Statnet Tutorial." *Journal of Statistical Software* 24(9): 1.

Granovetter, M. S. 1977. "The Strength of Weak Ties." *Social Networks,* 347-367.

Guimera, R. & Amaral, L. A. N. 2005. "Cartography of Complex Networks: Modules and Universal Roles." *Journal of Statistical Mechanics: Theory and Experiment*

2005(02): P02001.

Hagberg, A., Swart, P. & S Chult, D. 2008. *Exploring Network Structure, Dynamics, and Function Using NetworkX*, s.l.: s.n.

Hoff, P. 2008. *Modeling Homophily and Stochastic Equivalence in Symmetric Relational Data*. s.l., s.n., 657-664.

Hoff, P. D., Raftery, A. E. & Handcock, M. S. 2002. "Latent Space Approaches to Social Network Analysis." *Journal of the American Statistical Association* 97(460): 1090-1098.

Holland, P. W., Laskey, K. B. & Leinhardt, S. 1983. "Stochastic Blockmodels: First Steps." *Social Networks* 5(2): 109-137.

Holland, P. W. & Leinhardt, S. 1981. "An Exponential Family of Probability Distributions for Directed Graphs." *Journal of the American Statistical Association* 76(373): 33-50.

Huisman, M. & Van Duijn, M. A. 2011. "A Reader's Guide to Sna Software." *The Sage Handbook of Social Network Analysis*, 578-600.

Hunter, D. R. & Handcock, M. S. 2006. "Inference in Curved Exponential Family Models for Networks." *Journal of Computational and Graphical Statistics* 15(3): 565-583.

Hunter, D. R. Et Al. 2008. "Ergm: A Package to Fit, Simulate and Diagnose Exponential-Family Models for Networks." *Journal of Statistical Software* 24(3): nihpa54860.

King, G., Keohane, R. O. & Verba, S. 1994. *Designing Social Inquiry: Scientific Inference in Qualitative Research*. s.l.: Princeton University Press.

Kline, B. & Tamer, E. 2018. "Econometric Analysis of Models with Social Interactions." *The Econometric Analysis of Network Data*, Amsterdam: Elsevier, Forthcoming.

Krivitsky, P. N. & Handcock, M. S. 2008. "Fitting Position Latent Cluster Models for Social Networks with Latentnet." *Journal of Statistical Software* 24.

Krivitsky, P. N. & Handcock, M. S. 2014. "A Separable Model for Dynamic Networks." *Journal of the Royal Statistical Society: Series B (Statistical Methodology)* 76(1): 29-46.

Lü, L. et al. 2016. "Vital Nodes Identification in Complex Networks." *Physics Reports* 650: 1-63.

Lee, Y. & Ogburn, E. L., Forthcoming. "Network Dependence Can Lead to Spurious Associations and Invalid Inference." *Journal of the American Statistical Association*.

Lusher, D., Koskinen, J. & Robins, G. 2013. *Exponential Random Graph Models for Social Networks: Theory, Methods, and Applications*. s.l.: Cambridge University Press.

McFarland, D. A. et al. 2014. "Network Ecology and Adolescent Social Structure." *American Sociological Review* 79(6): 1088-1121.

Minhas, S., Hoff, P. D. & Ward, M. D. 2019. "Inferential Approaches for Network Analysis: Amen for Latent Factor Models." *Political Analysis* 27(2): 208-222.

Newman, M. 2018. *Networks*. s.l.: Oxford University Press.

Nowicki, K. & Snijders, T. A. B. 2001. "Estimation and Prediction for Stochastic Blockstructures." *Journal of the American Statistical Association* 96(455): 1077-

1087.

Park, J. H. & Sohn, Y. 2020. "Detecting Structural Changes in Longitudinal Network Data." *Bayesian Analysis* 15(1): 133-157.

Peixoto, T. P. 2014. "The Graph-Tool Python Library." *Figshare*.

Peixoto, T. P. 2017. "Nonparametric Bayesian Inference of the Microcanonical Stochastic Block Model." *Physical Review E* 95(1): 012317.

Perry, B. L., Pescosolido, B. A. & Borgatti, S. P. 2018. E*gocentric Network Analysis: Foundations, Methods, and Models.* s.l.: Cambridge University Press.

Prokhorenkova, L. & Tikhonov, A. 2019. *Community Detection through Likelihood Optimization: In Search of a Sound Model.* s.l., s.n., 1498-1508.

Schweinberger, M. 2011. "Instability, Sensitivity, and Degeneracy of Discrete Exponential Families." *Journal of the American Statistical Association* 106(496): 1361-1370.

Shalizi, C. R. & Rinaldo, A. 2013. "Consistency under Sampling of Exponential Random Graph Models." *Annals of Statistics* 41(2): 508.

Snijders, T. A., Van de Bunt, G. G. & Steglich, C. E. 2010. "Introduction to Stochastic Actor-Based Models for Network Dynamics." *Social Networks* 32(1): 44-60.

Taddy, M. 2019. *Business Data Science: Combining Machine Learning and Economics to Optimize, Automate, and Accelerate Business Decisions.* s.l.: New York, NY: McGraw-Hill Education.

Van Duijn, M. A., Snijders, T. A. & Zijlstra, B. J. 2004. "p2: A Random Effects Model with Covariates for Directed Graphs." *Statistica Neerlandica* 58(2): 234-254.

Vanderweele, T. 2015. *Explanation in Causal Inference: Methods for Mediation and Interaction.* s.l.: Oxford University Press.

Waldrop, M. M. 1993. *Complexity: The Emerging Science at the Edge of Order and Chaos.* s.l.: Simon and Schuster.

Watts, D. J. & Strogatz, S. H. 1998. "Collective Dynamics of 'Small-World' Networks." *Nature* 393(6684): 440.

지은이

김남규 고려대학교 정치외교학과 부교수

서울대학교 경영학 학사 및 정치학 석사를 취득한 후, 미국 University of Michigan에서 정치학 박사를 취득하였다. 연구 분야는 비교정치, 국제정치, 비교권위주의이다. 대표 업적으로는 "Revisiting economic shocks and-coups." *Journal of Conflict Resolution* 60(1): 3-31(2016)과 "Regime and leader instability under two forms of military rule." *Comparative Political Studies* 51(1): 3-37(2018, with Alex M. Kroeger)이 있다.

박종희 서울대학교 정치외교학부 교수

서강대학교 정치외교학과를 졸업한 뒤 서울대학교 외교학과에서 석사를 마치고 미국 워싱턴대학교(세인트루이스)에서 정치학 박사를 취득했다. 국제정치경제와 정치학 방법론을 연구하며 사회과학 자료를 이용한 베이지안 분석과 네트워크 분석, 텍스트 분석을 진행하고 있다. 대표 업적으로는 Jong Hee Park and Byung Koo Kim. 2020. "Why Your Neighbor Matters: Positions in Preferential Trade Agreement Networks and Export Growth in Global Value Chains." *Economics & Politics*; Jong Hee Park and Yunkyu Sohn. 2020. "Detecting Structural Changes in Longitudinal Network Data." *Bayesian Analysis* 15(1): 133-157; Sangguk Lee and Jong Hee Park. 2019. "Quality Over Quantity A Lineage-Survival Strategy of Elite Families in Pre-Modern Korea." *Social Science History* 43(1): 31-61가 있다.

손윤규 와세다대학교 정치경제학부 부교수

University of California San Diego 정치학과에서 박사학위를 받은 후, 프린스턴대학 정치학과 박사후 연구원을 마치고, 2018년 가을부터 일본 와세다대학교 정치경제학부에 재직 중이다. 정치학 방법론, 정치적 양극화, 입법 행동, 실험 및 행동 정치학, 계산 사회과학 분야의 연구를 하고 있다. 대표 실적으로 페이스북 상에서의 대규모 감정 전이, 다층 네트워크 분석 통계 모형, 다차원 이념 추론 방법론 연구 등이 있다. 대표 업적으로는 Yunkyu Sohn, Jung-Kyoo Choi, T. K. Ahn. 2020. "Core－periphery segregation in evolving prisoner's dilemma networks." *Journal of Complex Networks* 8(1); Jong Hee Park and Yunkyu Sohn. 2020. "Detecting Structural Changes in Longitudinal Network Data." *Bayesian Analysis* 15(1): 133-157; Yunkyu Sohn and Jong Hee Park. 2017. "Bayesian approach to multilayer stochastic blockmodel and network changepoint detection." *Network Science* 5(2): 164-186가 있다.

안두환 서울대학교 정치외교학부 부교수

연세대학교 정치외교학과에서 학사 및 석사 학위를 취득하고, University of Sussex(Social and Political Thought) 석사, University of Cambridge(History) 박사학위를 취득했다. 18세기 영국 지성사와 유럽 근대 외교사에 대한 연구를 진행하고 있다. 대표 업적으로는 Doohwan Ahn and Richard Whatmore. 2020. "Peace, Security and Deterrence." in Stella Ghervas and David Armitage(eds.), *A Cultural History of Peace in the Age of Enlightenment*(London: Bloomsbury Academic), 117-132; Doohwan Ahn. 2017. "The Anglo-French Treaty of Utrecht of 1713 Revisisted: The Politics of Rivalry and Alliance." in Antonella Alimento and Koen Stapelbroek(eds.), *The Politics of Commercial Treaties in the Eighteenth Century: Balance of Power, Balance of Trade*(London: Palgrave Macmillan), 125-149 등이 있다.

우병원 연세대학교 정치외교학과 부교수

연세대학교 정치외교학과를 졸업하고, 미국 The Ohio State University에서 정치학 박사를 취득했다. 국제기구와 국제정치경제를 연구하며 다양한 양적 방법론을 활용하여 국제경제기구, 경제제재, 대외원조, 인권 등에 관한 연구를 진행하고 있다. 최근에 출판된 논문들로는 Su-Hyun Lee and Byungwon Woo. Forthcoming. "IMF=I'M Fired! IMF Program Participation, Political Systems, and Workers' Rights." *Political Studies*; Byungwon Woo and Hee-Jung Jun. 2020. "Globalization and Slums: How Do Economic, Political, and Social Globalization Affect Slum Prevalence?" *Habitat International* 98: 1-11. 102152; Byungwon Woo and Eunbin Chung. 2018. "Aid for Vote? United Nations General Assembly Voting and American Aid Allocation." *Political Studies* 66(4): 1002-1026; Dursun Peksen and Byungwon Woo. 2018. "Economic Sanctions and the Politics of IMF Lending." *International Interactions* 44(4): 681-708 이 있다.

이병재 연세대학교 디지털사회과학센터 연구교수

연세대학교 정치외교학과에서 학사 및 석사, 미국 University of Washington에서 석사, The University of Texas at Austin에서 정치학 박사를 취득했다. 주요 연구 분야는 통계적 인과추론 및 빅데이터 분석, 전환기 정의, 미국 소수인종의 여론 및 투표행태 등이다. 대표 논문으로는 공저인 "Transnational AbsenteeVoting in the 2006 Mexican Presidential Election: The Roots of Participation"(*Electoral Studies*, 2012)과 "이행기 정의와 인권: 인과분석을 위한 틀"(『국제정치논총』, 2016), "인터넷 댓글을 통한 정치 커뮤니케이션"(『한국정치학회보』, 2018) 등이 있으며, 대표 저서로는 공저인 『트럼프 이후의 중간선거: 정당양극화와 미국의 분열』(오름, 2020) 등이 있다.

차태서 성균관대학교 정치외교학과 조교수

서울대학교 외교학과에서 학사 및 석사 학위 취득한 후, Johns Hopkins University에서 정치학 박사학위를 취득했다. 국제정치이론, 국제관계사, 외교정책 등을 전공하며 특히 미국의 정체성과 대전략의 역사에 관심을 기울이고 있다. 최근 연구 업적으로는 "Is Anybody Still a Globalist? Rereading the Trajectory of US Grand Strategy and the End of the Transnational Moment." *Globalizations* 17(1), 2020; "Republic or Empire: The Genealogy of the Anti-Imperial Tradition in US Politics." *International Politics* 56(1), 2019; "Competing Visions of a Postmodern World Order: The Philadelphian System vs. The Tianxia System." *Cambridge Review of International Affairs* 31(5), 2018 등이 있다.

하상응 서강대학교 정치외교학과 부교수

서울대학교 외교학과에서 학사 및 석사 학위를 취득한 후, 미국 University of Chicago에서 미국정치, 정치심리 전공으로 박사학위를 취득하였다. Yale University 박사후 연구원, Brooklyn College(CUNY) 정치학과 조교수를 역임하였다. 대표 업적으로는 "한국 유권자들의 포퓰리즘 성향이 정치행태에 미치는 영향."『의정연구』 24(1): 135-170(2018); "Group Cues and Public Opposition to Immigration: Evidence from a Survey Experiment in South Korea." *Journal of Ethnic and Migration Studies* 42(1): 136-149(2016); "Personality Traits and Correct Voting." *American Politics Research* 43(6): 975-998(2015) 등이 있다.